suhrkamp taschenbuch 590

Reinhold Schneider, geb. 1903 in Baden-Baden, gest. 1958 in Freiburg/Breisgau, lebte zunächst als kaufmännischer Übersetzer in Dresden. Unter dem Eindruck des spanischen Existenz-Philosophen Miguel de Unamuno unternahm er zwei längere Reisen nach Portugal und Spanien, wo er seine ersten frühen Hauptwerke als historiographischer Schriftsteller konzipierte *(Camões/Philipp II.)*. 1933-1937 arbeitete er als freier Schriftsteller in Potsdam und ab 1938 in Freiburg/Brsg. Gegen Ende des Krieges wurde Schneider, der den Nationalsozialismus aus einer in schwerer Zeit errungenen christlich-humanistischen Position verwarf, wegen Hochverrats angeklagt. 1956 wurde ihm der Friedenspreis des Deutschen Buchhandels verliehen.
Werke: Mehr als 120 Buchveröffentlichungen, darunter *Das Inselreich,* 1936; *Las Casas vor Karl V.,* 1938; *Das Gottesreich in der Zeit,* 1943; *Die neuen Türme. Sonette,* 1946; *Innozenz und Franziskus,* 1953; *Verhüllter Tag,* 1954; *Winter in Wien,* 1958; *Pfeiler im Strom,* 1958.
»An einem Wintermorgen (1932/33) im Steglitzer Stadtgarten überfiel mich das Brandenburgische Konzert: die preußische Idee, es war wie eine unüberwindliche bacchantisch-disziplinierte Musik.« Nach den Worten Reinhold Schneiders ist dies der Anstoß gewesen zu seinem Buch »Die Hohenzollern«. Es geht darin nicht mehr um den Anspruch der Hohenzollern, sondern um einen unbezweifelbaren, an ein Geschlecht, eine Landschaft, eine Zeit ergangenen Auftrag. Die großen Hohenzollern vollzogen den Willen zur Form an der äußersten Grenze im Zeichen des Königtums, dessen Gesetz das Opfer ist. Anliegen dieses Buches ist: Ehrfurcht vor der Geschichte, dem Gewesenen überhaupt, vor der bejahten, erlittenen Sendung. Das eigentlich Erschütternde ist hier nicht das Geschick der Staaten, die alle ihren Weg gehen vom Aufgang zum Untergang, es ist der Mensch, der sich der Macht stellt, der von ihr verzehrt wird und damit vor die letzte Macht gelangt.

Reinhold Schneider
Die Hohenzollern

Tragik und Königtum

Herausgegeben mit einem Nachwort
von Wolfgang Frühwald

Suhrkamp

suhrkamp taschenbuch 590
Erste Auflage 1980

Lizenzausgabe mit freundlicher Genehmigung
des Insel Verlags, Frankfurt am Main
Suhrkamp Taschenbuch Verlag
Satz: LibroSatz, Kriftel
Druck: Ebner Ulm · Printed in Germany
Umschlag nach Entwürfen von
Willy Fleckhaus und Rolf Staudt

Inhalt

Grillparzer: Der König ist dahin
Ich geb' ihn auf. Allein das Königtum
Will ich der Welt erhalten, der's vonnöten.

Vorwort

Dieses Buch ist die Geschichte einer Sendung. Wie sie von den Ordensrittern empfangen, gelebt wurde, von ihnen sich forterbte; wie sie sich wandelte, ausbreitete, sich im Ablauf der Zeit sättigte mit Macht – der in der Zeit erreichbaren Macht –; wie sie mit sich selber kämpfte, sich spaltete und zugleich verhärtete, erstarrte, und weitentfernt von ihrem Ursprung, aber treu dem Raume, in den sie gerichtet war, sich ausgab, erschöpfte und endlich aufgehoben wurde vom Gang der Geschichte, dem Anbruch einer ihr todfeindlichen Ära: das ist der Inhalt des Buches. Aus der Sendung der Ritter wurde die der Fürsten und Könige, die die Farben der Ritter in ihrer Fahne führten und sich nach ihrem Lande nannten, von ihrem Glauben aber sich abwandten und fortgerissen wurden, bis der Letzte fragend in unheimlicher Nacht stand. Es geht also um das Leiden der Könige, das Leiden mit ihnen, um ihre Tat und für ihre Tat. Darüber kommt das Leiden der Völker und ihrer Heere nicht zu seinem Recht; es soll hier ausdrücklich geehrt werden; vielleicht aber wird das Leiden der Könige, die ja für Auftrag und Bestimmung überhaupt stehn als Zeichen eines nicht ergründbaren, nur vollziehbaren Willens über der Geschichte, heute zu wenig geehrt.

Was sind Könige für uns? Würde heute ein König geboren, er könnte nicht atmen. Der Vorwurf gerade der leidenschaftlichsten Monarchisten an die Fürsten, daß sie ihr Königtum vergeudet haben, trifft kaum die halbe Wahrheit. Das Klima des Königtums wurde zerstört. Das Königtum kann nur Ausdruck sein, letztes zusammenfassendes Zeichen des Lebens und Seins und Denkens, eines in tragenden Überzeugungen einigen Volkes; des Wunsches nach Verehrung, der Sehnsucht nach bildhaftem Glanz, zu dem die Menschen aufblicken, dem sie gehorchen wollen; es ruhte auf dem Schauer vor Gott dem Vater und dem geopferten Sohn; auf der Sehnsucht, die Frau gekrönt zu sehn als Gattin, als Mutter, als Fürbitterin am Throne, als Herrscherin. Es ist kein König ohne Volk, das auf diese Art empfindet. Aber es ist auch kein Volk ohne gekrönte oder ungekrönte väterliche Autorität, ohne Macht, die, als

Zeichen göttlicher Macht, sich mit Liebe eint, ohne die Hoheit parteiloser Gerechtigkeit und das Recht, Gnade walten zu lassen.

Geschichtliche Phänomene müssen als Lebenstatsache angenommen werden; als solche sind sie unveräußerliches Thema der Darstellung, der Kunst. Wenn das Geheimnis des Königtums nicht anerkannt wird, ist es unmöglich, die Geschichte der abendländischen Völker zu verstehn. Der Widerstreit zwischen Härte und Liebe, die dem König gleicherweise auferlegt sind – wie sollte er als zerbrechendes Zeichen des Gottes, der zugleich schrecklich und unendlich barmherzig ist, Gott der Liebe und Gott des Zornes, dieses Mal nicht tragen! –: dieser Widerspruch kann kaum auf erschütterndere Weise in Erscheinung treten als in den großen Hohenzollern: das liegt im Amt, im Temperament des Geschlechts, in der Armut der ihm überantworteten Erde, der nur unerbittlicher Wille Brot und Waffe abringen konnte. Daß das letzte, was sie trieb – über den in Friedrich dem Großen zerbrechenden Glauben hinaus –, Liebe war, ist keine Frage; sie galt nicht dem Reich – und das ist das Verhängnis; aber dem armen Mann, dem Schulzen, dem Bauern, dem Handwerker, sofern sie fleißig und redlich waren, sie galt dem Soldaten: durch die unmenschliche, selbst dämonische Härte des Befehls spürte er den Menschen, der mit ihm litt, für ihn sorgte, sein Gesetz und doch nicht sein Tyrann war. Das Heer lebte aus der Macht der königlichen Persönlichkeit, die ihm gebot; aber auch aus der Erfahrung, daß der Widerspruch zwischen Gehorsam und Freiheit in ihm möglich war. Immer wieder erheben sich einzelne, die es auf Tod und Leben wagen, nicht zu gehorchen, immer wieder bewährt sich der Herrscher darin, daß er sie achtet, ihnen verzeiht.

Es ist nicht unsere Sache, das Vergangene zu richten, sondern es zu verstehen und Größe, Leiden, Verschulden und Versagen, den durchlebten unheilbaren Lebenswiderspruch zu ehren. Auch ist es das Wesen der Geschichte, daß in ihr Sendungen aufeinanderstoßen, die einander schneidend widersprechen; indem sie sich aufheben wollen, formen sich Schicksale, werden Willenskräfte zersplittert, Herzen überfordert; in allem kommt es darauf an, daß der Mensch wisse, was er soll, nicht, was er bewirkt. Unsere Melodie ist nicht der Todesjubel des Hohenfriedberger Marschs, aber der war eine große Melodie: adliger Totenmarsch, der auch den entmachteten Erben erhöht, wenn er seinem Sarge folgt.

Das Buch wurde im Winter 1932/33 geschrieben, im Gefühl, daß das Schicksal wieder auf dem Wege war; »nicht im Blut«, sondern in der Forderung sah es das treibende Gesetz; darum klagte das Vorwort den entthronten König in Doorn an, der im letzten entscheidenden Augenblick nicht mit seinem Auftrag allein war und ihm nicht gehorchte, hätte er damit auch nicht mehr als ein Bild behaupteten Königtums gegeben. [Er beantwortete und entkräftete diesen Vorwurf, indem er ihn vorlas.] Aber das Ziel? Es war der Mut, das Vergebliche zu wollen, zu tun. »Einer wenigstens muß stark genug sein, auch das Vergebliche zu wollen; er muß den noch nicht geschehenen Zusammenbruch in sich überwunden haben, wenn die stillere Welt der andern nicht zusammenbrechen soll.« Friedrich führt zwischen Kälte und Glut, Ruhm und Niederlage, Liebe und Härte, zerfressen vom Zweifel und wieder von ungewisser Hoffnung getröstet, ein Leben, das nicht möglich ist und doch möglich wird unter seinen Schritten. Das ist das Bleibende: eine Art Stellvertretung, die die Qual der geschichtlichen Existenz auf sich zieht und in sich austrägt; Königtum kann sich nur als befohlene Stellvertretung rechtfertigen. Es kann darum auch nicht bevorzugen, nicht verfolgen; es ist an das Ganze gebunden, an das Wissen vom Rechte alle Glieder, von der Gleichheit vor Gott.

Die hier erzählte Geschichte endet mit »Untergang« – während ja das Preußentum noch den Anspruch stellte, fortzuleben über den Tod Friedrichs des Großen. Das Buch ist ein Epitaph. Ein zweiter Band, von dem nur Trümmer blieben, sollte darstellen, wie über den mit Friedrich und seinem Nachfolger geschehenen Tod hinaus das Geschlecht versuchte, für den erschöpften Inhalt, die ausgelebte, glaubensferne Pflicht, die endlich die Gestalt der Verdammnis angenommen hatte, einen neuen zu erringen; es sollten wieder drei Bildnisse entworfen werden: Friedrich Wilhelm III., ein versagender, verkannter Fürst, der das Königtum verbürgerlichte, aber ein Gewissen; Friedrich Wilhelm IV., der, durchaus in der Mitte stehend, wieder versagend, den Mangel neuen großen Gehalts am deutlichsten spürte; Wilhelm I., der, bei aller Fragwürdigkeit der Politik, Adel vertrat in sich entadelnder Welt. Das Ende wäre Refrain gewesen, »Untergang«: das Auftreten des jungen, sicher-unsichern Kaisers vor nachtschwarzem Himmel.

Aber das Epitaph sollte entflammen. Mit dem König war das Königtum nicht aufgegeben: die Herrschform, die der Verfasser als einzige lieben konnte und kann. Die Frage ist, in welcher Gestalt es noch zu erscheinen vermag; sie kann erst am Ende beantwortet werden, im Nachhall der zwanzig Jahre, die über das Buch hinweggegangen sind. Hier bleibt das Paradox, daß gewollt werden soll, was als vergeblich geahnt wird, das nicht Mögliche, und daß gerade dieser Wille die fortreißende Kraft geschichtlichen Handelns ist; daß ein Auftrag gegeben wurde, der im letzten unerfüllbar war; daß der König nicht leben kann, aber leben muß; daß die Macht ergriffen, verwaltet werden muß, aber ihren Träger unaufhaltsam zerstört; daß es unentschuldbar ist, sie abzuweisen, und verderblich, sie anzunehmen; daß der Thron die Fülle des Menschentums fordert aber nicht duldet. Ehre diesem Leiden! Es ist nur ein Schritt vom tragischen zum christlichen Paradox. Denn auch das Christentum verlangt das Unmögliche: zu hoffen wider die Hoffnung und dem den Rock zu geben, der den Mantel nimmt, zu besitzen als besäßen wir nicht, immerfort sterbend zu leben. Aber dieser Schritt konnte nicht geschehen, ohne die Hilfe eines ungeheuren geschichtlichen Schicksals; er war die Aufgabe des Lebens, aller ihm erreichbaren Erfahrung der Höhe und Tiefe und des eigenen Selbst. Er war und ist die Aufgabe der Zeit.

6. März 1953

I. Teil
Die Väter

I. Herrschaft des Kreuzes

Die Brüder des Deutschen Ordens trugen als erste die Farbe der künftigen Macht: aus dem Weiß ihres Mantels hob sich das schwarze Kreuz. Dieses Kreuz, das sie vereinte und ihnen Werk und Richtung gab, wich langsam zurück im Lauf der Jahrhunderte: vielleicht ist der Inhalt der Geschichte, die hier entworfen werden soll, nichts anderes als das Verschwinden des Kreuzes; aus dem Mantel wird einmal ein Banner; aus demütiger Führerschaft Herrentum; aus dem Dienst an der Ewigkeit ein Dienst an der Erde. Vielleicht aber kommt zuletzt die Ewigkeit wieder über den Menschen: dann ist das Ende der Form gekommen, und wir können das Gleichnis verstehn.

Die Brüder wußten von der einzigen Gleichheit, die möglich ist auf Erden: von der Gleichheit vor dem Unendlichen. Da sie alle unverbrüchlich glaubten an das Jenseits, das sie erwartete; an die Macht, die ihnen befahl, so waren sie einander gleich. Das Gefühl ihrer Gleichheit mußte erlöschen, sobald der Glaube die richtende Kraft verlor in ihrem Leben: dies war das erste, das innere Schicksal der Brüder, mit dem sich das äußere der politischen Gegnerschaft und Übermacht verbündete.

Unter solchen Schatten war ein Jahrhundert lang ein Leben möglich im Nordosten, das im Einklang stand mit der kriegerischen Forderung der Erde und doch seine Rechtfertigung nicht mehr von der Erde empfangen wollte. Im Gürtel der Palisaden und sie stützenden Türme, der Mauern, Brücken und Tore starrte die Burg von Waffen; im Innern aber galt, wenn auch nicht immer als Wirklichkeit, so doch als unbestrittene Forderung das Gebot der Liebe: »Ohne die Minne sind weder Orden noch Werke heilig, sondern sie sind nur Scheinheiligkeit.«

Die Zellen und Wohnkammern der Brüder sind nur durch Gitter verschlossen, die niemals verhängt werden dürfen; sie tragen dasselbe Gewand, gefertigt aus Stoffen, die andere für sie kauften und verwahren; ihre Truhen stehn offen: Was hätten sie auch zu verbergen? Geld geht nur durch die Hände derer, die den Auftrag haben, es zu verwalten, des Tresslers und des Komturs; andere, denen Geld anvertraut wurde, müssen es abliefern, wenn der Tag sich neigt. Als sie hereintraten aus der bewegten, vielgestaltigen Landschaft des Lebens in die starre Geschlossenheit der Burg, gaben sie ihre Wappenschilder auf, die doch zum wenigsten von vier Ahnen geführt worden waren: ihr Wappen ist von nun an das Kreuz, das den größten Kampf gebietet und den ewigen Frieden verspricht.

An der Tafel essen zwei aus einer Schüssel; sie schlafen im selben erhellten Saal auf unverhängtem Lager. Viermal ruft sie die Glocke des Tages zusammen, viermal geht sie zur Nacht; eine höhere Ordnung bestimmt ihr Leben, während draußen die gerufenen Bauern und die Beamten das schwere Werk an der eroberten Erde vollbringen. Sie sehn wohl das Korn sich häufen in den Speichern und die Schiffe des Ordens an der Burg vorüber den Strom hinabtreiben mit ihrer Last; sie sehn den Bernstein, den man oben in Samland sammelt, aufgestapelt schimmern, bis ihn der Schäffe von Königsberg nach Brügge verkauft; und sie sehn im Wechsel die Tuchballen und Gewürzsäcke kommen aus dem Westen: kein Einzelner hat daran teil.

Wie sollte das Bewußtsein des Höchsten, dem sie dienen, nur einen Augenblick erlöschen? Denn der Verzicht mahnt sie fort und fort; in einer Nische der St. Annenkapelle, gegen Südost gewendet, entzündet sich das riesige Bild der Jungfrau in der aufgehenden Sonne, bunte Gläser schimmern auf goldenem Grund, Sterne leuchten im Blau; der Glanz dieser ihrer Herrin duldet kein eigenes Glück. Aber Gelübde und Gebot vermöchten vielleicht noch nicht das letzte: die eiserne Geschlossenheit dieser Form wird nicht nur von außen, sondern von innen überwacht. Neben den Ritterbrüdern wohnen die Priester, vor denen kein Geheimnis besteht; während der Hochmeister und die Gebietiger durch ihr Amt wie durch ihr verpflichtendes Beispiel die Regel unverletzt erhalten, formen die Priester in der Beichte an der innern Gestalt. Solange sich alle ihres Dienstes, ihrer Aufgabe bewußt sind, scheint diese Form nicht verfallen zu können; auch ins Feld folgt der Altar mit auf die Erlaubnis des Papstes; und das Vergehn am himmlischen Herrn wiegt ebenso schwer wie Feigheit oder Verrat.

Die Uniformitas, die von so vielen Regeln gefordert wird, scheint vollendet; dieselbe Stunde schlägt allen, die zum selben Dienste sich zusammenfinden im selben Gewand; ja, von Burg zu Burg regiert der eine Glockenschlag, und die Burgen selbst gleichen sich mehr und mehr, in Bau und Lage, einander an. Es sind den Städten vorgelagerte, hochgieblige, kühn aufstrebende Häuser, die ihre Wehrtürme in Seen spiegeln oder in Strömen; und wie im Innern der Takt des Lebens sich von Marienburg bis hinauf nach Ragnit wiederholt, so wiederholt sich auch die Folge und Anordnung der Gemächer: ein einziger Plan ist durchdacht und am Werke erprobt; und das ganze Leben muß sich ihm, mit allen seinen Wünschen nach Vielfalt und Entfaltung, unterwerfen. Da aber das Größte weder zu gewinnen noch zu verlieren ist auf der Erde, so kann diese furchtbare Ordnung bestehn.

Nur der Hochmeister speist im eigenen Gemach; nur er trägt fürstliches Gewand; er hat das Recht auf einsames Gebet in eigener Kapelle; er darf selbst der Jagd sich überlassen in den Wäldern der Ebene, während die Brüder nur folgen mit ihren Knechten, ohne den Speer zu heben oder den Bogen zu spannen. Aber er, der die kriegerischen Gäste aus dem Reich empfängt als Fürst, ist als Oberster des Ordens auf das unfürstlichste beschränkt: er kann keine entscheidenden Beschlüsse fassen ohne die Zustimmung des Kapitels; er bedarf dieser selbst zur Einsetzung der oberen Beamten. Mehr noch: das Kapitel kann ihn zur Rechenschaft ziehn; erscheint er nach der dritten Vorladung nicht, so geht er seines Amtes verlustig. Den Beschlüssen der Mehrheit unterliegen sein Wille, seine Einsicht. Obwohl er als der Höchste des Ordens gilt, so kann doch der Deutschmeister im Falle einer Amtsverletzung Autorität über ihn ausüben. Der Geist der Gemeinsamkeit, des uneingeschränkten Dienstes, vollbringt in dieser Verfassung sein höchstes Werk. Alle Instanzen sind ineinander verklammert, voneinander abhängig; niemals gehört dem Einzelnen das bestimmende Wort. Wie für die Tür des Archivs drei Schlüssel gefertigt wurden, deren einen der Hochmeister, den zweiten der Großkomtur, den dritten der Tressler verwahrt, und nur die Einigkeit und das Wissen dreier Gebieter die Kammer öffnen: so ist die Einigkeit der Verantwortlichen die Voraussetzung fast jeden Unternehmens. Nur im Felde besitzt der Marschall freiere Gewalt; doch nur bis zum Angriff, den ihm der Meister gestatten muß. Zu raten und Rat anzunehmen, ist eine der ersten Pflichten; und das Vertrauen, das den Bruder mit dem Bruder verbindet, entscheidet in der Wahl. Der Statthalter, der den Hochmeister vertritt, ernennt einen Wahlkomtur, dieser einen Wähler; beide zusammen bestimmen einen dritten, die drei einen vierten; dann, wenn dreizehn vereinigt sind, berufen durch gegenseitiges Vertrauen und den festen Willen zum Dienst, wird die Wahl vollzogen.

Nach erfüllter Dienstzeit treten sogar die Gebietiger wieder in ein geringes Amt zurück: es gibt keine Auszeichnung unter den Brüdern, keinen Rang, der sie endgültig voneinander trennt. Was sie selbst voneinander fordern, das fordern sie wieder von ihren Beamten: auch diese verfügen nur über Rechte, die ihnen jährlich genommen und neu verliehen werden. Hat das große Werk der Staufen in Sizilien hier im Nordosten einen Nachfolger gefunden? Aber auch die Staufen bauten ja nur auf normannischem, arabischem und byzantinischem Erbe fort. Rechnung und Rechenschaft, eine unerbittliche, weniger von Mißtrauen, als von dem Willen zur Sache geschaffene Kontrolle, der die niedern wie die höchsten Beamten unterliegen, überwacht die Verwaltung der harterkämpften Erde. Das Buch des Tresslers verzeichnet sogar die Kosten für die Anfertigung eines neuen Schlosses an der Tür des Meisterzimmers; für die Ausbesserung des Schadens, den ausgebrochene Affen an Heiligenfiguren angerichtet haben.

Unter den Farben der künftigen Macht feiert die Uniformitas ihren Triumph; über Gewand, Zeit und Kleid, Wohnung, Mahlzeit und Schlaf, Wappen, Stolz und Würde des Einzelnen verfügt das Gesetz. Aber der Orden ist keine Formschöpfung um jeden Preis, wie sie einmal heraufkommen wird in einem entgötterten Jahrhundert; diese Form ist erfüllt von metaphysischem Gehalt; in der furchtbaren Strenge der Mauern, der noch kältern Strenge der Regel, will sich nur das Leben verdichten, das keine Grenzen kennt. Dieses Gefüge ist um so fester, je erfüllter es ist; die Glocke ruft vor dem Kapitel, vor der Wahl die Beschließenden zur letzten Verantwortung vor Gott. Das Jenseits bestimmt; und die Formen der Erde wachsen ihm zu.

Pest, Kälte und Mißwachs wüten in dem eroberten Land; die Ströme reißen den Sand den Mündungen zu und füllen die Hafenplätze aus, oder sie ergießen sich ungebändigt über die besten Felder. Der Obstbaum krankt hin, der Weinstock will nicht überwintern. Aber die lückenlose Geschlossenheit der einmal gebildeten Form kann nicht ohne Wirkung und Machtbereich bleiben. Von den Türmen der Marienburg schweift der Blick über das scheinbar Grenzenlose: das Haff schimmert in weitester Ferne und näher der Drausen-See, die Weichsel wälzt sich breit durch die Ebene, die geschaffen schien für das ziellose Wandern und Kommen der Völker und die nun überragt wird von der Burg. Dieser Geschlossenheit erliegt das Volkstum, das bisher hier geherrscht; nach der Wahl Winrichs von Kniprode [1351], da die Marienburg vom Fest erdröhnt, erbittet ein altpreußischer Sänger Gehör. Er singt in der Sprache, die keiner der Anwesenden mehr versteht, von den Taten Waidewuls, des Preußen; er singt auch das Lob des neuen Meisters, den er dem Sterne im Morgenlande vergleicht, in seinen verschollenen Lauten. Aber da er geendet, schickt ihm Winrich eine Schüssel, in der hundert taube Nüsse liegen und ein Zettel mit diesem Vers:

Niemahns hat verstanden de arme Prüsse
Dess thu ich ihm schenken hundert falsche Nüsse.

Denn der bedeutendste Meister wurde eben gewählt, die größte Zeit des Ordens wie des Deutschtums im Nordosten hat begonnen, und die neuen Herren behandeln die Unterlegenen mit der tödlichen Grausamkeit, mit der siegende Völker sterbenden begegnen.

Aber während der preußische Sänger aus dem Lichtkreis der Geschichte tritt und die Lieder für immer verhallen von dem eichenumrauschten Heiligtum Romove und von den Taten der Gewesenen und ihren Göttern, beugen sich die Litauer nicht. In dem Kampf mit ihnen liegt die Rechtfertigung, liegt ein großes Verhängnis des Ordens. Solange er sie nicht besiegt und bekehrt, gehört ihm das Ethos des Glaubenskriegs, der die Ritter aus dem Reiche, fast aus dem ganzen Abendlande heranzieht; der den Kämpfern die Bereitschaft zum letzten Einsatz gibt. Denn erst der Wechsel zwischen Klosterstille und Kampfgetöse, zwischen Askese und Kriegslust macht das Geheimnis des Ordenswerks aus. Aber je besser das Werk gedeiht, um so näher rückt auch sein Ende; in demselben Prinzip des Lebens, das zur Entfaltung treibt, ist die Notwendigkeit des Untergangs beschlossen. Das Wort des klugen Papstes Gregor IX., daß die Ritter die Täuflinge abwiesen unter der

Begründung, als Heiden seien sie leichter zu beherrschen, bezeichnet keine Wirklichkeit, aber es wittert die Tragik der Idee. In dem Zwiespalt, der sie bedrohte, konnten die Ritter nicht handeln, nach dem Vorwurf des Papstes: sie *mußten* bekehren und eben damit selbst ihrem Werk die Grenze ziehn. Der Verlust der großen metaphysischen, der unersetzbaren Idee war unvermeidlich; und er allein hätte, auch ohne die hinzutretende politische Gegnerschaft, genügt, um die Lebensform des Ordens zur Verwandlung zu bestimmen oder zu zerbrechen.

So suchen die Brüder zu bekehren; in den Verträgen, die der Orden mit den litauischen Fürsten schließt, stellt er die Forderung nach der Taufe; zugleich gehen die Kriegszüge fort; Ausbreitung des Glaubens und Ausbreitung der Macht scheinen untrennbar verbunden. Aber der Orden durchbricht die litauische Schranke nicht; oben in Livland herrscht die deutsche Kolonisation, dazwischen brennt die wilde Kriegsmacht des litauischen Volkes, die das grausame Schwert der Ordensritter nur schüren, aber nicht dämpfen kann. Aus den großen Inseln des Deutschtums wird kein Kontinent; und so muß der Tag kommen, da sie das Meer überspült. Und da endlich die heiligen Haine stürzen im Litauerland, die heiligen Schlangen zertreten werden wie Gewürm, die Götterbilder unter Axtschlägen bersten wie morsches Gebälk und das heilige Feuer Perkunos im Königshofe zu Wilna erlöscht, weil es keinen Glanz und keine Wärme mehr zu vergeben hat: da nun geschieht, was ersehnt und erstrebt wurde in einem Jahrhundert, und das Kreuz seinen Schatten wirft auf die Ebenen, wo Hunderttausende verschleppt und erschlagen wurden: da hat der Litauerfürst den polnischen Thron bestiegen, und nicht durch den Sieg der Brüder, sondern auf Geheiß des eigenen Herrn wurde das Land bekehrt. Wenn die Ritter wieder zu Feld ziehn mit den Heerfahnen des heiligen Georg und der Jungfrau, so kommen ihnen dieselben Zeichen entgegen; von nun an kämpft nicht mehr der eine Gott der Christen mit den wilden Göttern der Ebene und der Wälder: Kreuz steht gegen Kreuz; und nicht mehr die allumfassende Idee, sondern die Macht der Volkstümer bestimmt über die Schicksale auf Erden.

Vielleicht ahnt der Hochmeister Konrad Zöllner von Rotenburg die tödliche Bedeutung dieser Wandlung: am 14. Februar 1386 empfängt der Litauerfürst die Taufe vom Erzbischof von

Gnesen; aber schon am 9. Februar hat Papst Urban dem Hochmeister die Gründung der Hohen Schule bestätigt, die in Kulm errichtet werden soll. Wie in früheren Zeiten der Gefahr, so sucht auch jetzt der Orden durch eine Reform von innen, eine Verdichtung seines Lebensgehalts, sich zu behaupten; denn zuletzt gilt immer die Frage: was ein einzelner, was eine Gemeinschaft zu geben haben; und nach ihr wird die Dauer des Daseins bemessen. Die Mächtigkeit der Seele, des Willens zu dienen um Christi willen, war der Ursprung des Ordens: er mußte auch jetzt die Welt beschenken, wenn er bestehen wollte. Die Universität im Norden wäre, nach dem Erlöschen des größten Gedankens, vielleicht die Rettung gewesen: hätte es der Orden vermocht, das bekehrte, doch nicht eroberte, nicht gewandelte Land mit dem Geist zu durchdringen, ja das litauische Fremdgebiet zwischen Preußen und Livland zu durchschmelzen und Kulm eine ähnliche Bedeutung zu geben, wie sie sich Krakau eroberte: so hätte er sich vielleicht aufs neue gerechtfertigt und erhalten. Aber der Gedanke verweht, wie er gekommen; nur Akten wissen von dieser Universität, bald erinnert nur noch ein Mönchskollegium an sie, von lebendiger Wirkung blieb keine Spur. Die schöpferische Kraft des Ordens ist verglüht; die Grenzen sind erstarrt, und über die Burgen, die keine Gewalt mehr ausstrahlen können in ungeformtes Land, kommen die Schatten.

Nachdem der Orden die Tragödie seiner Idee durchlebt hat, bleibt ihm noch die Tragödie seiner Verfassung. Sie versagt im Augenblick der Not. Tannenberg ist geschlagen; die Komture, die nicht auf dem Schlachtfeld blieben, übergaben schmählich ihre Burgen, und das Heer des Polenkönigs, Litauer, Russen und Tataren, die unübersehbaren Völker der Ebene, umschwärmen die Marienburg. Dieser Übermacht tritt ein Wille entgegen, der geformt und geschlossen ist wie das Meisterhaus selbst: Heinrich von Plauen. Er verbrennt die Stadt, um die Burg zu halten; er ist klug genug, zu bitten, solang er noch kämpfen kann, und stark genug, sich selbst zu vertrauen, wenn der Feind seine Bitte nicht hört. Aber die ungewöhnliche Stunde verlangt das ungewöhnliche Gesetz. In dem einen brennt der Eifer für die Sache; in den andern: den Gebietigern und Komturen, den Brüdern des Kapitels bangt die Sorge um ihr verbrieftes Recht. Sie sind im Besitz der Statuten, die ihnen

Einspruch erlauben in die Verfügungen des Meisters, ja sie in ihrer Gesamtheit über den Meister erheben. Er aber entsetzt Bischöfe, die er verräterischer Umtriebe beschuldigt, ihres Amtes; fordert, um die Gefangenen zu lösen, Steuern, unter denen das Land zusammenbricht; er wagt es, im Abgrund der Not, für einen neuen Krieg zu rüsten. Herrisch ist seine Sprache; unerträglich sein Befehl. Warum aber sollten die Brüder, die ihn aus ihrer Mitte gewählt und ihn stürzen können durch ihren Beschluß, sich gebieten lassen? Und indem sich das alte Verhängnis wieder vollzieht und das tote Recht des Papiers Macht gewinnt über das Recht der lebendigen Form, ahnen die Geblendeten nicht, daß der Geist der Gesetze, auf die sie sich berufen, in ihnen erloschen ist und zweierlei Wille die Statuten schuf und sich nun ihrer annimmt. Alle Dokumente geben ihnen recht, wenn sie die Geltung des Kapitels und der Gebietiger fordern und des Meisters eigenes Wollen hemmen und endlich brechen; aber diese Dokumente sollten den Orden schützen und erhalten, dem der Meister dient; die Feinde des Meisters dienen nur dem Papier – oder sich selbst.

So erscheint schwerstes Unrecht als vollendetes Recht, wenn der Geist erstorben ist, der das Gesetz geprägt, und das Gesetz, seines Zieles vergessend, für sich selber herrscht. Von nun an wird nicht mehr der Wille zum Dienst bestimmen, sondern der einzelne Wille zur Macht, der sich des Rechtes und des Gesetzes zu bedienen weiß: bald nach der Idee der Mission geht auch die Idee der Gemeinschaft verloren; denn Gemeinschaft ist nicht möglich im Getriebe der Erde, wo die Macht die Macht erschlägt; sondern allein vor dem Höchsten. Heinrich von Plauen wird seines Amtes entsetzt, und der Orden, dessen inneres Feuer verglomm, stürzt seinem Ende zu. Mit seinem Werk hat der letzte große Hochmeister seinen Gott nicht verloren: wie sonst könnte er um das Komturamt zu Engelsburg bitten; wie sonst den Verlust auch dieser Würde ertragen und sich als Gefangener nach Brandenburg und endlich nach Lochstädt bringen lassen. Von dort, von dem verlorenen Strande des Fischhausener Wieks, hallt sein letztes Wort in die Geschichte, in deren furchtbaren Entscheidungen er mitgekämpft hat: kein Befehl mehr, kein zorniger Vorwurf über den Verfall der Form, der sich ringsum ereignet, sondern die Klage des Hungernden um Bier und schwarzes Brot.

Die Zeit ist um, und das Heilige verliert seinen Glanz. Wenn nach einigen Jahrzehnten der wirtschaftliche Zusammenbruch des Ordens Anlaß zur Übergabe der Marienburg an Polen ist, so ist nichts Ehrwürdiges mehr an den alten Hallen, den Bildern St. Barbaras und Mariae: Hochmeister und Brüder werden von ihren eigenen wilden Söldnerführern überfallen und mißhandelt, wenn sie zur Kirche gehn, so daß sie sich bald nicht mehr aus ihren Kammern wagen. In den Chorkappen, Chorröcken und Alben, mit Fahnen und Kreuzen lärmen die entfesselten Söldner durchs Schloß und die Kapelle, unter deren Steinen die Großen eines vergangenen Jahrhunderts schlafen; die letzten Brüder suchen sich durch den Sprung durch das Fenster zu retten, der letzte Meister besteigt bei Nacht weinend seinen Kahn. Dann, auf das Geheiß des Böhmen Ulrich Czirwenka, springt die Pforte auf, und mit gespannter Armbrust stürmen die Polen in den Hof.

So verdämmert die Burg, ein riesiger Schatten, der fremder und fremder wird für die Jagenden auf den Wirbeln der vorübertobenden Zeit; Friedrich der Große, der sie zu später Stunde wieder gewinnt, vergewaltigt sie für irdischen Dienst; Beamte ziehn in die Kammern asketischer Herren. Und endlich, nachdem die Beispiele versanken, geht auch der Glaube an die große Form verloren, die mit gewaltigen Quadern gegründet war auf der Erde: die aber die letzte Bestätigung ihres Seins und Wirkens nicht von der Erde erwartete.

II. Die Bestimmung des Geschlechts

Während die Macht des Deutschen Ordens bei Tannenberg zerbricht, füllt der Chronist im Havelland seine Blätter mit dem Unglück der Mark. Die Adligen schießen Brandpfeile in die kleinen Städte, deren Mauerwerk freilich nicht mehr in bestem Stande ist; mit List oder Gewalt werden die bewaffneten Bürger herausgelockt und erschlagen; über die Zurückgebliebenen aber und ihre dürftigen Güter kommt die Wut der Mordbrenner und Räuber. Mag es der Bischof von Magdeburg sein, der das Geld der Bürger von Rathenow verpraßt, während seine Soldaten toben in den Straßen; mögen die Quitzow und Putlitz, die Stechow und Bredow die Bürger und armen Leute überfallen, wenn sie sich einmal aus den Mauern heraus auf ihre kargen Äcker wagen: hier hat ein jeder Recht, der das Schwert zu führen und ein paar Söldner zusammenzubringen weiß. Auch die Statthalter helfen mit, oder sie werden es bald überdrüssig, sich berauben und überfallen zu lassen; wenn aber der Herr der Mark, Jobst von Mähren, einmal aus Prag heranzieht in dieses Elend: so gewiß nur, um seine Säckel zu füllen. Wie kann er helfen ohne Geld? Wenn dann die Beraubten und Gebrandschatzten aus Angst, daß ihnen auch das letzte genommen werde, die Steuer aufbringen, so löst Herr Jobst keine der Burgen ein, die er verpfändet hat; geht er keinem der Räuber zu Leib: er kehrt nach Prag zurück mit seinem Gelde und läßt die Märker wieder ihre demütigen und verzweifelten Briefe schreiben, indessen die Feuer aufzucken in der verlassenen Ebene, die Kriegsknechte das Vieh von den Städten weg in die Burgen treiben und die Gefangenen verzweifeln in den Türmen, weil niemand das Lösegeld für sie bezahlt.

Lang sind die Askanier verblüht, die mit Leidenschaft diesen sandigen Boden ergriffen hatten, um in ihm selbst, in seiner Kargheit und in seinem Ernste ihre Bestimmung zu finden; sie siedelten und gründeten; riefen die Bauern aus dem Flämischen und umwallten neue Städte; verstanden das Gebot der vernachlässigten Erde, die ihnen anvertraut ward, und erweiterten zugleich den Raum, der sie umschloß; als echte Herren genügten sie ihrem Beruf: der es ist zu ordnen, zerstreutem Leben eine Mitte zu geben und die Vormacht dieser Mitte in der Leistung zu begründen. Sie lebten und starben in diesem Land, das unendlich viel fordert und wenig mehr gewährt als den Antrieb zur Tat, und verdienten sich damit auch ihre Gräber in märkischem Sand. Die Herren aber, die ihnen folgten, die Bayern und Luxemburger, überwanden sich zu diesem ernsten Dasein nicht; für sie war Besitz, was Heimat hätte werden müssen; sie wollten nicht wurzeln in diesem Boden, sondern ihm nur das wenige nehmen, das er zu geben hatte, und mußten sich daher bald von ihm wenden. Denn die Mark macht den nur reich, der sich ihr mit einem Opfer an eigenem Leben verschreibt; diese Herren aber kauften und verkauften, verpfändeten und raubten, um in anderem Lande andern Zielen nachzujagen; so ging ihnen das eine große Geschenk verloren, das nur ein armer Boden gewährt: die Bildung des Willens.

Da König Sigmund seinen Vertrauten und Feund, den Burggrafen von Nürnberg, in das zerrüttete Land schickt, erscheint ein großer Wille in der Mark. Nun stürzen die klobigen Türme der Adligen: der einzigen, die hier zu wollen und zu leben vermochten; aber dem neuen Statthalter ist es nicht genug mit diesem Sieg: von seinem ersten Kampf bringt er die Hoffnung auf Markgrafentum und Kurfürstenwürde mit nach Süddeutschland; da er das zweite Mal, als Herr und Kurfürst, zurückkehrt nach Konstanz, entwirft er mit seinem königlichen Freund den Plan eines nordostdeutschen Staats; die Mark soll Mitte und Führerin der umliegenden Mächte werden; sie soll das verwirrte Spiel der Kräfte ordnen, indem sie sich diese unterwirft. Der König ist einverstanden; eben jetzt steht das Erlöschen des sächsischen Herzogshauses bevor; Friedrichs Sohn ist mit der Tochter des söhnelosen Herzogs verbunden; und wenn noch nicht als Sicherheit, so doch als große Möglichkeit erscheint die Vereinigung Sachsens mit der Mark. Pommern und Mecklenburg sollen unter märkische Lehnshoheit gebeugt werden. Kampf wird entbrennen; der neue Kurfürst muß Partei nehmen in dem Streit an der Ostgrenze, den Polen mit dem schon gebrochenen Orden führt und entscheidet sich für diesen. Aber die Mächtigen wittern rasch das Heraufkommen einer neuen Macht: die Pommern und Mecklenburger, Braunschweiger, Holsteiner und Lauenburger schließen sich gegen den Zollern zusammen. Er siegt; doch er ist nicht nur Markgraf von Brandenburg: er hat auch fränkischen Besitz, und an diesen, wie an jedes Gut der Welt, ist Feindschaft gekettet; indessen ist auch Sigmund in ewigem Streit: er fordert Hilfe gegen die Hussiten. Wie wird sich Friedrich behaupten können; vor allem: wie aus eigenen Kräften den Staat gründen, dem er sich schon verschrieben hat? Da wendet er rasch: was ihm *gegen* Polen nicht gelingt, das wird er vielleicht *mit* Polen vollbringen; auch dort wird der Thron von einem greisen König ohne Söhne verwaltet: Der Markgraf wirbt um die Erbin für seinen zweiten Sohn.

Da aber, da er sich dem Ziele näher glaubt, ist er unrettbar verstrickt. Als Verbündeter Polens muß er mit dem Orden brechen; und er kann doch, mindestens der deutschen Kurfürsten wegen, den völligen Untergang des Ordens nicht herbeiführen helfen: also wird auch Polen wenig für ihn tun. Inzwischen hat sich der König mit Polen der Hussiten wegen entzweit. Friedrich von Brandenburg ist aber beiden verpflichtet: dem König und Polen. Sigmund fordert den Markgrafen auf, von Polen zu lassen; kommt dieser dem Befehle nach, so wird sich ein pommerscher Herzog, sein heftigster Feind, mit der polnischen Erbin verbinden, und des Markgrafen Land ist umfaßt. Friedrich nähert sich den Feinden des Königs: dem rheinischen Kurfürstenbund; doch im Grunde ist er auch mit den Kurfürsten nicht eins: Polen und das verbündete Litauen verlangen die völlige Aufteilung des Ordenslandes, die Austreibung der Ordensherren und deren Übersiedlung nach Zypern; die Kurfürsten setzen sich für den Orden ein. Der Widerspruch ist unlösbar; Friedrich ist mit seinen Freunden nicht einig; mit seinen Feinden verbunden. Seine Ziele verketten ihn mit denselben Mächten, von denen sie ihn trennen; der König machte ihn zum Fürsten: aber der Fürst hat, wie sein Land, sein eigenes Gesetz; und so kann er den Weg nicht mehr wählen, den er gehn müßte als Freund: vor ihm, als unabweisbares Ziel, liegt die freie Macht, die ihn von Sigmund scheidet; und doch machte ihn Sigmund nur mächtig, um sich auf ihn zu stützen. Ein jeder Schritt widerruft den andern; Friedrich sperrt dem Orden die Zufuhr, hintertreibt alle für ihn günstigen Beschlüsse und handelt damit wider die Kurfürsten, auf deren Hilfe er hoffen muß; er führt, im Auftrag des Reichs, den

Krieg gegen die Hussiten, die doch Feinde seines Feindes: des Königs sind.

Der Zusammenbruch vollzieht sich rasch und mit furchtbarer Konsequenz. Da Sachsen nach dem Tod des letzten Herzogs frei wird, verleiht es Sigmund dem Wettiner statt dem Hohenzollern; die alte Koalition gegen Brandenburg bildet sich wieder: Pommern und Mecklenburg drohn im Norden; in Franken droht Bayern; die Hoffnung auf die polnische Erbschaft zerrinnt, da dem greisen Polenkönig noch ein Sohn geboren wird; nun werden auch die vereinigten Kurfürsten uneins, ihr Bund zerfällt, ja Sachsen schließt sich Sigmund an: Friedrich steht allein für einen phantastischen Plan. Auch Polen greift zu den Waffen; noch wagt der Kurfürst den Kampf: aber beim Sturm auf Vierraden wird er so schwer geschlagen, daß er auf eiliger Flucht Geschütz und Gepäck zurücklassen muß.

Was bleibt? In Rathenow überträgt Friedrich seinem Sohn Johann die Mark; er selbst geht nach Wien, sich dem König zu unterwerfen; dann kehrt er nach Franken zurück, in die Heimat seines Geschlechts. Die Mark war nicht mehr als eine Möglichkeit der Macht: kein Stück Erde, das die zähe, immer wache Sorge seines Verwalters verlangte; schon die Aussicht auf eine Machtstellung an der Grenze brachte den Brandenburger in Konflikt mit dem Reich; doch der Plan ist gescheitert, und Friedrich geht in das Reich wieder ein, dem er zugehört nach seiner Abkunft und der Tradition seines Hauses. Auf allen Reichstagen kämpft er für die Reform des Reichs; nach Sigmunds Tod wird noch einmal ein großer Wunsch in ihm mächtig: er hofft auf die Krone, doch er erlangt sie nicht; wenige Jahre später stirbt er auf der Kadolzburg bei Nürnberg, im fränkischen Land, von dem er ausgegangen. Aber der Prolog ist gesprochen; Jahrhunderte müssen vergehn, bis die Tat der Enkel auch seine Tat erhellt: er nahm vieles an Größe und an Verhängnis voraus, vor allem den Willen, der wieder hervordringen wird und dann auf dieselben Gegner stoßen muß.

Durch Generationen kämpft das Geschlecht um die Mark: um die Fähigkeit, in ihr leben, wirken und sterben zu können; aber dieser Boden will erworben sein durch Wandlung und Hingabe: nur Menschen einer bestimmten Art können ihn besitzen. Johann, »der Alchimist«, versagt: die Hussiten verheeren das Land, der Adel begehrt wieder auf, die Städte drohen; nach zehn Jahren nimmt ihm der Vater das schwere Amt und läßt ihn heimkehren nach Franken. Friedrich II. (1440-1470), Johanns Bruder, nähert sich in schmerzhafter Wandlung der geforderten Form. Er verbrachte seine Jugend am polnischen Hof, auf die Krone sich vorzubereiten, die ihm entglitt; auf die Braut zu warten, die ihm starb und deren Bild nun nicht mehr in seinem Herzen erlöscht; mag Albrecht Achill, sein Bruder, in Franken lärmen auf Festen und Turnieren: er hat »keinen bessern Rat und Trost als Besserung des Lebens und Zuflucht zu Gott«. Er ist »kein Krieger, kein Streiter«, sondern ein fleißiger Arbeiter im Dienst seines Landes. Der Schmerz über frühe Verlorenes, ins Jenseits Entrücktes weicht von ihm nicht; in Kirchen und Klöstern, auf einer Wallfahrt nach Jerusalem sucht er seine Seele zu stillen; vielleicht enthüllt das Symbol des Schwanenordens, den er gründet, besser als seine Taten und kargen Worte sein Leben, sein Wesen: es ist ein zusammengepreßtes blutendes Herz.

Denn das Herz war stark und lebendig; Verlust des Ersehnten verwundete es bald: das Leben wurde dunkler, und die Reue über die Sünde preßte das Herz zusammen; das Fürstenamt machte es hart: der Kurfürst, der seine im Alter von achtzehn Jahren verblichene Braut wie Beatrice verehrte, lebt in der Geschichte als der »Eiserne«, der »Eisenzahn«. Er ist Fürst geworden, wie er mußte: wie sein Land und sein Name, nicht, wie sein Herz es gebot. Und so ist er auch der Erste seines Geschlechts, der die Mark versteht und ergreift und zu ihr sich bekennt: er nennt sich einen »groben Sachsen«, einen Niederdeutschen. Nicht um die Macht im Nordosten, nur um die Wiedererwerbung des Verlorenen und Verspielten ist ihm zu tun: er kauft die Neumark zurück, da sie durch den Niedergang des Ordens Polen schon verfallen scheint; und er ist sich dabei seines Grenzwächtertums bewußt, denn es geschieht »daß solch Land nicht zu undeutsch Gezunge gebracht werde«.

Er ist seiner Erde so nah, daß auch die große Absicht der Askanier auf Gründung eines baltischen Reichs wieder in ihm lebendig wird; denn das Land mit seinem natürlichen Gefälle, seinen Strömen, die nach der Mündung suchen und seinen

Schranken, fordert eigensinnig dasselbe: und es ist das Kennzeichen des echten Fürsten, daß er diesen Wunsch seines Landes versteht. Er kann kein phantastisches Reich errichten, weil er seinem Lande verbunden ist; und die besten Gedanken, die seine besten Vorgänger gedacht, müssen in ihm wieder erwachen, ob sie auch kein Wort verkündet, keine Schrift überliefert: als unvertilgbares Vermächtnis seiner Erde. So greift Friedrich II. nach Stettin; doch zwei Feldzüge bringen ihm nicht mehr als einige Grenzstädte ein, nicht die Küste, die er begehrt. Er aber ist so tief von der Notwendigkeit seiner Absicht durchdrungen, daß er ihr Scheitern auch im andern Leben nicht verwinden wird: »Es würde uns in jener Welt leid, daß alle unsere Arbeit und die Obrigkeit über diese Lande und schier den ganzen Seestrand, da wir es dahingebracht haben, mit uns sollte zu Grabe gehn.« Der Kaiser hindert den Durchbruch zum Meer. Da kommt auch den Eisernen die Sehnsucht nach dem Süden an; er, der in hartem Leben der Mark gedient, vermag doch nicht in ihr zu sterben; mit seinem einzigen Sohn sank seine beste Hoffnung hin; nun entzieht er sich, der dritte des Geschlechts, der Bestimmung; er überläßt seinem Bruder die Mark und reist heimwärts, nach Franken, auf der Plassenburg die letzte trübe Zeit zu verwarten.

Albrecht Achill (1470-1486), der Bruder, ist während sechzehn Jahren nur dreimal in der Mark; in Süddeutschland verkämpft, verschwendet er seine Kraft für große Entwürfe, während sein Sohn, sein Kanzler ihn vergebens ermahnen, in den Norden zu kommen, der den Feinden ausgeliefert ist. Was der Chronist von Jobst von Mähren sagte, das wiederholt das Volk nun von ihm: der Kurfürst komme nur, um Geld zu holen, auch für ihn ist die Mark nur Mittel, nicht die Aufgabe selbst. Vergebens sucht er in Schlesien Fuß zu fassen; nur Krossen und Züllichau kann er erwerben; an der pommerschen Grenze verliert er Garz, das Friedrich II. mit harter Mühe gewann. Das Gepränge der Reichstage, die Gefahren und Entscheidungen großer Politik gelten ihm mehr als das entsagungsvolle Werk an der kargen nordischen Erde; er stirbt zu Frankfurt bei der Wahl Maximilians; wie über Friedrich I. und dem Bruder, so schließt sich auch über ihm in Heilsbronn das Grab.

Doch er ist der letzte, der die Bestimmung verkennt; Johann, sein Sohn, lebt und stirbt in der Mark. Das Geschlecht verwandelt sich; es beginnt, sich der verhängten Forderung zu unterstellen; aus den Franken werden Märker; aus kühnen Entwerfern vorsichtig rechnende Verwalter; das Außerordentliche schwindet aus den Taten, den Zügen der Herrscher; nüchtern erwogene Möglichkeit überwindet die Phantasie. Aber auch der Wille, der einen Friedrich I. durchflammte, stößt nicht mehr in die Wirklichkeit vor; die Geschichte überflutet die Kurfürsten alle, ob sich auch Joachim I. noch heftig der Reformation widersetzt; aus den Lenkern der Schicksale werden Geführte. Selbst das Ordensland hat, da es endlich an Brandenburg fällt, keine Kraft mehr zu vergeben; das Große, der drängende, stoßende Wille des ersten Kurfürsten, das unerbittliche Streben zur Form, das die Ordensritter durchglühte: dies alles scheint erloschen; und der Dreißigjährige Krieg droht mit einem Elend ohne Maß das kaum begonnene Werk, die unvollendete Tradition für immer hinwegzureißen.

Aber unsichtbar verhärtete sich der Wille, sammelte sich die Kraft; da das Elend am furchtbarsten ist, tritt auch eine Energie ohne Beispiel hervor: der Große Kurfürst. Mehr als zweihundert Jahre nach seiner Verpflanzung, unter dem Druck langen Verzichts, heimlicher Opfer, ins Unerträgliche wachsender Not, führt das Geschlecht den Kampf um seine Bestimmung noch einmal: wieder glüht die Macht auf, die Friedrich I. lockte; eine noch größere Leidenschaft der Tat ist bereit; es geht um die Führung: darum, ob der Herr der Mark die Geschichte bestimmen oder erleiden soll. Nicht mehr als Franke, sondern als Märker, der auf seiner Erde steht und eins mit ihr geworden ist, führt der Kurfürst den Streit; aber je härter der Wille des Hervorbrechenden ist, um so heftiger auch die Gegnerschaft der Welt; und rasch aufflammende Größe, die rasch zusammenstürzt und statt der Güter den Willen und den Mut zur Tat vererbt, erweist sich auch jetzt als Schicksal des Geschlechts.

III. Die Macht (Der Kurfürst)

Der Machtkreis der Erde ist gefüllt, aber unaufhaltsam brechen neue Kräfte in ihn ein: einen Teil der Macht an sich zu reißen, die sich doch nicht vermehrt oder vermindert, sondern, in ständig wechselnder Aufteilung, das festumgrenzte Erdrund überdeckt. Der Hervorbrechende beraubt den Besitzenden: es wird keine neue Macht erschaffen, nur die uralte, die schon die Krone versunkener Herrscher und Völker umgab, an einen neuen Namen gefesselt. Aus dem zerschlagenen Weltreich erstehn zahlreiche Herrschaften: Teilhaber der einen unveränderlichen Gewalt, die den Erdring erfüllt und an einen sowohl wie an tausend vergeben werden kann. Der Kampf um die Macht wird zum stumpfen, rohen Mechanismus: keiner, der in ihn hineingerissen wird, entzieht sich dem Gesetz der Parteiung: diesem eindeutigen, rohesten aller Gesetze. Es werden sich Freunde zu ihm finden unter dem Zwang ihres Vorteils; im Grunde aber sind alle notwendig einander Feind. Denn Macht will Allmacht; sie ist erst gesättigt, wenn sie den Kreis des Imperiums füllt. Hier ist keine Treue erlaubt, weder in der Freundschaft noch in der Feindschaft; denn das Ziel eines jeden ist das des andern, und darum schließt ein jeder den andern aus. Und es gibt doch eine Treue, die Opfer fordert und diesen Kampf zu adeln vermag: die Treue zum Ursprung, zu dem Stück Erde, das mit seinem Verwalter in die Sphäre der Macht hineinwachsen will. Hier ist die Rechtfertigung des Einzelnen, der durch seine Geburt dem Fluch dieses haltlosen Streites verfiel: die Rechtfertigung beginnt mit dem Opfer, mit der Nichtachtung und endlich der Zerstörung des eigenen Lebens. Da die Hingabe an das Ewig-Größere die einzige Möglichkeit menschlicher Erfüllung ist, so öffnet sich nun auch dem Herrscher, den der Mechanismus des Machtstrebens gebannt hat, die Erfüllung des eigenen Seins.

Das Menschentum, das sich innerhalb dieser steinernen Gesetze vollendet, auch dann noch, wenn es an diesen Gesetzen zerbricht, ist das höchste Vermächtnis der Geschichte. Es überwiegt das glänzende Schauspiel der Kulminationen, die ein jedes Volk durchmißt; es ist um vieles kostbarer als die

Gesetze selbst. Was wäre uns der Kampf um die Macht allein: die Politik im umfassenden Sinne? Nicht mehr als die tausendfache Abwandlung des einen Motivs, das einen Strebenden in den altvererbten Gegensätzen der Welt zeigt, leidenschaftlich bemüht, alle vorhandenen Kräfte sich zu Mitteln, sich selbst aber zum Ziel zu machen. Dies war und wird so sein; Boden und Erbgut schreiben die Wahl der Mittel vor; an der ersten Einsicht, die der politischen Technik vorausgeht, ändert sich in Jahrtausenden nichts. Das Parallelogramm der Kräfte steht für alle Zeiten fest. Aber im Zwang der Macht steht der Mensch: wie wird er die Forderung der Gesetze in sich selbst erleben? Wie sich überwinden zum Bündnis mit seinen Feinden, zum Treubruch, zum Widerruf des Widerrufs? Wird er ganz in der Forderung leben, rücksichtslos gegen sich selbst, gegen eine jede Stimme, die sich zwischen ihn und seine Aufgabe drängt? Wird er im geheimsten treu sein vor sich selbst und seinem Volk, während die Welt ihn mit der Schmach der Untreue überschüttet? Hat er sein Gesetz, das die Welt nicht mit ihm verehrt; dem er sich selbst aber, unbarmherzig gegen seine persönlichen Wünsche, unterwirft? Hier leuchtet das eigentliche Vermächtnis, dessen Glanz das Gelingen nicht erhöht, das Mißlingen nicht trübt. Seine Wahrhaftigkeit hat mit der Meinung der Freunde und Feinde nichts zu tun, die in jedem Falle dem Streit schon wieder dienstbar ist. Der Mensch aber hebt sich über den Streit hinaus, durch sich selbst erschütternd und überzeugend und weiterwirkend als Beispiel.

Zwischen den Mächten des Westens und Ostens, des Nordens und Südens liegt der Staat des Kurfürsten, zu groß, um zu dienen, zu klein, um zu herrschen; man wird ihm kein Stück der Macht gewähren wollen, deren er unwidersprechlich bedarf. Er erwirbt im Westfälischen Frieden Hinterpommern, Halberstadt, Magdeburg und Minden; im Bunde mit Schweden macht er sich von der polnischen Lehnsherrschaft frei; dann, gleich darauf wechselnd, befreit er sich im Bunde mit Polen von der schwedischen Hoheit: so wird Ostpreußen *sein* Land, als dessen Herr er sich vor keinem beugen muß. Es ist ein Gewinn vor allem als Forderung: der fast königliche Rechte genießt in einer Provinz, will und kann nicht Knecht sein in seinen andern Ländern; die ihn umlagernden Mächte sind herausgefordert, und sie verstehn den Anruf. Der erste Schritt ist getan; wenn jetzt nicht, so verlangt er doch später einmal den noch gefährlicheren zweiten; aber das rasche Temperament des brandenburgischen Herrn ist nicht zum Warten gemacht.

In ein paar Jahren, zwischen Krieg und Krieg, ballt sich die ganze Kraft dieses Wollens zusammen; das Ende ist düster, doch in Zorn und Haß, Sieg und Zusammenbruch, im noch glühenderen Haß des Gelähmten und in seiner letzten, unausgesprochenen Treue erfüllt sich ein Leben, angetrieben von der Macht, verwirklicht durch seinen Dienst und doch in sich selbst genug als menschliches Schicksal.

Der Kurfürst steht im Reichskrieg gegen Ludwig XIV. Turenne gegenüber. Östlich liegt Straßburg; zum letztenmal für lange Zeit geht es um die Stadt, die ja nicht nur Besitz für den einen oder den andern ist, sondern Symbol der Herrschaft am Rhein. Turenne liegt günstig auf den Höhen bei Marlenheim; dennoch scheint der Angriff möglich, freilich nur für das brandenburgische Temperament. Derfflinger erkundet eine Höhe zwischen den Stellungen: bringt man in Eile leichtes Geschütz hinauf, so liegt Turenne unter feindlichem Feuer. Es ist später Herbst; im Winter stockt der Krieg; jetzt muß die Entscheidung fallen. Bald läßt der Kurfürst die ersten Schüsse lösen: das Zeichen zum Angriff. Aber bestimmt er allein? Bournonville, der habsburgische Feldherr, tritt ihm entgegen. Der Bach vor dem Lager der Verbündeten könnte dem Angriff gefährlich werden. Man wird Brücken schlagen, ist die brandenburgische Antwort. Erst müßten die Reiter auf Fouragierung geschickt werden, erwidert Bournonville. Zwei Temperamente stoßen zusammen: Habsburg und Hohenzollern. Unter dem Gewicht gehäufter Erfahrung zaudert der kaiserliche Feldherr: für ihn ist der Krieg eine Kunst; für Brandenburg ist er ein Wagnis. Nicht auf das Schlagen, noch weniger auf die Vernichtung des Feindes kommt es dem kaiserlichen General an, sondern auf das Verdrängen. Heere sind nicht da, um einander zu zerfleischen; sie schieben sich vielmehr wie Gewitterwolken, die sich niemals entladen, über das Land: gestaute Kraft, die als solche wirkt, ohne entbunden zu werden. Den Gegner ohne einen Schuß zum Weichen zu bringen: dies ist ebensoviel wert wie eine gewonnene Schlacht. Krieg erfordert höchste Behutsamkeit, und der wahre Feldherr führt ihn über den Karten, in sorgsamster Überlegung. Für ihn ist das Heer schon nicht mehr Waffe, sondern ein Symbol, das erhalten werden muß. Habsburg muß um diese Zeit schon seine ganze Kraft setzen an das Erhalten; es hat nicht mehr viel zu gewinnen, nur zu verlieren; im besten Fall: zu behaupten.

Aber Brandenburg hat einen andern Weg. Es hat das Gewicht des kaiserlichen Namens nicht zu tragen; nicht den Pomp des doppelten Adlers, der unbeweglich macht und durch das überängstliche Gefühl der Würde seinen Träger der Tatlosigkeit und bald der Schmach überliefert. Auf Brandenburg lasten nicht die Ketten verpflichtender Tradition. Sein einziges Heil ist der Angriff. Brandenburg kann nicht bestehen, indem es sich behauptet, wie es ist: es kann nur dauern indem es wächst. Der Gewinn ist Gebot: sonst droht die Abhängigkeit wieder, die seiner Größe wie seiner innern Kraft nicht mehr entspricht. Das Wagnis ist alles: es setzt nicht freventlich den Besitz aufs Spiel, sondern es ist Notwendigkeit für diesen Staat, nur weil er leben will. Zwischen Hohenzollern und Habsburg ist keine Brücke mehr, zu einer Zeit schon, da ihre Waffen noch in scheinbarer Verbrüderung gegen den Reichsfeind zu Felde ziehen. Die Signalschüsse von Marlenheim verhallen, während die Feldherrn streiten, Derfflinger, der die Schlacht schon gewonnen sah, in ungebändigtem Zorn seinen Degen zieht. Diese Schüsse von Marlenheim, deren Hall vielleicht noch Straßburg erreicht, verkünden auf schicksalsschwerem Boden, in letzter Stunde, das Verhängnis der durch den Zwiespalt gelähmten deutschen Macht. Hohenzollern und Habsburg stehen einander gegenüber im Vorspiel des großen Streites, der Jahrhunderte füllt und die deutsche Geschichte vom Schauplatz der Welt zurückdrängt in die engen Grenzen des sinkenden Reichs; und über dem Zusammenstoß dieser beiden Machtformen, die verschieden voneinander sind nach einem jeden Gesetz ihres Lebens, geht Straßburg verloren: eine Schuld fällt auf die Streitenden, die sie beide wieder und wieder, und endlich zu vernichtender Rechenschaft, einfordern wird. – Der Kurfürst tritt zwischen seinen General und den habsburgischen Feldherrn; man verschiebt den Angriff auf den andern Tag; doch die Stunde ist um; nachts zieht Turenne ab.

Aber die einmal verdiente Schmach wächst rasch: auch im Fall ist kein Halten mehr, sobald er einmal begonnen. Turenne, der in Eilmärschen, durch das Gebirge gedeckt, südwärts zog, fällt durch das Tor von Belfort dem ruhmlosen Heer in den Rücken und scheucht es aus seinem Winterlager auf: die Fortsetzung des Krieges im Dezember widerspricht aller Tradition und bedeutet schon deshalb einen Sieg über Habsburg. Auch im Gefecht von Türkheim einigen sich die deutschen Führer nicht; die Niederlage fällt beiden zur Last. Ohne sich um die Deckung seines Verbündeten zu kümmern, treibt Bournonville sein schon aufgelöstes Heer der rettenden Straßburger Rheinbrücke zu. Aber was ist Straßburg? Dem Kurfürsten und seinem Feldherrn liegt längst eine andere Stimme im Ohr: sie vernahmen sie im Winterlager zu Colmar und hören sie nun auf der schmählichen Flucht durch das Elsaß: die Schweden stehn in der Mark. Lockt dort nicht ein eigener, ein brandenburgischer Krieg? Wagnis und Kühnheit, die große Überraschung, die allein Erfolg verspricht? Aber vernimmt der Herr nicht zugleich einen Befehl? Die eigene Erde ruft ihn um Hilfe an. Schon erheben sich die Bauern der Mark gegen die schwedischen Bedrücker: was ist Straßburg? Und es gilt nicht nur, den Feind zu vertreiben, der sein Heer mit märkischem Korn ernährt: dort winkt die Eroberung, das Wachstum der eigenen Erde. Denn die Mark ist von fremden Mächten umschnürt; ihre Flüsse sind zerschnitten; das Meer ist ihr verwehrt; sie will münden in eine größere Freiheit, sie will an den Strand, den schon Friedrich II. begehrte, aber Schweden lastet auf dem Oderland. Wenn dieses Bollwerk stürzte und die Ostsee sich öffnete, nicht als Ziel, sondern als großer Anfang? Der Kurfürst sieht eine Flotte auf der Suche nach geheimnisvollen Küsten; auf den Wimpeln und Segeln flügelt der Brandenburgische Adler. Wohin? Eiserne Arbeit der Heimat wird die Schiffe rüsten, und was sie zurückbringen aus rätselhafter Ferne, das Gold, wird wieder der Heimat dienen, ihrem Heer, ihrer endlichen Freiheit. Das Furchtbarste ist diese Enge: Brandenburg kann sich kein Heer erhalten ohne Subsidien fremder Mächte; es kann nicht atmen in dem feindlichen Ring seiner Nachbarn. Noch einmal: was ist Straßburg? Die Signale einer eigenen Schlacht, eines eigenen Sieges tönen in den trüben elsässischen Winter; eigener Ruhm leuchtet auf über den Szenen der Schmach.

Die Hohenzollern wenden sich wieder ihrer Erde: dem Osten

zu. In einem jeden Herrscherleben kehrt diese Entscheidung wieder: von nun sind fast alle bereit, den Westen für den Osten zu opfern. Aber da sich das Heer Bournonvilles über die Rheinbrücke wälzt, ordnungslos, Derfflinger und der kaiserliche Generalissimus noch einmal in heftigen Streit geraten, und dann auch die Brandenburger, von hartem Willen geeint, die Münsterstadt im Rücken, über die Brücke ziehn: da fügt es sich seltsam, daß der Kurfürst, der mit seiner ganzen Leidenschaft vom Rhein fortbegehrt, die größte Hoffnung seines Lebens in Straßburg läßt. Ein Opfer brachte er dem Westen doch: Karl Emil, seinen Sohn. Er hatte das seidene Haar der Mutter, der Oranierin, die schon die Erde deckt, den ungestümen Willen des Vaters. Schon auf dem Marsch an den Rhein kamen Vater und Sohn, Allzuverwandte, in Streit; kaum hatte der Krieg begonnen, so überließ sich der Kurprinz ihm ganz. Es bedurfte des gemessenen väterlichen Befehls, ihn von der Belagerung des festen Schlosses Wasselnheim abzurufen: eben bot sich dem Kurprinzen sein erster Sieg, als der Vater über ihn verfügte. Auf dem Felde, das er nicht verließ, unter den Verwundeten und Kranken, deren Pflege er überwachte, flog den Jüngling das Fieber an; vielleicht war es die unersättliche Flamme seines Innern, die der Krankheit bald die tödliche Kraft mitgeteilt hat. Karl Emil starb in Straßburg; in den letzten Tagen und Stunden noch, da in der Auflösung der Natur oft die trüben Strömungen hervortreten, die der Wille des Menschen im Wachsein bezwingt, kam kein ungebändigtes Wort über die Lippen des Zwanzigjährigen: in den Krieg, dessen heißer Atem ihn kaum berührt und schon tödlich getroffen hatte, rissen ihn auch seine Träume hinüber; Kämpfe und Triumphe füllten seinen letzten Augenblick, ihm die Tat verweigernd und wieder gewährend, nach der er sich verzehrte.

Der Kurfürst, der dem eigenen Kriege, dem großen Wagnis entgegenreitet, hat keinen ebenbürtigen Erben für sein erträumtes Reich. Denn wie wird Friedrich, der zweite Sohn, einstmals sein Amt verwalten? Er sucht seine schiefe Schulter zu verbergen unter prächtigen Kleidern und Perücken, liebt Steine und Ringe und erbittert sich in Rangstreitigkeiten mit deutschen Prinzen: so vielen Aufwandes bedarf seine Schwäche, um sich vor sich selbst zu verstecken, während sie nur noch augenfälliger wird vor andern. Aber ob die Tat morgen, ob sie sich einmal in Jahrzehnten als vergeblich erweist: so fordert das Heute sie doch; und das Heute wird es nicht verzeihn, wenn sie ungetan bleibt.

Da sich der Kurfürst für immer wendet von der Münsterstadt am Rhein: sieht er den Schatten des Gewaltigen nicht, der schon über ihr steht, spürt er nicht, daß auch ihm mit dem Mächtigsten der Zeit, mit Ludwig, ein letzter Kampf bevorsteht? Er reitet dem Osten zu; wie aber, wenn die Entscheidung doch im Westen fiele: wenn der französische Herrscher, vor dem nun der Rhein wehrlos liegt, stark genug würde, auch über den Osten zu gebieten? Der Reitende scheint es nicht zu fühlen, daß er den Boden des eigenen Schicksals verläßt, indem er der Heimat entgegenstrebt; hinter ihm wächst eine Macht, in deren Bannkreis alles Geschehen fallen muß, ohne deren Beistand ein Sieg kein Gewinn mehr ist: die Macht Ludwigs, des künftigen Herrn Straßburgs.

Dieses Heer, das, nach dem ersten Mißlingen, sich so schwer bewegte im Elsaß, es durcheilt in zwölf Tagen Mitteldeutschland vom Main bis zur Elbe; durch den Thüringerwald, den eben das Frühjahr erweckt, geht der Zug der dreifach geteilten Kraft; in Magdeburg bleibt ein Tag der Sammlung und des Gebets, dann stoßen die ersten Regimenter über die Elbe vor, auf die Mitte der schwedischen Stellung zu, die, der Havelkette folgend, sich von Brandenburg bis nach Havelberg erstreckt. Es ist frühester Morgen, da Derfflinger den Posten von Rathenow mit einem schwedischen Morgengruß zum Öffnen überlistet: die Überraschung in erster Morgenstunde ist von nun an brandenburg-preußische Tradition. Zwar gewinnt der General nur die Insel, die vor der Stadt liegt, das zweite Tor ist verschlossen, doch inzwischen gelingt von der andern Seite der Überfall auf eine verborgene Pforte, gleich darauf reißen eigene Dragoner von innen das Tor auf, vor dem Derfflinger wartet, und nun dröhnen die engen Gassen und oben der Lindenplatz an dem dunkeln Dom, um den die Grabsteine stehn, von den Schreien der Überraschten, dem Waffenlärm der Überfallenden. Sieg? Aber es ist kein Halten; es ist kein Triumph als im ständigen Wachsen des Sieges. Wrangel, der in Brandenburg lag, muß nach dem Durchbrechen der schwedischen Stellung die Verbindung finden mit dem Reichsfeldherrn in Havelberg. In das Elbtal wagt er sich nicht, so bleibt ihm nur der Weg durch eine geheimnisvolle, furchtbare Landschaft: das Luch. Mit dem wiedergekehrten Herrn ist seine Erde selbst im Bunde: dem Feind aber wird die fremde Erde zum Verderben. Denn wer fände sich im Luch zurecht: es sei denn, daß er dort geboren ist wie die brandenburgischen Landjäger und Förster; oder daß er es durchjagte nach seinen seltsamen, urweltlichen Vögeln, wie es der Prinz von Homburg tat, der am Rhinluch, an der Dosse, seine Güter hat. Denn der Sumpf gurgelt unter den Hufen der Fliehenden; fern, aus grenzenloser Fläche, ragt, einer Insel gleich, ein Gehölz aus dem Dunst; doch es ist nur eine Sandscholle, auf der ein paar Kiefern sich gerettet haben vor den ziehenden Sümpfen der Tiefe. Die Wege enden: wer findet die Dämme? Inzwischen sind brandenburgische Jäger längst auf sichern, vertrauten Pfaden unterwegs, die Brücken zu verbrennen, die Dämme zu zerreißen: diese Landschaft, so unendlich sie scheint, hat die Flüchtigen schon umzogen mit Rhin und Havel und ihren Seen und hält sie umstrickt mit ihren Morästen.

Drei Pässe bieten noch Rettung: bei Oranienburg, bei Cremmen und bei Fehrbellin. Derfflinger rät, die ersten beiden zu zerstören und das Heer vor den letzten Ausgang, bei Fehrbellin, zu werfen: dann müsse der Feind sich ergeben mit Roß und Wagen. Aber der Herr, den nach der toten Zeit des Wartens das ganze Ungestüm des Handelns ergriffen hat, ist des Rechnens und Umgehens müde: Homburg mag sich den Schweden auf die Fersen setzen, sie sollen zerschlagen werden, noch ehe sie die Grenze des Luchs erreichen. Der Kurfürst will keine Künste mehr: er will die Schlacht. So beginnt die Jagd über den hallenden, zitternden Boden, die quellenden, sickernden Wasser; auf den Durchbruch bei Cremmen wie bei Oranienburg muß Wrangel verzichten; in der Gegend von Linum sieht der Prinz das schwedische Heer gegen Fehrbellin zu schwanken: eine Wolke, die träge am Morast hinstreicht und sich in den Bäumen und Büschen, den grünen Lanzenwäldern des Schilfs und den Dörfern am Luchrand zu verfangen scheint. Er schickt einen Reiter ab, den letzten Befehl zu erbitten; zwischen dem Rhin und einem Fichtenwald, das spitze Dach des Kirchturms von Hakenberg im Rücken, Waldflecken und Sumpf im Antlitz, schließen sich die Vierecke der schwedischen Reiter und des Fußvolks zusammen, nach alten Gesetzen der Kriegskunst. Homburgs Reiter kommt wieder und feuert einen Pistolenschuß seinen Worten voraus: der Angriff ist befohlen.

Die Trompeten fallen frenetisch ein, dann stieben die Reiter über das bebende schwankende Erdreich in die geordneten, von Speeren starrenden Karrees; es blitzt und hallt; ehe die Überfallenen sich wieder zusammengeschlossen haben, fliegen die Brandenburger zurück, um gleich darauf wieder vorzubrechen, in Stoß, Schlag und Waffenklang einen Augenblick zu verharren und wieder zurückzufliehn. Einige schwedische Reiter stoßen ihnen nach; wieder, für die Dauer einiger Pistolenschüsse, stehn die Schwadronen; dann holen sie von neuem aus, wie der Wellenschlag der Küste, vorzufluten, zu reizen und zu verwirren. Da bebt der Grund von Linum her unter den Hufen brandenburgischer Dragoner, erster, leichter Artillerie; Derfflinger überjagt das Feld, suchend, an der Straße nach Hakenberg, am Sumpfrand, unter den Fichten, gespannten Gesichts, in diesem Augenblick ganz Feldherr, der den Vorteil der Landschaft sofort erspäht und zu nutzen weiß. Unter seinem harten Kommando werden vier leichte Geschütze auf die flache Fichtenhöhe hinaufgerissen; abgesessene Dragoner werfen sich davor. Das Geschütz spielt sicher in die schwedischen Reihen hinein; Pferde stürzen, Reiter reißen sich los; Offiziere sprengen mit blankem Degen auf die Verwirrten zu; dann, ungeachtet der niedergehenden Geschosse und des wütenden Feuers der Dragoner, löst sich ein Fußregiment von der schwedischen Front und stürmt, als bestände es aus Unverwundbaren, in eiserner Ordnung gegen die brandenburgische Geschützstellung vor. Die Dragoner verlieren den Mut, in die Reihen zu feuern, an denen die Kugeln abzuprallen scheinen; wie dem Schicksal selbst, vor dem keine Waffe gilt, starren sie dem »blauen Regiment« entgegen, dem Regiment Gustav Adolfs. Fortgerissen in schäumender Ungeduld, die kein Befehl besonnener Führer mehr zügelt, stürzt sich das Reiterregiment Wachtmeister, Seite an Seite mit den Fußsoldaten, auf den Feind: die beste, jüngste schwedische Kraft wirft sich auf die Geschütze. Die Dragoner stieben auseinander, während die Geschütze fortspielen, als könnten sie die verlorene Sache noch retten: da, mitten in die Verwirrung, sicherer und mächtiger als Geschosse, dringt die Stimme des Herrn. Im nächsten

Augenblick ist der Schimmel des Kurfürsten unter den Fliehenden; dann schwankt sein breiter, betreßter Hut, unter dem die Locken hervorwehen, zwischen den Helmen schwedischer Reiter. Nun bricht Homburg gegen das Getümmel vor, reißt Derfflinger die Seinen nach, während von Linum her, ohne Aufstellung genommen zu haben, allen Regeln des Kriegswesens entgegen, in schmaler Reihe Schwadron um Schwadron heranbraust und atemlos in den Kampf wogt. Um die brandenburgischen Führer bilden sich Strudel wildesten Gemenges, die immer tiefer hineintreiben in die feindlichen Reihen, Helfer nachreißend, Straßen bahnend in den lebendigen Verhau der Menschen und Pferde. Das Feuer erstirbt; Kolben verrichten mehr als Mündungen; Roß an Roß, Leib an Leib, drängend und stoßend, unter dem erregten Zuruf der Trompeten und dem dumpfen Prall des Eisens und der Körper umklammern, drosseln einander die Heere, bis der letzte Reiter des Regiments Wachtmeister unter den Hufen liegt und die letzten Streiter des »blauen Regiments« in die Sümpfe fliehn, um wenigstens die Standarten zu retten, nachdem Name und Ehre verloren sind.

Der Regen versiegte über den Streitenden; da die Brandenburger wieder aufsehen aus Dunst und Rauch, stieben die Feinde durch blitzendes Land. Schon treibt Homburg die todmüden Pferde seiner leichten Reiter an; sie schießen dem Feind nach, dessen Nachhut sich plötzlich herumwirft, den Abzug zu decken. Gegen den Geschoßhagel der unverbrauchten schwedischen Truppen vom linken Flügel kommen die Brandenburger nicht an; sie weichen, indes der Feind seine Stellung aufgibt und weiterjagt, haken sich, heranschwirrend wie Pfeilschwärme, noch einmal in ihm fest, werden wieder geworfen; beim dritten Angriff brechen die Pferde in die Knie, und der Feind zieht ab.

Wie? Sollten sie sich doch noch retten, die schon verloren waren zwischen den Sümpfen und brandenburgischen Schwertern? Der Kurfürst sprengt auf Homburg zu, in schäumendem Zorn. Will er sich werfen lassen von Geschlagenen? Doch der Prinz hat getan, was er vermochte: nicht seine Kraft, die der Pferde ist erschöpft. Fern, aus Fehrbellin, wölkt Rauch auf; langsam findet das fliehende Heer über den Rhin auf rasch erbauter Brücke. Später, wenn die Feuer flacken und die Sieger auf feuchter Erde es sich »brav lustig« machen neben den Toten, kommt die Besinnung über den Herrn: er schickt dem Prinzen ein Pferd zum Dank für den Sieg von Fehrbellin.

Mögen Homburg und Derfflinger ihren Anteil haben an diesem Tag: dieser Sieg ist doch ganz das Werk des Kurfürsten. Sein war der Wille, der das Heer durch Deutschland jagte, sein die Kühnheit der Überraschung, der Entschluß, alles an die Vernichtung des Feindes zu setzen; sein der Verzicht auf die Klugheit des Ausweichens, die dem Feind vielleicht Zeit gelassen hätte, ohne Schwertschlag zu entkommen. Das brandenburgische Temperament gewann diesen Sieg: eine neue Art des Handelns, die in dem schwerfälligen Jahrhundert des Dreißigjährigen Krieges die Zukunft für sich hat. Und dieses Temperament treibt weiter: nun liegt Pommern offen da; der Weg zum Meer scheint frei. Das Schloß zu Wolgast flammt auf seiner Insel unter Brandgranaten auf; Anklam ergibt sich nach furchtbarem Sturm, der ein Totenfeld vor seine Mauern breitet. Die verbündeten Dänen erobern Rügen. Dann stockt, verdichtet sich die Kraft des Anlaufs vor Stettin. Die Brandenburger hauen das Buschwerk nieder und bauen Dämme durch den Sumpf, der die Stadt umwallt; ihre Mörser schießen die Schiffe im Stettiner Hafen in Brand, aber die Stadt bleibt fest. Und doch muß sie fallen: der gewaltige Mauerring, den sechs Bastionen beschützen, der Graben, der von Palisaden starrt, das Glacis und die Schanzwerke davor verwahren das große Ziel: die Mündung. Durch diese Stadt, mit dem Strom, der immer neue Geschütze, Pulverfässer und Mannschaft heranträgt, muß die gestaute, umengte Kraft der Mark sich ergießen ins Meer, den großen Schauplätzen zu, die man ihr verweigert. Was ist ein Fürstenname, der seinen Träger zur Gefolgschaft zwingt, statt selbst Gefolgschaft zu fordern? Was gilt dieses ganze Spiel mit Krone und Thron, das doch niemals Schicksal beschwört, sondern immer nur Schicksal erleidet? Mit der Macht erst beginnt das eigene Leben: die Freiheit dessen, der die Welt verwandelt, statt ihre Verwandlungen zu erdulden. Aber während sie die Stücke ausladen aus den neuangekommenen Schiffen und die Stellungen bauen, mischt sich ein Traum in die Forderungen der Notwendigkeit: die Küste Afrikas schimmert, eine unendliche Fremde, mit seltsamen Schätzen beladen, und brandenburgische Schiffe streben ihr zu.

Aus hundert Schlünden stürzen die Feuerkugeln und Bomben in die Häusermasse; das Abwehrfeuer breitet sich wie ein glühender Fächer von den Wällen über Gräben und Laufgänge hin. Angreifer und Verteidiger graben sich in die Erde; sie belauschen und behorchen einander im Dunkeln, legen Minen und lassen die Erdsäulen aufschießen wie befreite Quellen, ersticken einander mit der feuchten niederbrechenden Last. Aber während die Brandenburger sich in die Tiefe wühlen vor den Wällen Stettins, schwelt der Krieg fort an den Grenzen des Reiches, und die Gedanken des Herrn machen sich nicht von ihm frei. Auch über der Oderstadt dämmert der Schatten, der über Straßburg stand: der Schatten Ludwigs. Denn der französische König siegt in Holland; am Oberrhein wagt man schon nicht mehr zu kämpfen. Der Kaiser schickt um Hilfe, er mahnt, er drängt: die Gefahr drohe allein am Rhein: was sei noch von Schweden zu fürchten? Aber wieder spielen die Mörser: lange genug war Brandenburg umschnürt von schwedischen Dämmen, von kaiserlichem Gebot. Mag Habsburg seine Kriege führen: jetzt, unabweislich, schlägt die Stunde Hohenzollerns. Keine Berufung auf Treue und Eid, auf Pflichten und Rechte vergangener Zeit spricht den los, der sie versäumt.

Man spricht vom Frieden: Holland sei erschöpft; Oranien nicht mächtig genug, den Willen zum Krieg zu erhalten; fordern diese düstern Zeichen nicht um so dringender die Eroberung Stettins? Wer wird Brandenburg schützen, wenn es nicht selbst sich ein Pfand erwirbt? Unter der wütend aufdröhnenden Kanonade splittern die Palisaden auf dem Grabenrand; die letzten Verteidiger diesseits des Grabens geben ihre Höhlen, Gänge und unterirdischen Waffenplätze auf. Da Rauch und Feuer sich verziehn, sind die Wälle abgekämmt, und das Mauerwerk beginnt zu bröckeln. – Wie, wenn Holland Frieden schlösse, wenn der Kaiser sich nicht behauptete; wie stände dann Brandenburg Ludwig, den Schweden allein gegenüber? – Nun heben sich die Angreifer von der Erde und stürmen den Wällen zu, von denen Musketenkugeln über sie prasseln wie ein feuriger Regen; sie fliehn und keuchen aufs neue den Mauern entgegen. – Schon wollen Spione davon wissen, daß der Feind einen Überfall plane auf Rügen; ja schlimmeres: einen Einfall in Ostpreußen. – Da erreichen die

Stürmenden die Wälle, der Kampf wird unsichtbar: von Kammer zu Kammer tobt er in den Bastionen. Endlich, über zerklaffenden Mauern und gebrochenen Zinnen, weht die weiße Fahne in den Wintertag. Krank, von Fieber und Husten geschüttelt, zieht der Kurfürst in der eroberten Stadt ein; was gilt dieser Sieg? Holland steht vor dem Friedensschluß, um nach dem verlorenen Krieg der erste zu sein, der sich ergibt, Spanien wird die Niederlage teuerer bezahlen; mit sechzehn Städten und der Freigrafschaft. Indessen haben die Schweden Rügen zurückerobert. Ludwigs Sonne steigt, übermächtig, unwiderstehlich; über die vielen streitenden Mächte erhebt sich die Macht, die endlich alle Staaten in ihr Kraftfeld zieht. Vielleicht gewährt er jetzt noch Brandenburg Frieden und einen Teil Pommerns, nur ein paar Städte, nur das Notwendigste; jetzt noch, solange des Kaisers Heere im Feld stehn? Aber Ludwig antwortet als Sieger, dessen Wille schon Gesetz geworden ist: er bedarf der Verhandlungen nicht.

Da wagt sich die junge stürmische Kraft aufs Meer. Rügen zu zieht die neue Flotte, der Herr selbst am Steuer der Schnelljacht, um ihn die Segler im Schutz der Fregatten, schwer von Bewaffneten, schwer von Geschütz. Noch verstehn sie sich nicht auf Meer und Wind oder gar auf den Greifswalder Bodden, wo der Wind schweigt am Mittag und am Abend aus anderer Richtung weht als am Morgen. Aber endlich werfen sie sich auf die Küste, Pulvertaschen und Waffen zwischen den Zähnen haltend, indessen die Fässer und Stücke über die Bretter rollen und ungeduldige Soldaten von den vollen Schiffen mit Spaten und Hacken rudernd in die Wellen greifen. Derfflinger durchjagt mit den Seinen die grüne Insel von Ufer zu Ufer; nur noch ihre Kugeln erreichen den Feind, der, dichtgedrängt, auf der Stralsunder Fähre flüchtet; bald fällt auch Stralsund, dann Greifswald; Sieg reiht sich an Sieg; aber nur unheimlicher wird die Frage hinter den Triumphen. Steht Brandenburg unmittelbar vor dem Gipfel, unmittelbar vor dem Sturz? Es folgt dem eigenen Schicksal, sicher von Tat zu Tat, und ein jeder Tag scheint den Weg zu segnen: aber wenn ein zweites Schicksal käme, von außen? Frei, ihrer Umwelt nicht achtend, erhebt sich die neue Macht: wenn aber die übergangene Welt, die auch die Einzelnen und Stolzesten umkettet, ihren Zoll fordert, und ein anderer, Größerer das letzte Wort spräche über das brandenburgische Glück?

Es ist keine Zeit zu fragen, zu zweifeln: die Schweden, vielleicht ihre letzten mühsam gesammelten Truppen, fielen in Ostpreußen ein. Und wenn Holland und Spanien das Bündnis brechen, der Kaiser insgeheim in Paris verhandelt, wenn Kleve in dem Augenblick französischen Truppen anheimfällt, da diese am Rhein nichts mehr zu fürchten haben: zum letztenmal: was liegt an den Schicksalen des Westens? Ragnit, Tilsit sind schon in schwedischer Hand, das fremde Heer wälzt sich Königsberg zu, über die anvertraute Erde.

Und das Heer des Kurfürsten jagt in den Nordosten hinauf; die Gicht wühlt und flammt in den Knochen des Herrn; der Wind wirft den Eilenden Schnee und Eis ins Gesicht; über die Oder dröhnt der Zug und über die Weichsel, dann endet das Auf und Ab der schlechten Straßen, der eingesunkenen Flußtäler, und ein schneeüberzogener Spiegel breitet sich vor dem Heer: das Frische Haff. Sie gleiten und fliegen auf Schlitten hinüber, in die Pregelmündung und auf dem erstarrten Fluß nach Königsberg hinein, unter den Brücken hindurch und zwischen den erzitternden Häusern fort; sie gewinnen wieder die Weite: die Schneewüste Samlands.

Und wieder dehnt sich Eis: der dröhnende Schauplatz der Parade. Sie stehen auf dem Kurischen Haff, Geviert an Geviert, mit starren Lanzen, über die bunte Wimpel flattern, und erwarten den Schlitten ihres Herrn. Der Reif überzieht Stahl und Geschütz, weht in langen Fäden um die Nüstern der Pferde und überstreut ihre Mähnen; er schmückt die breiten Hüte der Musketiere und gibt den Helmen einen fahlen Glanz. Da der Sechserzug heranstiebt und sie den Fürsten erblicken im schwarzen Pelz auf dem fliegenden Sitz, stoßen sie in die Trompeten, daß ihre Klänge sich losreißen von den Reihen, wie Strahlen in die eisige Luft zu stoßen; die Pfeifen schrillen ihnen nach, schwer schüttern die Trommeln an dem ächzenden Boden hin, Fahnen und Feldzeichen sinken in den Schnee vor dem Grüßenden, der, den Marschallstab in der Linken, ernst vorüberzieht. Als er die letzten erreicht und nichts zu tadeln gefunden: nichts an den unbeweglichen Schwadronen, nichts an dem auf Schlitten lastenden Geschütz und nichts an den Musketieren, die, Schulter an Schulter, die Musketen haltend, auf dem Gefährt stehn, lösen sich hinter ihm die Gevierte, und sie eilen ihm nach; es bebt und hallt unter Sohlen, Rädern und

Hufen; erdröhnend verstärkt das Eis den Sturmschritt des Heeres. Der Dragonermarsch fliegt ihnen voraus, tönt ihnen nach; zur Linken, vor dem Meer, schimmert ein zackiges Gebirge aus Packeis in matter Sonne, in sich durchkämpfendem Mondlicht; zur Rechten schweigt unbewohntes Land. Das Metall friert an den Lippen an, unter dem klirrenden Bart; wieder bricht die Siegesmelodie hervor: dieses menschlichste Lied, das nicht ersterben will über Eis und verschneitem Land, unter dem blassen Licht und der Todeskälte des Himmels.

Durch die Gilgemündung und dann auf dem toten Fluß stürmen sie landeinwärts. Am Morgen kommen Schüsse durch die gläserne Kälte; bald folgt ihnen der Bote: die Vorhut hat den Feind bei Tilsit geworfen. Der Kurfürst reißt den Schlitten herum, dem eisigsten Norden zu. Im Knirschen und Stäuben, im Flammen der Schmerzen, die an seinen Händen und Füßen nagen, beim Absturz der Schlitten in die tiefen Flußtäler zwischen Gilge und Ruß, beim Anstieg über Dünen und Schneehügel gelobt er Rache: die nur durch wenige Meilen getrennt vor ihm hinfliehen, sollen hier ihr Ende finden, in der Schneewüste, durch die sie gekommen. Sie sollen verderben, wie noch kein Heer verdorben ist, gejagt wie Wild, wehrlos geschlagen vom Zorn des Winters, verblutend unter eisigem Stahl.

Aber die ausgesandten Reiter kommen wortlos zurück; die eisige Glocke des Raums über den Schneefeldern bebt von keinem Hall; der Schnee weist keine Fährte. Sind sie in Preußen, in Litauen? Wieder geraten sie in ein Flußtal, und sie gleiten darin fort. Es öffnet sich ein zweites: wohin? Sie fliehn die Rast wie ihren erbittertsten Feind; vielleicht würde der Schlaf sie alle, Mann und Roß, dem Tod übergeben. – Was geschieht in Wien? Was in Paris? Und was am Rhein? Unterhandelt der Kaiser noch: ist in diesem Augenblick vielleicht Brandenburg schon Ludwigs einziger Feind? Der Wind ist im Bunde mit den fressenden Schmerzen in den Knochen; die Sorgen spornen noch schärfer als Gicht und Wind. Fällt auch in diese Ferne der Schatten des französischen Königs? Das Ziel fliegt ins Grenzenlose, fort von der eigenen Erde, dem eigenen Werk. Wölfe schreien ihren Hunger in die Nacht; wieder kommt der Mond, um den der Atem der Pferde wölkt: ins Eis verströmende, letzte Wärme des Lebens. Wohin? Der Feind ist in die Wüste zerstoben wie der Atem der Gehetzten, wie der ersterbende Klang der Trompeten. Über die Schneewüste schattet die Ahnung der Vergeblichkeit. Ist dies das Ende: führte dahin der Weg von Fehrbellin, durch die Tore eroberter Städte, durch Triumphbogen, über das Meer und seine Insel, von Sieg zu Sieg – in das Nichts?

Ein paar fensterlose Hütten liegen unter der Schneelast; Vermummte kommen hervor, im Rücken qualmende Feuer, hochgetürmte Lagerstätten zwischen ruhenden Schafen und Ziegen. In den Augen der Bauern ist tödlicher, uralter Haß auf den Soldaten. Warum brechen diese Gewaffneten in den Frieden ihres Lebens ein? Mögen lieber die Hütten aufflammen, als daß sie diesen Kriegern Schutz gewähren; mag das Feuer sie verschlingen, das Eis sie vertilgen, diese ewig-Ruhelosen, die durch stille Dörfer und Länder schweifen ohne Haus und Werk, ohne Ziel. Der Feind zerstob in das Nichts; hier aber, in der eisigen Nacht von Lasdonehmen, knapp vor dem erhofften Triumph, knapp vor dem Absturz, läßt sich das Schicksal nicht mehr verjagen. Draußen lauern feindliche Bauern, lauert die Leere ohne Grenzen: wohin riß der nordische Krieg? Fort aus Europa, fort von dem Ort der Entscheidungen; macht er nicht endlich eine Beute aus dem, der ruhelos auf der Jagd nach Beute war? So hält ein versprengter Reiter, den die Wut der Verfolgung gehetzt, plötzlich sein Pferd an: in seinen Ohren ist noch das Brausen des Windes, vor seinen Augen hastet noch die Flucht der Landschaft: in seinem Innern aber erwacht eine Frage, die nicht mehr schweigen will. Wohin? Irgendwo, vielleicht nicht ferne von hier, unter dem Mantel der Nacht, fällt die Wut des Winters über den verjagten Feind; aber wie, wenn das Schicksal nicht auf diesen Straßen zöge, wenn es sich nicht erzwingen ließe durch den verbissensten Willen, den starrsten Trotz, den heldischsten Mut: wenn es gelassen herankäme, unlenkbar: von außen? Wenn im Westen die Macht thronte, die über den Osten entscheidet? Liegt im Osten nur Brandenburgs Reich, aber nicht sein Schicksal? Während er, der Kurfürst, in einem Stall in Litauen lag, zwischen vereistem Meer und vereistem Land, am Rande der Welt, mochte ein Mächtigerer lächelnd über ihn entscheiden am Kaminfeuer zu Versailles: Ludwig, stolz, spöttisch und kalt, die Hand auf das Szepter gestützt, in verächtlich-unbeweglicher Ruhe; der Herr Turennes, der gelassen blieb wie ein Bild, indessen seine Heere und Feldherrn von den Niederlanden bis Sizilien sich verzehrten im Fieber der Macht, des Ruhms.

Wie viele der Soldaten draußen unter freiem Himmel wird das Signal nicht mehr wecken am Morgen? Sie finden kein Brot, kein Dach: nur den Haß der Bauern, der keinen Unterschied macht zwischen Brandenburgern und Schweden, weil er allen Kriegern und Soldaten gilt: allen durch Aussehen und Willen geeinten Vollziehern der Macht. Derfflinger, die Generäle reden auf den Kurfürsten ein; endlich schickt er die Vorhut dem Feind nach und kehrt um.

Auf dem Eis des Schloßteichs zu Königsberg dröhnen die Kanonen in den Wintertag: es ist der 6. Februar, das Siegesfest und der Geburtstag des Herrn. Die Kurfürstin und ihre Damen schmücken das Fest; Derfflinger läßt sich noch einmal zurückreißen in seine wilde Zeit: spät erst führt ein Junker den alten Herrn, der vom Wein schwankt, aus dem Saal. Aber was ist der Sieg? Um eben diese Zeit fällt der Würfel: der Kaiser schließt Frieden; Brandenburg liegt im Banne Ludwigs. Was bedeutet der Jubel Berlins, was sind die Inschriften und Fackeln, die den Heimkehrenden grüßen? Die Krankheit, die er im Lager und in den Sümpfen vor Stettin, im Schlitten, im Sattel gefühlt; nun erst, da die große Hoffnung zu wanken, das Werk zu sinken beginnt, wird sie seiner Herr. Aber der Haß schießt glühend auf: sitzt nicht sein Todfeind in Wien? Sieht man dort nicht, mehr als in Paris, mit verzehrendem Neid auf Brandenburg? Man gönnte ihm keinen Sieg im Elsaß; man gönnt ihm nun keine Stadt in Pommern; kein Schiff auf der See.

Zwei Mächtige reichen einander die Hände: Ludwig und der Kaiser; Feinde von Anbeginn vertragen sich für einen Augenblick: sie stehen auf Brandenburg. Ist dies des Kurfürsten Schicksal: daß andere über ihn gebieten? Herr zu sein nach seiner Art und seinem Willen; Knecht nach seinen Mitteln; Sieger zu sein durch die eigene Tat; Geschlagener durch die Macht und die Tücke der andern? Aber er mag Ludwigs kaltes Lächeln ertragen; nicht des Kaisers gelassene, rechnende Überlegung, nicht seine Furcht und nicht seinen Neid. Man fürchtet die werdende Macht im Norden mehr als die fertige im Westen; oder man ist dort noch fähig, etwas zu tun: im Westen vermag man nichts mehr; so unterdrückt man Brandenburg.

Es ist nicht des Kurfürsten Art, bei sich selbst eine Schuld zu suchen: etwa im Feldzug am Rhein oder darin, daß er vom schwedischen Krieg nicht abließ, als man ihn rief. Denn da er mit den Schweden kämpfte, gehorchte er dem ersten Gesetz: der eigenen Erde, die befreit sein und wachsen will; er bekämpfte zugleich den Feind des Reichs. Wer in diesem Kampf ihn verläßt, übt Verrat. Und es berührt Berlin und Wien nicht, daß ein jeder dieselben Gründe ins Feld führen kann: daß auch Habsburg sich verraten sah als Wächter des Reichs am Rhein; hier wittert allein in unversöhnlicher Feindschaft eine jede Macht die andere; Hohenzollern sieht sich verlassen und zerschlagen; Habsburg bedroht. Sie haben füreinander denselben Vorwurf des Vergehens an heiligen Dingen: Worte von höchsten Werten, die dem Streit dienstbar sind; und so werden sie endlich von keiner Parole, von keiner Sitte gerechtfertigt oder gerichtet; wer aber mächtig genug wird, in Wahrheit das Reich zu führen und zu verteidigen: der ist auch den heiligen Dingen wieder verpflichtet. Habsburg vermag es nicht mehr, Hohenzollern noch nicht; ihre Bestätigung aber liegt auch jetzt einzig und allein im Reich, an dem sie gerichtet werden.

Aber ist in des Kurfürsten Augen Habsburg nicht jetzt schon verdammt? Der Kaiser, dieser Ewig-Zögernde, Niemals-Entschlossene, der Herr Bournonvilles, der allein von seinem Erbe lebt und durch den Stolz zu ersetzen glaubt, was ihm mangelt an Kraft: verrät er nicht mit einem jeden Zug seines Gesichts das Alter, das Ende? Und da dem so ist: welches Recht schützt noch Habsburgs Rang und Besitz in der unersättlich ins Neue drängenden Welt? Der Tag muß kommen, da diese vornehmen, lächelnden und müden Herren wie alte Wappenschilder über dem Grab des Letzten eines Geschlechtes fallen: und Brandenburg soll sie stoßen, ihre Titel verteilen, ihr Erbe zerschlagen, um diese Stunde zu rächen, da seine frische Kraft von ihnen preisgegeben ward.

Doch die Rache bedarf eines Mittels; Brandenburg vermag nichts allein aus sich selbst. Es hat nur den Willen zum Einsatz. Da es nicht wachsen konnte im Schutz des Kaisers, die Welt aber geteilt ist unter den Kaiser und seinen Feind, so bleibt Brandenburg allein dieser Feind zum Genossen. Ein Mächtiger muß zum Mittel werden, wenn die neue Macht sich erheben soll. Wird der Sieger im Schwedenkrieg dem französischen

König nicht mehr gelten als die Schweden selbst? Wird Ludwig Mittel sein?

Solche Gedanken, schnell aufzuckendes Feuer, verbergen den Bruch nur, der unheilbar ist. Der Kurfürst, der als Sieger heimkehrt aus Litauen, ist für immer geschlagen. Er wird keine Schlacht mehr gewinnen; kein Heer dem Feind mehr entgegenführen; die Trompete von Fehrbellin tönt nicht ein zweites Mal. Er muß bitten, täuschen, verhandeln; das Temperament, das über der Tat fast die Umwelt vergaß, verzehrt sich von nun an im Hoffen und Warten: in der Kunst der Politik, in der das Feuer nur unsichtbar schwelt. Das Ziel bleibt fest: Die Mündung, der Durchbruch zur Macht; aber der Weg wird zum Umweg; er endet in der Vergeblichkeit.

Der Kurfürst bietet Preis um Preis für Stettin; will man ihm diese eine Stadt nur lassen, so will er seine Siege, seine Eroberungen nicht zählen. Aber der Gesandte trifft den französischen König in einer seiner größten Stunden an: ohne Haß, ohne Leidenschaft, zu groß, um Gegner seiner Gegner zu sein. Mag der Brandenburger den Kaiser verlassen und der Kaiser den Brandenburger; mag man jenseits des Rheins die Bundestreue nicht achten: hier gilt sie noch. Ludwig will nicht vernichten, nicht gewinnen: er will nur den Schweden, die das Unglück der Niederlage beugt, das gegebene Wort halten: keine Stadt, keine Insel, keine Strommündung schwedischen Gebietes sind ihm feil, welchen Preis man ihm dafür auch nennen mag; denn sein Wort haftet dafür. – Wer spürte die Berechnung nicht in der Größe: aber es ist nicht gleichgültig, welche Geste eine Macht findet in der Behauptung ihrer selbst, ja vielleicht ist das Königtum der Gebärde, die Größe des Stils schon alles, was die Notwendigkeit erlaubt. Auf der Höhe, da die Bedrohung einmal von ihm weicht, ist Ludwig auch König: er findet das Wort, in das die Macht allein sich kleiden mag; er wird es wieder vergessen, wenn die ganze Welt sich gegen ihn empört, aber die Erinnerung seiner großen Stunde bleibt doch: als einer der Augenblicke, von denen Völker leben in ihren finstern Jahren.

So wird der Sieger besiegt, wird das Reich zerschlagen, das er sich als stürmischer Reiter erobert; der Stamm wird geknickt, da er am kräftigsten grünte. Aber er stirbt nicht ab. Es ist die höchste Probe auf die brandenburgische Kraft: wird der Kurfürst verzichten? Wird er wieder beginnen? Wird der furchtbar verletzte Stamm wieder die Krone heben, wieder treiben? Es bleibt nur der eine Gedanke, der schimpflich scheint und dennoch glorreich ist, weil er selbst den Mut zur Schmach fordert und damit die größte Überwindung: das Bündnis mit Ludwig. Wer stark genug ist, uns zu zerbrechen, der ist auch stark genug, uns zu tragen. Der Kurfürst geht auf den zu, der ihn zerschlug, mit ihm sich zu verbünden und durch ihn stärker zu werden für den unausweichlichen Kampf um die Macht. Der Wille wandelt sich auch jetzt, im Zusammenbruch, nicht, nur das Mittel. Wenige Monate, nachdem der Kurfürst den vernichtenden Schlag empfangen, schließt er das Bündnis mit Frankreich.

Da er nichts ohne Leidenschaft tun kann, so ergibt er sich dem neuen Bundesgenossen ganz. Bald fühlt sich Graf Rébénac, der französische Gesandte, so sicher am brandenburgischen Hof, daß er ein Regiment zu tadeln wagt, dessen Schärpen noch die rote, kaiserliche Farbe zeigen; der Kurfürst vertauscht sie sofort mit dem Weiß der Bourbonen. Dieses Heer gehört Ludwig: er bezahlt die Subsidien; ihm dient der Sieger von Fehrbellin. Schon im folgenden Jahr wird das Bündnis noch enger, werden die Subsidien erhöht: aber die Hoffnung auf den neuen Schwedenkrieg steht treibend dahinter: dem Bundesgenossen kann man Pommern nicht weigern. Doch Ludwig lenkt ab auf Mähren und Jägerndorf, auf habsburgischen Besitz. Hohenzollern mag Habsburg in Schach halten und wieder in Schach gehalten werden von Schweden. Die Kaiserkrone, ein scheinbar verachtetes, in Wahrheit leidenschaftlich begehrtes Symbol, funkelt vor den Augen des französischen Königs: der Kurfürst hat ihm seine Stimme verkauft, Bayern und Sachsen sind ihm sicher, nicht weniger die geistlichen Herren am Rhein. Der große Traum des Mittelalters, der Habsburger, der nur geträumt werden konnte in der Mitte, zieht den König des Westens in Bann. Seine Macht erreicht die Spitze, da sie zum Weltreich drängen, und damit nach ewigem Gesetz die Gegnerschaft der Welt erwecken muß, der zuletzt keine Macht des Einzelnen widersteht. Die Kräfte mögen sich untereinander zerstören: nur auf diesem Streit steht, seit der großen Päpste und Kaiser Zeiten, das Imperium mundi: nur auf der lähmenden Feindschaft aller thront der

Friede der Welt. Brandenburg darf nicht wachsen, indessen Frankreich den Rhein überschattet, sich Straßburgs bemächtigt, Festungen baut auf reichsdeutschem Gebiet. Schon nach drei Jahren ahnt der Kurfürst, daß man ihn nicht wachsen lassen will in Versailles. Er schickt den Grafen Schwerin nach Wien, mit dem Kaiser zu unterhandeln; wenige Wochen darauf ruft er Schwerin zurück: Frankreich ist bereit, höhere Subsidien zu zahlen; von nun an schwankt die Politik des Kurfürsten mit dem Zittern einer Magnetnadel nach der größten Möglichkeit der Macht. Da die Türken Wien bedrohen, bietet er sich wieder dem Kaiser an: sein Heer steht gegen bedeutende Subsidien bereit; doch erwartet er zugleich die Abtretung Jägerndorfs und einiger weißenfelsischer Ämter. Dafür wird er selbst Ludwigs widerrechtlichem Vorstoß am Rhein entgegentreten.

Allein auch in der Not hält Habsburg seinen Besitz umklammert; die Verhandlungen scheitern; der Kurfürst ruft sein Heer, das schon im Marsch begriffen war, an der schlesischen Grenze zurück, damit, im Bereich seines Einflusses, Wien den Türken überlassend. Es wäre Ludwigs größter Augenblick, wenn Habsburg und mit ihm das mittlere Europa den Türken erläge: dann würde der französische König, mit seinen Heeren über den Rhein ziehend, der Schirmherr der Christenheit, der Retter Europas. Aber der Ansturm der Türkenvölker scheitert vor Wien: Habsburg erstrahlt noch einmal in seinem alten Glanz; Bourbon und Hohenzollern büßen den Anteil an der größten Ruhmestat des Jahrhunderts ein. So schließen sie sich noch fester zusammen; Ludwig hofft auf einen innerdeutschen Krieg zwischen Brandenburg und den Welfen, doch der Kurfürst lehnt ab; wieder bringt der französische Gesandte Gold nach Berlin, ohne dabei reiche Geschenke für die Kurfürstin zu vergessen; der Kurfürst verpflichtet sich, gegen jeden Reichskrieg mit Ludwig zu stimmen. So sind Ludwig, indessen Habsburg Europa verteidigt, die Reunionen gesichert. Und wenn er die alte Krone auch nicht erwirbt, so gehören ihm doch die Länder und Sitze der Hohenstaufen: mit den Steinen ihrer Pfalz zu Hagenau, stummen, unscheinbaren Zeugen des alten Reichs, baut er Festungen am Rhein. Aus den Mauern, die den höchsten Glanz des Reiches sahn, werden, nach dem Untergang der Form, Ausfalltore des Eroberers gegen das

Reich. Denn die Macht ist immer dieselbe; sie läßt sich nur teilen und tauschen, nicht mehren, und wechselt wie Kronen und Steine ihren Besitzer.

Wieder glaubt der Kurfürst vor dem schwedischen Krieg zu stehn: aber Ludwig will ihm seine Eroberungen nur überlassen, wenn er für den Übergang der rechtsrheinischen Festung Philippsburg an Frankreich einsteht. Staat drängt gegen Staat, einen Fußbreit Landes dem andern abzugewinnen: Ludwig wird keinen Vorteil gewähren, der nicht wieder größern Vorteil bringt; er hat sich das linke Rheinufer gesichert mit der Hilfe Brandenburgs: er ist bereit, auf das rechte überzugreifen: wie aber geht Brandenburg aus? Schmach hat es genug erlangt: doch weder Mähren noch Jägerndorf; keinen Streifen Pommerns. Ungeheuer droht die Macht des Westens; der König von England stirbt, und Ludwigs Gewalt wird über den Nachfolger bestimmen und durch Begünstigung der Stuarts das Inselreich in die französisch-katholische Sphäre ziehn; der Kurfürst von der Pfalz stirbt, und Ludwig erhebt auf die Verlassenschaft Anspruch; in Spanien steht der Tod des Königs bevor: und wieder wird sich Ludwig als Erbe melden.

Ein anderes, größeres Ziel steigt auf: die Verteidigung der nordisch-protestantischen Welt. Der Kurfürst verhandelt mit Oranien, er verträgt sich mit den Lüneburgern; er schickt Gesandte nach Schweden und nach Wien. Ebenso leidenschaftlich wie seine Verteidigung französischer Interessen ist nun seine Wendung. Wie er die Schweden überraschte bei Rathenow, wie er sie in Rügen überfiel und mitten im Winter mit Schlitten über sie kam in Preußen: so hofft er nun Frankreich zu überraschen; und wäre es selbst unter Preisgabe seiner liebsten Wünsche. Aber die Freiheit, der er entgegendrängt, öffnet sich ihm nicht: Brandenburg vermag nicht einmal ein Heer zu unterhalten aus eigener Kraft; es hat die Pläne, den Willen; nicht mehr. Wieder stürzt das Gebäude: Ludwig fordert von seinem Bundesgenossen den Widerruf der neuen Politik; auch dieser Schmach vermag sich der Kurfürst nicht zu entziehn. Er widerruft, einen Haß im Herzen, wie er ihn nur gegen Habsburg empfand; an Leib und Seele gebrochen, schon für Wochen und Monate auf sein Lager gefesselt, nährt er unter stechenden Schmerzen diesen Haß: »Ich werde im Grabe nicht ruhen können, ich hätte mich denn zuvor an Frankreich gerächt.«

Seltsam! Auch jetzt können sich die strebenden Mächte nicht einigen, ob auch die letzte Stunde gekommen scheint, um den Übermächtigen zu zertrümmern; nicht das gemeinsame Ziel bringt Habsburg und Hohenzollern zusammen: nur der Betrug. Der Kurfürst wird sich mit dem Kaiser verbünden, wenn ihm dieser nur die geringste Vermehrung seines Besitzes zugesteht: nur Schwiebus; nicht mehr als die Beseitigung einer Zacke, die sich in die Mark gedrückt; nicht mehr als ein symbolisches Zugeständnis an das Wachstum Brandenburgs. Aber Wien verzichtet auch auf Schwiebus nicht. So bedienen sich kunstfertige Diplomaten einer unwürdigen Täuschung: indes der kranke Herr den Vertrag siegelt, der ihn zum Bundesgenossen des Kaisers und zum Besitzer von Schwiebus macht, unterschreibt der schwache Kurprinz einen zweiten, kraft dessen Schwiebus wieder an Habsburg zurückfallen soll, sobald in Brandenburg ein neuer Herr regiert.

Täuschung der Macht! Schwiebus ist erworben und ist es doch nicht; aber der scheinbare Gewinn, die erfüllte Treue gegen das Gesetz des Wachstums, treibt die schon fast verbrauchte Kraft gewaltig an: nun wird die evangelische Allianz mit Schweden geschlossen, der Verzicht auf Pommern, das begehrteste Ziel langer Jahre, geleistet. Die Niederlande treten hinzu. Vor den Augen des Gefesselten glühn Bilder unerhörten Triumphes. Sobald der Kaiser mit den Türken Frieden geschlossen, strömen die Heere der Verbündeten gegen Westen; Spanier und Reichstruppen verteidigen Belgien und den Rhein; Niederländer und Brandenburger stoßen auf Paris. Der französische Hochadel, das Pariser Parlament empören sich gegen Ludwig: er wird erniedrigt und niedergetreten werden, wie er Brandenburg niedertrat. Kaum vermag sich der Fürst noch auf dem Pferd zu halten, da er in Krossen von den in den Türkenkrieg ziehenden Regimentern erschüttert Abschied nimmt; dennoch reist er im selben Jahr nach Kleve, Oranien zu treffen. Sie besprechen ihren größten Plan: den Sturz der Stuarts; die oranische Eroberung Englands.

Vielleicht bietet sich ihm, dessen Gedanken ohne Ruhe durch die Ferne dringen, in wenigen Augenblicken doch in der Nähe ein Trost: wenn er seine Hauptstadt durchfährt, so hört er das Schaffen emsiger Handwerker in den Häusern, die nach dem Dreißigjährigen Krieg leer dem Verfall entgegenstarrten und schlanke, gegossene Lichte werfen ihren hellen Schein statt der Tranlampen hinter den Fenstern. Der Herr kann die Tafel bereitet sehn: auf reinem, schwerem Tuch blinken schön geschwungene Schüsseln, noch ein wenig silbernes Gerät; und die Menschen, die sich ernst um sie versammeln, tragen Tücher, Pelze und Schmuck, wie sie sonst kaum die Adligen besaßen in Berlin; freilich, sie sprechen die Sprache des Landes nicht, wenn sie um die Tafeln stehn im Gebet: um des Glaubens willen verließen sie Frankreich, ihr Vaterland; aber der Glaube schafft um diese Zeit Heimat, besser als es selbst die Sprache vermag, und der Glaube verbindet auch den Herrn mit den Fremden, so fest wie der gemeinsame Feind ihn mit ihnen verbindet. Denn Ludwig trieb sie aus, und gegen Ludwig werden sie ihm beistehn mit einem jeden Werk ihrer Hände. Fand der König jenseits des Rheins in der Verteidigung des katholischen Glaubens die Idee für den babylonischen Turmbau seiner Macht, so findet der Kurfürst die seine als Anwalt der Reformierten: leidenschaftlicher noch als Länder werden Ideen von den Mächtigen begehrt und umkämpft, weil durch Ideen die Macht sich rechtfertigt, auf ihnen sich gründet und an ihnen allein sich verjüngt.

Zuerst mochte der Kurfürst wohl bangen, den Verjagten die kleinen düsteren Städte, das kahle Land zu bieten: mußte sie die Sehnsucht nicht aus dieser harten Welt vertreiben, noch eh sie mit ihr verwachsen konnten? So schenkte der Brandenburger den Réfugiés mehr Rechte als irgendein anderer Fürst. Und sie lohnen ihm als Helfer an dem großen Werk, das tausendfach beginnen muß, wenn ein Volk, ein Stück Erde in der Tat verwandelt und erhoben werden sollen. Es sind glückliche Tage, da der Kurfürst 100 Taler bezahlt für das erste Paar Strümpfe, das in seinem Land gewebt worden ist; da er die ersten Flaschen, das erste Fensterglas in Händen hält – und auch jenes dunkelglühende, das ein Zauberer auf der Pfaueninsel erfand; und da die französischen Meister, sorgfältiger als die heimischen gekleidet und mit geschickteren Worten, die ersten Pelzhandschuhe auf dem Schloß präsentieren und feinen, dem französischen gleichen Schmuck. Perückenmacher und Schneider, Uhrmacher, Weber und Waffenschmied, Hutmacher und Zuckerbäcker, Gastwirt und Leinwanddrucker arbeiten im stillen daran, der kleinen Stadt an der Spree den

Glanz einer Hauptstadt zu erwerben; und vielleicht hat der Herr, wie schwer ihn die Krankheit schon beugt, noch einen freudigen Abend, draußen in den Vorstädten, wo in den Gärtnereien der Franzosen, unter dem Spott der Berliner, Erbsen, Bohnen und Blumenkohl, selbst Artischocken gedeihen; ja, der Mann, der den furchtbaren Kampf um die Macht schon fast vergeblich führte, fühlt die alte Freude noch, selbst nach den Gemüsen und fremden Sträuchern vor seinem Schloß zu sehn und mit der Schere das übermütige Wachstum zu beschneiden. In Monbijou pflanzte die Oranierin, die lange schon von seiner Seite gegangen ist, die ersten Kartoffeln in märkische Erde: ist das nicht das schönste Recht des Fürsten, Gärtner zu sein, Menschen und Pflanzen einzusenken in wartenden Grund?

Und das Beispiel des Fürsten, das gegeben werden muß, weil es zuerst die Tat erweckt und selbst stärker ist als Gesetze, macht auch die Herren auf dem Lande zu Gärtnern: in Rheinsberg und später zu Tornow erwachsen Kolonien; der Prinz von Homburg, der, wie Derfflinger, als Landwirt so tüchtig ist wie als General, verwandelt ein Dorf an der Dosse in eine kleine Stadt, und weithin über die Mark verbreiten sich die Handwerker aus dem Westen, dem Lande alles gebend, was sie mit sich brachten an eigener Fertigkeit, eigenem Gut, um endlich eins zu werden mit dem Land, und mit ihm, wenn es sich langsam aus der Tiefe des Elends erhebt, wieder aufzusteigen. Mag dieses, das stillste Werk, dessen Spur die Nachkommen kaum erkennen, das eigentlich Bleibende sein: der Kampf brennt doch fort; und das langsame Gedeihen der Heimat entschädigt nicht für die Macht.

Doch im letzten Jahr verschieben sich die Ziele noch einmal; aufs neue wirbt Ludwig um Brandenburg, er zahlt die rückständigen Gelder; er mildert seine Forderungen gegen das Reich. Wieder droht ein Konflikt mit dem Kaiser. Ein großer Plan leuchtet dazwischen: die Schöpfung einer Kriegsflotte, die dem Kaiser unterstehn soll; doch dieser lehnt ab. Wieder schmerzt der Verlust Pommerns, der Mündung, die schon gewonnen war. – Über seinem Bett sieht der Kranke eine Wasseruhr leuchten in den Händen Saturns: die Zeit ist um. Was ist gewonnen? Da packt ihn der Schmerz über seine nutzlosen Siege, seine Eroberungen, von denen ihm nichts blieb, über die Kraft, die sich verzehrte um nichts, so mächtig an, daß er aufs neue Entschädigung fordert für Pommern. Vor der schroffen Sprache seiner Gesandten in Regensburg weicht der Kaiser zurück; Ludwig kommt auf ihn zu. Alles beginnt zu schwanken. Wieder, mit dem neuen Streit, droht die Zerrüttung, die völlige Ohnmacht des Reichs.

Der Streit endet auch im Haus des Kranken nicht. Friedrich, der Kurprinz glaubt sich verfolgt von der Kurfürstin, seiner zweiten Mutter. Sie habe seinen Bruder, der eines plötzlichen Todes starb, vergiftet: sie stelle auch ihm nach, um ihre eigenen Söhne auf den Thron zu bringen. Erbittert wird das Testament des Sterbenden umkämpft, wieder gesiegelt, wieder verworfen. Soll zuletzt auch die Mark zerrissen werden, so wie das Reich zu zerbersten droht? Aber da wieder das Frühjahr kommt – die Tage, da die Schwäne sich losreißen von der Havel im warmen, treibenden Regen, sich über Stadt und Schloß hin mit schweren Flügeln zu schwingen –, sieht der Herr das Zeichen des Friedens; er dankt den Räten, er segnet den Sohn, den schwachen, eiteln und ängstlichen Erben der unvollendeten Macht; er findet für die Gattin, die ihn nach seinem Segen fragt, das alles mildernde Wort: »Du sollst in Ewigkeit gesegnet sein.« – Auf Oranien allein ruht seine Hoffnung; wenn der Oranier die Brücke schlägt von Amsterdam nach London, so muß er Ludwig stürzen, und der Anfang seiner Freiheit, wenn auch nicht der Friede, erwartet Brandenburg.

Dieser Freiheit strebte er zu; er fand sie nicht; vielmehr ahnte er sie nur. Ihn schlug der Streit um die Macht in Fesseln, und doch ist allein der Mächtige frei. Alles Gewonnene zerrann; vielleicht bleibt doch die Forderung als Vermächtnis: der Umriß des Staats, den er als flüchtiger Reiter umjagte. Vielleicht bleibt noch mehr: das brandenburgische Temperament, der unzerbrechliche Mut zur Überraschung. Er, den alle untreu nannten, war doch der eigenen Erde treu; ihretwegen brach er seine Eide, mißachtete er die Tradition; denn er hörte eine einzige Stimme: die des Landes, dessen sich verdichtende Kraft nach Freiheit begehrte; dessen Ströme münden wollten ins Meer. Der Sieg ist immer vergeblich: ob er Gewinn bringt, ob er gewinnlos bleibt; unsterblich ist nur das Symbol. Dies ist sein Vermächtnis, kostbarer als Heer und Flotte, kostbarer als Stettin: die verzehrende Leidenschaft seines Dienstes.

Freiheit? Qualen fesseln die Glieder; die Brust kämpft um einen jeden Atemzug. Aber über der endlosen Fläche der Seen und Wälder und über dem Flußlauf vorm Fenster, über dem Lande, dem der Sterbende gedient, wird es hell; und dann, wenn die Uhr verdämmert in den Händen Saturns und endlich auch sein greises Gesicht, in diesem einzigen Augenblick kehrt die Freiheit ein im Zimmer des Herrn.

II. Teil
Friedrich Wilhelm

Grillparzer:
Das Höchste, wie beschränkt auch, ist der Mensch,
Im König selbst der Mensch zuletzt das Beste.

I. Mensch und König

Auf dem Gesicht des Königs scheint die Frische des Brunnenwassers zu liegen, mit dem er sich morgens übergießt; in der Zeit der Perücken, formenschweren Gepränges, vertritt er das Recht und die Freude des Natürlichen. Wo hätte sich wieder ein Fürst seiner Zeit steinerne Waschfässer einbauen lassen wie er in seinem Jagdschloß Wusterhausen? Wer kennt noch wie Friedrich Wilhelm die Lust am sprühenden rinnenden Wasser in der ersten Frühe des Tags? Sein Gesicht ist rot von Sonne und Wetter, denen er auf den Exerzierplätzen und allen Straßen seines weitläufigen, zerrissenen Landes begegnet; aber seine Haut ist noch immer von der frauenhaften Weiße, die ihn als Knaben bekümmerte. Damals, zum Entsetzen eines verzärtelten Hofs, suchte er auf alle erdenkliche Weise seinen Körper zu bräunen; es gelang ihm nicht; und etwas blieb auch in seinem Wesen zurück von der Zartheit seiner Mutter. Um die Reinheit seiner Hände ist er auf das ängstlichste besorgt; unzählige Male wäscht er sie des Tags; und wie sie muß die Uniform, die er bald und für immer statt der goldbetreßten Hofkleider anlegt, untadelig sein: darum setzt er sich wie ein Handwerksmeister mit Schürze und Überziehärmeln an seinen Schreibtisch.

Früh hatte sich die Leidenschaft seiner bemächtigt; früh hat er sie überwunden; er gehört von nun an der einen Frau, die er liebt und lieben will. Voll Hohn steht er in Hannover neben einem König, der das Höchste und Größte, das von Gott verliehene Amt, Frauenhänden überliefert; mit Verachtung und Ekel kehrt er aus Dresden zurück, wo ein bedeutender Fürst im Schwarm würdeloser Frauen regiert. Grumbkow, sein Helfer und Freund, der fast als einziger den feinen und gefährlichen Geist des Hofmanns überlegen spielen läßt am brandenburgischen Hof, kennt seine unverfälschte Natur schon besser als der König von Sachsen: auf einer Reise, da sie in einem Bauernhaus einkehren, führt der General ein Bauernmädchen in das Zimmer seines königlichen Herrn; vielleicht hatte Friedrich Wilhelms Auge nicht ohne Freude an ihren gesunden Gliedern gehangen; aber die Absicht seines Begleiters bringt ihn sofort in Zorn und dann zu seinem Bekenntnis: »Weg, weg Grumbkow! Ich bleibe meiner Fieckchen treu.«

Da Sophie Dorothea ihm angetraut ist vor Gott, so kann er auch ihr, und ihr zuerst, Anteil gewähren an seiner Verantwortung: ist er auf Reisen, so empfängt sie oft seine wichtigsten Befehle; und ihr vertraut er auch für den Fall, daß ihm sein Werk vorzeitig aus den Händen genommen würde. Sie speist als einzige von silbernen Tellern an der königlichen Tafel; in ihren Gemächern häuft sich goldenes Gerät, nachdem die schweren Lüster und Tafelgeschirre Friedrichs I. längst unbarmherzig in die Münze geschickt wurden und nun, zu Talern umgeprägt, im Keller des Schlosses ruhn. Seine Treue ist nicht allein ein Gebot seiner Liebe; auch das Versprechen, das er gab, und das Beispiel, zu dem er verpflichtet ist, verraten das Letzte noch nicht: Friedrich Wilhelm will sich das Recht erwerben, zu sterben in den Armen dieser Frau. Denn daß er lang vor ihr hinunter muß, weg von dem Exerzierplatz, der allmorgendlich von Trommeln dröhnt, weg von dem Land, das unter seiner unermüdlichen, herrischen Sorge aufzugrünen beginnt: dies weiß er längst; und er hat keine Klage über dieses Gesetz.

Daß er nichts mehr wünsche, als etwas zu tun zu haben, und daß dieser Wunsch bestehen bleibe, solange er lebe, versicherte er schon als Kronprinz mit dreiundzwanzig Jahren; damals glaubten die Hofleute und Diplomaten, die Schreiber, die er abgründig haßt, seinem Vater Land und Leute erwerben zu können mit Tinte, Feder und Papier; er aber wußte es schon, daß die Erde der Kraft gehört, die sich auf ihr bildet. Und wenn der Vater, fast zu Boden sinkend unter dem Gewicht der erworbenen Krone, endlich in seiner Hilflosigkeit an den Goldmacher glaubte, der eines Tages in schimmernder Kutsche in den Schloßhof fuhr: so wußte es der Kronprinz, daß kein Gold und kein Zauberwerk aus der Not der Verpflichtung befreit; und daß jede Hilfe fremder Mächte trügt, nur nicht die eigene Tat.

Wohl niemals hat ein zur Herrschaft Berufener in solcher Schnelle den Umkreis verwandelt, den er betrat: des Vaters schwere Karossen rollten das letztemal hinter seinem Sarg; der unübersehbare Zug der Kämmerer und Lakaien, der Hofherren und Trabanten hielt nur noch zum Grabgeleite zusammen; dann zerstob er unter dem harten Wort des neuen Königs in alle Winde. Die Theatergarderobe wird unter Bettler ausgeteilt; »unter den Linden« stehen die Götter Griechenlands im barocken Flitter ihres Opernhimmels und bitten um einen Groschen. Das Lustboot, das auf dem Neptunsteich vor dem Potsdamer Schlosse schaukelte und einstmals drei Könige die Havel hinabgetragen hatte in das Schlößchen am See, ward nach Rußland geschickt im Tausch gegen Grenadiere; Büsche und Wege des Lustgartens verdrängte der Sand des Exerzierplatzes. Die Orangerie wird zum Marstall. Nun erst ist das Potsdamer Schloß mit seinem hohen fremden Dach preußisch geworden; der Sand, die große Fläche, auf der Menschen sich bilden müssen, breitet sich vor ihm hin, das Leben und Wachsen der Bäume vertreibend; eine Möglichkeit begründend für den Menschen. Dies ist von nun an der Ausblick preußischer Könige: Sand, wie er sich draußen dehnt zwischen Wäldern und Seen und die Straßen überweht, alle Arbeit verdoppelnd, allen Ertrag doppelt kostbar machend; Sand, der fast nichts gewährt, aber Ungeheueres fordert und damit den Menschen zwingt zu seiner Form.

Der König ist geboren zu formen, und niemals, weder vor ihm, noch nach ihm, hat ein deutscher Herrscher mit solcher ausschließlichen Leidenschaft dieses sein Amt ergriffen. Er trifft Umrisse an, da er kommt; die Linien einer Politik, der die Macht fehlt, sie auszufüllen; verstreute Länderfetzen, die der Name wohl notdürftig verbindet, doch der Geist, das Gesetz nicht zusammenschweißen. Ein großer, fast phantastischer Anspruch ist sein Erbe: Friedrich Wilhelm wird seine innere Notwendigkeit begründen. Er, der sich der Wirklichkeit verschrieb mit allen seinen Kräften seines Lebens, wird aus den Träumen der Ahnen, des Burggrafen Friedrich, des Großen Kurfürsten, des Vaters eine Wirklichkeit machen: nicht, indem er sie nach außen hin zu vollenden sucht, sondern indem er sie von innen her erfüllt. Daß der Anspruch im Innern beginnt und der Gehalt eines Staates allein seine Machtstellung bestimmt: dies ist Friedrich Wilhelms unbedingter Glaube; er huldigt ihm auf deutsche Weise, mit der Ausschließlichkeit, die endlich fast kein Verhältnis zur Umwelt mehr findet, ja diese notwendig unterschätzt oder übersieht; damit gehorcht er, der Schöpfer, seiner eigenen Tragik: die Stunde wird kommen, da er nicht mehr gebieten kann, nicht mehr gebieten darf, wenn das Werk dauern soll, das er geschaffen; dann, wenn die Kraft aufs höchste verdichtet und durchgebildet ist und nun die Verbindung mangelt nach außen, *muß* er gehen. Das Schicksal wird ihn im rechten Augenblick rufen, nachdem er alles gegeben hat, was er zu geben vermochte.

Nur selten, nur in günstigsten Augenblicken, greift er über die Grenzen des Ererbten: er gewinnt mehr durch das Vorhandensein des Heeres als durch dessen gefährlichen Einsatz, in glücklichem Augenblick Stettin; nun, da die Zeit gekommen ist und Schweden zusammenbricht, fast mühelos erobernd, was dem Kurfürsten und den frühern märkischen Herrn nicht zu erringen bestimmt war; aber Friedrich Wilhelm gilt der Hafen nur wenig: er sucht das Meer nicht, das die Kräfte der Völker verschlingt, nicht die Mündung, aus der das kaum Gesammelte wieder verströmt: er will allein die umgrenzte Erde und die Form. Er hat ein Königsschloß geerbt, in dem noch kein echter König gewohnt hat, und Länder, durch deren Wüstnis kein Schritt eines Menschen geht. Im Innern vollzieht sich das Wachstum; im Innern liegt der Gewinn: hier fällt die eigentliche historische Entscheidung in dem Entschluß zur Sammlung und Richtung der Kraft. Zuzeiten lockt den König der Krieg; doch endlich bescheidet er sich, wenn er ihm ausweichen muß: ein anderer wird und muß ihn führen; nichts ist gewisser; denn der Staat, der im Innern, der Welt kaum schon sichtbar, zur Macht geworden ist, muß einmal auch als Macht erscheinen. Dies ist nur eine Folge: das Größte liegt in der Gründung; die Wendung vollzieht das Gefühl für die Form, ihr Aufgang im König.

Aber indem er dient, gibt er sein Menschentum niemals auf: dies ist das Wunderbare an Friedrich Wilhelm. Die Frische seines Gesichts, die helle Leuchtkraft seiner Augen, der Klang seiner klaren Stimme sind spürbar in allen seinen Gesetzen und Verordnungen, Marginalien und Briefen. Unwidersprechlich reißt ihn seine Besessenheit hin zur Härte, zu Unrecht und Irrtümern; aber dieser Erzwinger des größten, des vollkommenen Beamtenstaats ist niemals Werkzeug, immer Persönlichkeit. Er lebt noch jenseits der Tragödie zwischen Werk und Menschentum, Königtum und Seele, die sich in grandioser Weise abspielen wird im Dasein seines Sohnes; Friedrich Wilhelm weiß noch nichts davon, daß das Amt das Herz zerstört.

Es ist ihm bitter ernst mit seinem Zuruf an einen flüchtenden

Untertan, daß man ihn nicht fürchten, sondern lieben solle; er könnte die Menschen schlagen, nur damit sie ihn lieben. Aber lieben kann man allein Wahrheit und Aufrichtigkeit; und wie des Königs ganzes Leben, sein Wille und seine Leistung, ihren höchsten Wert doch erst als Beispiel haben; so machen des Königs Augen, in denen der Widerschein eines ehrlichen Lebens ist, die Probe auf den innern Wert des Untertanen. Wer ihn frei anblickt, hat seine Gnade: der muß seinesgleichen sein, der den Blick furchtlos zu ihm erhebt, ebenso aufrichtigen Willens, ebenso guten Gewissens; so allein sollen König und Bürger einander begegnen: als gleichstrebende Arbeiter auf Erden. Da ein jeder weiß, daß der König sein ganzes Dasein einsetzt für sein Amt, und nur für sein Amt: so hat niemand Grund, sich ihm zu entziehn; wenn auf den Straßen Berlins ein Flüchten und Laufen beginnt, sobald der schwere untersetzte Mann in blitzender Oberstenuniform, schon von der Gicht gehemmten Schritts, aus dem Schloßtor tritt: so ist es wieder bewiesen, daß Gauner und Faulpelze sich herumtreiben zwischen den Häusern. Er wird sie nicht dulden; kein Gesetz ist gegen sie zu streng; er haßt diese ihre Furcht mit dem ganzen Ungestüm seines Herzens; denn es kann keine Furcht aufkommen, wenn Fürst und Untertan sich einig wissen in ihrem Dienst, und das Arbeitsgebot des Staates einen jeden mit derselben Uneingeschränktheit ergriffen hat. Wie der Bäckerjunge, der Torschreiber und das Hökerweib, so muß auch der Tanzmeister Rechenschaft ablegen über sein Können: er tanzt mitten auf der Straße, wo die Fuhrwerke der Bauleute kommen und gehn, angstvoll eine zierliche Sarabande, bis er in Gnaden und freilich mit geheimem Groll weggeschickt wird.

Dies ist Friedrich Wilhelms einzige Psychologie: die Probe auf sein ehrliches Auge; wie sollte dem von seinem Werk Besessenen Zeit bleiben für die Geheimnisse der Seele? Aber die Entwicklung eines Geschlechts, das den Gipfel der Macht ersteigt, vollzieht sich in rasender Schnelligkeit; der Vater ist dem Bauerntum noch nahe; natürlich wie sein Dasein und Tun ist auch die Verzweiflung, die ihn zuzeiten überfällt, ohne ihn zerbrechen zu können; doch das Leben des Sohnes ist schon ganz auf Gefahren gegründet: er muß sich einen jeden Tag erobern und auf künstlichen Brücken über die Bedrohungen seines Innern vom Heute in das Morgen schreiten; er bedarf der Spiele des Vergessens, des feineren Glücks, der Überraschungen und Spannungen, des Tauschs zwischen Schein und Wirklichkeit. Unter dem Druck der Gebote wird er sich noch vertrauter machen mit den Umwegen in die große Freiheit des ihm gemäßen Seins; noch mehr sich verfeinern, abgründiger, doppelsinniger und listiger werden, seine eigene Sprache finden und ein eigenes Forum, das die Versprechen entschuldigt, die er gab, und Bruch und Untreue verzeiht: endlich kann kein Wort zwischen ihm und dem Vater fallen, das Haß und Mißtrauen nicht untergraben. In zwei Generationen ist, unter der Glut der Macht, der ganze Kreis durchlaufen von erdhafter Gläubigkeit bis in die kalte Ferne, wo der Geist die Wurzeln des Wachstums zerstört und die Bahn des Geschlechts endet.

Wie bald wird man lächeln über einen Fürsten, dessen Aufträge an seine Künstler in dem Befehl bestehn, die größten Grenadiere des Leibregiments zu malen oder auf das getreueste die merkwürdigsten Wildschweine nachzubilden, die er und der Fürst von Dessau erlegten! Und man erzählt es sich scherzend, daß er einschläft nach Tisch, während die Hofmusikanten pflichtgemäß musizieren: aber es ist ebenso wahr, daß er die Arien Händels mit seiner hellen Stimme fehlerlos singt; und daß er, oft nur scheinbar schlafend, die Kürzungen, die sich die Kapelle erlaubt, vermerkt und, auf seine Weise, mit entsprechenden Strafen ahndet. Noch einmal, zum letztenmal vielleicht, sind nicht die ästhetischen Werte die höchsten, sondern der Auftrag gilt, den Gott seinem Verwalter auf Erden gegeben hat; und vielleicht würde, wenn es einer eigenen Kunst bestimmt gewesen wäre zu wachsen, sie gerade unter einem solchen Glauben gedeihn. Denn wo sie nicht mehr dient: wo sie selbst schon das letzte ist und sich keine Unendlichkeit über ihr öffnet: was wird sie dann noch geben außer Formen, Bildern und Spiel? Händel klingt wider, große und ewige Musik der Zeit, im Potsdamer Schloß: und es ist wie ein Anfang; gegen Ende des Jahrhunderts aber erregt Gluck nur Unwillen, macht Mozart einen »Höllenlärm«.

Hier aber ist der Grund eines möglichen Wachstums: der Ort für den Prolog der sich bildenden, den späteren Epilog der einmal vollendeten Macht; wenn diese Macht endlich stumm bleibt und der Nation nur ein Symbol hinterläßt, nicht die große Kunst, die sie verkündet: ist es die Schuld Friedrich

Wilhelms? Es ist noch eine große Hoffnung in der Erde zur Zeit dieses Königs, der selbst unter Flüchen malend auf seinem Stuhl sitzt und Meister Hänsgen verprügelt, weil er ihn nicht zur Zufriedenheit unterrichtet; einmal, der barocken Götter überdrüssig, malt der König zwei Bauern und in ihrer Mitte ein Haus auf schwerer dunkler Erde: »*in tormentis*«; wie immer entwirft er dieses sein liebstes Bild des Menschen von seinem Besitz, des Menschen im Dienst an seinem Boden; *in tormentis* ringt er selbst danach, dem Menschen Acker und Haus zu schaffen; und die Kunst fände in der Tat ein eigenes Leben und Ziel, wenn sie dem König folgen könnte aus dem Himmel entthronter Götter zum Werk an der Erde. Dann würde sie sich vielleicht auch einen Himmel wieder erobern; aufwachsend aus dem Nächsten und Festen in das Grenzenlose, dem Gesetz gemäß, das im Irdischen beginnen läßt, was sich nicht genügen kann auf Erden; aber die Kunst ist, mit machtlosen Göttern, in das Leere entflohn und die Entscheidungen gehen ihren eigenen Gang.

Er aber ist noch fern von diesen Verhängnissen, die in der letzten Zeit seines Sohnes schon offen vor aller Augen liegen; Friedrich Wilhelm führt das Leben des ungebrochenen Gründers. Draußen in den Wäldern lockt das stürmische Glück der Jagd. Der König kennt die Hunde mit Namen, so wie er seine Jäger kennt und seine Grenadiere; er kann den Verlust eines Piqueurs nicht verschmerzen, sich nicht darüber trösten, daß ein anderer das Jagdhorn besser blies. Drei, selbst vier Stunden lang hetzt er den Hirsch in den Wäldern um Wusterhausen, in atemloser Lust; er schießt 180 Feldhühner am Tag, mehr als tausend im Herbst; und tausend Schweine hofft er in einem einzigen Herbst zu erlegen. Hier, im Walde, der ihm ins Gesicht schlägt mit seinen Zweigen, der hallt von Hörnern und Gekläff, schallt auch des Königs unbändigstes Gelächter: der Major von Hake vom Leibregiment will, da ihm der Spieß gebrochen ist, den Eber durch seine langen gespreizten Beine hindurchrasen lassen; aber er kommt auf den Rücken des Tieres zu sitzen und stiebt rittlings, wie im Gefolge des wilden Jägers, fort in den Wald.

Wenn die Hörner verklungen sind, sitzt der König im Hof seines Jagdschlosses unter der Linde, in die sein Pfeifenrauch wölkt; am Eingang tappen zwei Bären an ihren Ketten auf die

Fleischbrocken zu, die der Herr ihnen zuwirft; die Bären bewachen, besser als Hunde, auch nachts das Schloß: schon mancher, der unbedacht den Hof betreten wollte, hat ihre Umarmung gespürt und die freilich beschnittenen Krallen. *Auch in Potsdam haust ein* alter Bär, der Tyrann neben dem Tyrannen: er trollt in die Wachstube und wirft die Gewehre um; oder er macht einen Besuch auf dem Geschirrmarkt; hört er aber des Königs Stimme, so eilt er auf ihn zu; ja er erkennt den Herrn im Vorüberfahren. – So vielleicht lebten in verklungener Zeit die Herzöge in ihren Wäldern; aber in Wien und in Hannover arbeitet die diplomatische Kunst des Jahrhunderts am Schicksal der Staaten: wie wird ihr der König begegnen?

Ach, er weiß es längst, daß die Aufrichtigen ihr erliegen, und so sucht auch er zu betrügen: allzu geschäftig, allzu sichtbar. Er, dessen Stimme niemals wankt, dessen Schritt auf Straßen und Exerzierplätzen nicht zaudert, wird furchtsam und ungeschickt, sobald er das Parkett der Kabinette betritt. So knüpft er mit einem jeden an, alle Türen sich offen zu lassen; aber er spürt es nicht, daß man der umständlich vorgetäuschten Harmlosigkeit des preußischen Herrn längst mißtraut; auch Grumbkows, eines Vielgewandten, Rat, der seinen eigenen Vorteil selten vergißt, errettet ihn nicht: man lächelt über den König, der sich so ängstlich um die Gesten eines Diplomaten bemüht; man ist immer klüger in Wien.

Dennoch, ob er die Habsburger haßt, glaubt er mit uralter Inbrunst an den Kaiser, das Reich. Vivat Germania deutscher Nation: dies ist sein Trinkspruch bei den Gastmählern seiner Generäle; in ihm ist noch die Ehrfurcht vor der Tradition, mit der sein Sohn dereinst bricht und brechen muß, nicht ohne damit ein eigenes Verhängnis heraufzubeschwören. Die deutsche Vergangenheit liegt freilich verschüttet unter dem Brandschutt des Dreißigjährigen Krieges, so wie die Mark verschüttet liegt, wo man um 1721 noch mehr als dreitausend wüste Stellen zählt; Stätten, auf denen einstmals Menschen lebten und werkten, und die nun das Elend deckt. Was um diese Zeit noch in den Fürsten und in dem Volk lebt von dem großen Zug deutscher Tradition: das wirkt gleichsam unterirdisch fort, hervorbrechend in den Verbundenen aus dem Grund des ewigen Schicksals; im Bewußtsein ist die Größe von einst erloschen. Nur Gundling, der Hofnarr, weiß etwas vom Reich: eh er dem Wein und Friedrich Wilhelms Bedürfnis nach einem Spaßmacher verfiel, schrieb er gelehrte Bücher über die Könige des Mittelalters, über Richard und Konrad, über das Leben Albrechts des Bären; aber schon weil er schrieb und sein Leben hingab an Papier und Tinte, wurde er lächerlich vor dem Mann der Tat: vor Friedrich Wilhelm gilt kein Werk, das nicht der Wirklichkeit der Erde dient. Doch der Schimmer von einst, der Auftrag des Schicksals, wirken auf eine unbestimmbare Weise im König: »Ich gehe nit vom Kaiser ab, und wenn auch alles zu dremell gehe.« »Alle deutschen Fürsten müssen Schelme sein, die es nicht gut mit dem Kaiser und dem Reiche meinten, und ich müßte auch einer sein, so ich mich anders erwiese.« Er spürt die Gegnerschaft des Westens, die Entscheidung am Rhein. Ja er macht sich einmal auf, Straßburg zu besuchen; doch »besonderer Umstände« wegen verzichtet er in der Pfalz auf die Fortsetzung seiner Reise; nur im Traum sollte ihm sein Sohn in Straßburg begegnen. Vielleicht ahnt er um diese Zeit, daß eine größere Politik als die preußische einmal ergriffen werden muß. Er will seinen Kindern »Pistolen und Degen in die Wiege geben«, damit sie Deutschland verteidigen vor dem Einbruch fremder Nationen: an die Kinder wird einmal diese Forderung kommen, wenn sie stark genug sind; das Schicksal führt unwidersprechlich zu ihr hin.

Doch er kennt seine Grenzen; und es ist seine Größe, daß er sie kennt. Er ist der »Wirt in Preußen«; vielleicht birgt dieses Wort, so sehr es ihm aus dem Herzen kommt, die Bitterkeit eines Verzichts. Malplaquet, die mörderischste Schlacht der Zeit, war die einzige, deren Donner er hörte; er feiert sie noch alljährlich in Wusterhausen; kaum ist die Tafel abgetragen, so verlassen die Damen den Saal: dann tanzt der König mit seinen Generalen, am liebsten mit einem, dessen Kopf schlimm zerschossen wurde bei Malplaquet. Zeit seines Lebens hängt sein Auge bewundernd an dem Fürsten von Dessau, der bei Höchstädt stand und sich bei Turin selbst das Lob des Prinzen Eugen verdiente: sie sind geboren, Freunde zu sein und halten sich Treue. Der Grund ihres Lebens und Handelns ist derselbe: ein ungeheueres, jähes Temperament verlangt nach seiner Form; es findet sie in soldatischer Art; und es prägt, in ursprünglich-schöpferischem Beruf, diese selbe Form seiner Umwelt auf.

So sind sie beide zu Fürsten geschaffen; aber ihre Macht ist ungleich: Leopold teilt sich mit drei Zweigen seines Geschlechts in den Besitz eines zerrissenen Erbes; er verfügt auf dem Reichstag nur über eine halbe Stimme. Bald hat er sein Ländchen seinem Willen unterworfen: der Adel verliert Rechte und Besitz; am liebsten machte der Fürst eine einzige Domäne musterhafter Ordnung aus seiner Herrschaft. Schon seine Ahnen dienten den brandenburgischen Herren: mit seinem ganzen, niemals gestillten, Wirtschaft, Verwaltung und Soldatentum in gleicher Weise umfassenden Bedürfnis zu formen und zu lenken, verschreibt sich Leopold der Mark. Da sie beide, Fürst und König, ebenso herrisch wie hitzig sind, droht ihnen Gefahr; aber seit den ersten Tagen Friedrich Wilhelms hat es Leopold gelernt, Diener zu sein; damals bat ihn der Freund, Berlin zu verlassen, um den Anschein zu meiden, daß der neue König eines Lehrmeisters oder einer Stütze bedürfe: Leopold, der vielleicht auf umfassende Gewalt gehofft hatte, ging; bald darauf besuchte ihn der König in Dessau. Von nun an eint sie das fortschreitende Werk auf unlösbare Weise; die Schöpfung, der sie uneingeschränkt gehören, dämpft die Reizbarkeit, den Stolz, den Ehrgeiz des Fürsten, überredet den König zur Einsicht. Sie sind Freunde, nicht ihrer selbst wegen, sondern um des Berufes willen, der einen vollkommen organisierten Staat von ihnen fordert an Stelle eines zerbrechlichen Gefüges; Heeresmacht an Stelle käuflicher Machtlosigkeit; ernteschwere Äcker an Stelle der Wüstnis. Der Fürst ist düstrer als sein Freund; ihm gilt die Ehre »ebensoviel wie die Seligkeit«; wer weiß, ob sie ihm nicht mehr gilt, und welche Bewandtnis es mit der Seligkeit für ihn hat; denn er geht so selten zur Kirche, daß selbst die Soldaten sich darüber erregen und der Freund ihn mahnen muß: »nuhr habe nichts anders zu bitten als das sie fleißiger in die Kirche gehen weill in Wahrheit es viell tort machet das sie das in bahgatelle tracktierten Euer Lieben wissen wohl das ich gut mit ihnen meine und das ich kein Pietist bin aber Gott vor alles in derwehldt . . .« Hier scheiden sich die Freunde: der König vermag das Schwerste und Härteste doch nur zu vollbringen, weil er es als einen Auftrag Gottes begreift; der Fürst steht finster entschlossen da: er wird mit Gott; er wird auch ohne Gott sein Land bestellen, seine Schlachten schlagen. Ist es doch Gott sogar zuzutrauen, daß er den Feinden hilft.

Friedrich Wilhelm, der große Rechner und Wirt, der die Bezüge eines Amtmanns bis auf das diesem zufallende Quantum Korn, Butter und Käse festlegt; der es nicht verschmäht, die Lohnsätze der Ackerknechte, Schäfer und Hirten bis auf Hosen, Schuhe und Leinenzeug zu bestimmen, er ist dennoch kein Knecht der Zahl. Er wird vielmehr das Ersparte einsetzen, ohne den Ertrag zu erwarten: in Ostpreußen bringt er das riesige Opfer seiner Kraft, seiner Mittel, indem er einem stärkern Gebot gehorcht, als es die Nutzbarkeit ist. Denn er hat eine Erfahrung gemacht, die wohl kaum ein Fürst mit ihm teilte: »Menschen achte für den größten Reichtum.« Die Schätze, das Ansehn der Krone, das Heer selbst, sofern es allein mit der Gewalt der Mittel aufgebracht wäre, sichern den Staat noch nicht: auf die Substanz und die Kraft des Wachstums kommt alles an. Damit wird des Königs Werk zu einem Dienst am Menschen. Ihm Heimat zu geben, ist seine erste Bestimmung; und was wäre Heimat, wenn nicht der Acker der Arbeit, die Möglichkeit niemals rastenden Tuns? Diese Arbeit will Sicherheit: das heißt die stete Wachsamkeit des Hüters, und wenn auch nicht den Frieden der Welt, so doch den Frieden gerechter, unverrückbarer Gesetze.

Die Menschen drängen zur Macht; ja sie werden, wenn die religiöse Ordnung nicht mehr möglich ist, nur zur Form gelangen durch den Willen zur Macht, der in seiner größten geschichtlichen Bedeutung nichts anderes ist als der Wille zur Form. Friedrich Wilhelm ist beides; Krieger und Wirt. Indem er dem Frieden dient, die Saat beschaut im Frühjahr, die Ernte abschätzt im Herbst, Wälder roden und Dörfer bauen läßt: eben durch diese Arbeit, die gutes Wetter und sichere Grenzen zu fordern scheint und nicht mehr, nähert er sich dem Krieg. Das Land wird reich; die Kraft will gelten; zugleich wollen Erde und Völker ihre Häupter. Diesem Zirkel wird kein Reich entgehn.

Das Herz des Wirts schlägt ebenso stark wie das Herz des Soldaten. Ihn muß der Trommelschlag wecken; und er muß das Schüttern der Erde spüren, während seine Gedanken über die zögernd erwachenden Äcker streifen, die kleinen, aufwachsenden Dörfer des Ostens. Und während das Land zum erstenmal in den Takt jener unerbittlichen Arbeit fällt, die seine Größe, sein Verhängnis, seine Beispielhaftigkeit ausmacht, empfindet der König sein ganzes Tun als Auftrag Gottes; er würde sich dem Glauben nicht mehr opfern, wie es in frühern Zeiten geschah; denn er ist der Erde und ihrem Wachstum in Dörfern und Äckern und der furchtbaren Forderung des märkischen Sandes zu nahe; aber er trüge doch die Last seines Amtes nicht, wenn er sich nicht einig wüßte mit Gott. Zuweilen kommt auch ihn die große Versuchung des Tätigen, des Überforderten an: er träumt von einem Sitz auf dem Lande, zwischen den Wäldern, durch die sein Jagdhorn schallte, indes sein Königreich unter der Hand eines andern gedeihen würde. Aber wie, wenn es nicht gediehe? Wenn ein schlechterer Wirt es verwaltete und es wieder hinabstürzte in die Verwüstung, aus der er es gehoben? Wer spräche ihn frei, den von Gott gesetzten Knecht?

Es ist seine seltsame Sehnsucht, »ein philisophisch Leben zu führen«. Sie kommt tief aus der Unrast des ewig Drängenden; und in bittern Stunden der Krankheit gelobt er schon, sich dieser Sehnsucht zu ergeben. Vielleicht will er auch dem Tod, der ihn früh überraschen wird, nicht unvorbereitet begegnen. Schon in frühen Jahren gab man ihm kein langes Leben; das Übermaß innerer Heftigkeit zehrt ihn auf; die Hitze des Blutes, das die Gedanken rastlos treibt, zerstört seinen Schlaf. Noch vor Beginn des vierten Jahrzehnts ergreifen ihn Fieber und Gicht so gewaltig, daß man ihn für verloren hält. Die Schmerzen sind ebenso heftig wie sein Temperament; seine Natur erschafft sich in der Krankheit einen Feind von gleicher Stärke; unerbittlich wie der Wille ist auch das Leiden. Aber er ist in solchen Nächten weise geworden; noch einmal lernt er Gott verstehn. Denn wie in des Königs Augen, niemals getrübten Spiegeln, der Untertan sich erproben soll: so auch soll der König, der in der Bereitschaft zum Dienst der erste unter allen ist, mehr ertragen als irgendein anderer.

Auch die Qual, auch der furchtbarste Widerstand bestätigt sein Amt. Er ergreift es wieder; noch züngelt der Schmerz in seinen Knochen; noch macht es ihm bittere Mühe, das Pferd zu besteigen. Aber das Land wartet auf ihn, an dem er mit ganzem Herzen hängt: es war eine trostlose Wüste, als er es betrat; und es soll keine Wüste mehr sein, wenn er es verlassen muß.

II. Sein Land

Die deutsche Geschichte ist eine Geschichte ohne Lohn. Errungenes geht wieder verloren; Äcker verwildern, die erobert und bestellt waren mit unendlicher Mühe; das Reich schwebt fordernd und unerreichbar über dem kämpfenden Volk, das wohl Reiche gründen und vollenden darf, aber nicht das Reich. Nichts ist bezeichnender für diese Geschichte als das immer erneute Abbrechen der Tradition; nichts tröstlicher als deren hartnäckiges Wiedererwachen in Zeiten und Menschen, die das Bewußtsein der Vergangenheit kaum streift und die ihr, mit dem ganzen Volk, doch verfallen sind. – Ostpreußen war erobert worden von der asketischen Macht der deutschen Herren: es ward zum Staat umgeschaffen in einer Zeit, da der Staat der Kaiser schon für immer zerborsten war; und es war verlorengegangen wie der glänzende Anspruch des Imperiums; wie alle die großen sagenhaften Güter der Sachsen, Salier und Staufen. Und wenn es auch der Kurfürst wieder frei machte von polnischer Lehnsherrschaft, wenn es Friedrich I. zur Stufe seines Königsthrons bestimmte: was lebte in diesem Land noch von der alten Ordnung; was von dem unbeirrbaren Willen zum gemeinsamen Dienst, der das Geheimnis des Ordens war?

Wenn Friedrich I. aus dem Reich nach Preußen fuhr, um sich aus einem Kurfürsten in einen König zu verwandeln, so trieb man mit Mühe die Pferde der Bauern zusammen, Vorspann zu leisten vor den prunkenden Kutschen. Hundert und mehr Pferde brauchte der königliche Zug; man jagte und hetzte, so gut es auf schlechten Straßen ging, vielleicht, damit der kränkliche königliche Herr in seinen Pelzen nicht allzusehr litte unter der Kälte seines rauhen Landes; vielleicht auch, damit er das Elend nicht sehe und die Flüche der Bauern nicht hörte, deren Pferde sich zu Tode quälten vor seinem Wagen. Er mochte wenigen Glücklichen begegnen, der neugebackene König auf seiner Fahrt. Denn das Land trug alle Spuren seines Schicksals. Im polnischen Krieg, um die Mitte des vergangenen Jahrhunderts, hatten die Polen die Tartaren nach Ostpreußen geschickt; sie hausten, wie es erwünscht war, auf ihre Weise, dreizehn Städte und an die zweihundertfünfzig Flecken und

Dörfer verbrennend, mehr als zwanzigtausend Menschen fortschleppend aus dem rauchenden Land. Fünfzig Jahre später kam ein schweigsamerer, noch stärkerer Feind über die Grenzen gezogen: die Beulenpest würgte in Litauen drei Viertel der Bevölkerung, zugleich drang sie weiter nach Preußen vor. Als sie nach drei Jahren sich wieder verlor, wuchs der Wald in viele Dörfer hinein: das Vieh zerstreute sich ohne Hirt, bis die Wölfe es zerrissen oder die Bären es schlugen.

Aber was vermag das Unglück allein, wenn sich nicht die Schwäche des Menschen mit ihm verbündet? Einstmals füllten Tressler und Komtur ihre Rechnungsbücher in den Burgen, die nun mit zerbrochenen Türmen aus toten Städten ragen; einstmals legten die Beamten Jahr für Jahr ihr Amt nieder, um es nach geprüfter Rechnung im Namen Gottes wieder zu empfangen; doch der Stamm dieser Diener starb ab. Der Adel besaß, verwaltete, erwarb; wie sollte er in dem abseitigen Land, schon vor den Grenzen des Reichs, seine Stellung nicht nutzen? So wuchsen die Güter, riesiger toter Besitz, von dem die Bauern wichen; für wüste Stellen ward keine Steuer bezahlt. Um so schwerer fiel die Last auf die Siedlungen; wenn Friedrich I. bedrückt und hilflos durch die Dörfer fuhr, so sah er in die Gesichter gehetzten, gebeugten, elenden Volkes. Drei Tage in der Woche dienten sie auf dem Gut des Herrn; die Saat auf den schlechten Äckern, die man ihnen gelassen, wurde vom Wild zerwühlt; Beamte, denen sie nicht trauten, preßten ihnen Steuern, Kontributionen und Pachtgelder ab, die Äcker, ungeachtet des Ertrags, allein nach der Größe veranschlagend; der König nahm ihre Pferde; seine Soldaten ihr Brot. Wenn sie Recht wollten, so saß ein Vetter ihrer Peiniger am Tisch des Richters. Der Herr und der Beamte schienen allein zu leben, ein unübersehbarer Schwarm von Dienern, die den Namen des Landesfürsten im Munde führten, an seinem Weg standen, wenn er herankam, und seines Ansehens spotteten, wenn er vorüber war.

Sie waren Untertanen eines Königs geworden, indessen sie hungerten und verdarben. Aber Friedrich ahnte seinen Auftrag wohl. Er ließ sich berichten, Vorschläge machen; er erkannte, daß die Lasten zu schwer waren, die wüsten Stellen bebaut werden mußten; doch er war der Eroberer nicht, den das Land noch einmal erwartete und nicht der Gestalter, der eine Wüste mit größerer Liebe ergreift als ein fruchtschweres

Tal. Auch das Volk verstand den Dienst an der Erde nicht; mit ihrem alten preußischen Pflug, der Zauche, zogen sie schmale Furchen; in den Häusern gingen die Querlen, die Handmühlen, statt der Windmühlen auf den Hügeln oder statt der Wassermühlen am Bach; sie konnten sich nicht dazu verstehen, Obst zu ziehen, ließen den Dünger im Stall verfaulen und einen Teil des Getreides verkommen im Stroh. Elend machte sie gleichgültig gegen die Frucht, die ihnen die Erde doch noch zu schenken bereit war; und je trüber ihr Unglück war, um so fester hielten sie an der alten Sitte, dem verbrauchten, überholten Gerät der Ahnen; mochte in dem alten Werkzeug, in eigensinniger Beharrung, doch noch ein Trost sein, denen ihnen das Schicksal nicht mehr gewährte.

Aber in einmal völlig besessener Erde, in dem Stoff, der zur Form erhoben wurde, bleibt ein Anspruch zurück, der nicht vergeht: Friedrich Wilhelm erobert Ostpreußen noch einmal, als Gestalter eigensten Gepräges, und doch zugleich, ohne es zu wissen, als Gefolgsmann der Ritterschaft, die zuerst die preußischen Farben trug. Wie er seine Umwelt sofort verwandelt im Augenblick seiner Berufung; die Reform des Heeres beginnt, die Zentralisation der Behörden begründet, die Erziehung der Beamtenschaft einleitet, den Ausbau des Schulwesens grundlegt, so ergreift er auch sofort das königlichste aller Werke, das darin besteht, Menschen Heimat zu schaffen und ihnen damit den Umkreis zu geben, in dem sie ihre irdische und ihre ewige Aufgabe erfüllen. Die großen Wüsten seines Landes empfindet er wie einen immerwährenden Vorwurf: Gott hat die Erde gebildet, damit Menschen auf ihr wohnen und sie bearbeiten; am König ist es, den Willen Gottes zu vollstrecken. Er wird sich dadurch Reichtum erwerben: den lebendigen Reichtum, den er für den größten hält; und er weiß auch, daß er seinem Sohn, der dem Krieg nicht ausweichen kann, ein Hilfsheer schafft, das größer und verläßlicher ist, als im Zwang aufgebrachte, durch die Furcht zusammengehaltene Söldnermassen: ein sich ständig fortpflanzendes, erneuerndes Heer; aber unerschütterlich ist er davon überzeugt, daß in der Idee allein die letzte Bestätigung seines Handelns liegt. Da die Königsberger Regierung in der Vollziehung seiner Verordnung über das Schulwesen saumselig ist, bekennt er sich zu seiner Idee: »Dieses ist nichts: denn die Regierung will das arme Land in der Barbarei behalten. Doch wenn ich baue und verbessere das Land und mache keine Christen, so hilft mir Alles nichts.« Es scheint die Idee zu sein, der die Ritter sich unterworfen hatten; doch der Christ Friedrich Wilhelm steht fest auf der Erde, dem Diesseits dienend mit seinen besten Kräften und eben dadurch sich ein Recht auf die Ewigkeit erwerbend.

Vielleicht ist für das Christentum Friedrich Wilhelms nichts bezeichnender als die Anekdote von dem Charlottenburger Zahnarzt Schoppe, der sich durch seine Geschicklichkeit die Gnade des Königs verdient, zugleich aber durch sein Fehlen im Gottesdienst dessen heimliche Sorge erregt hatte. Zuerst entschuldigt sich Schoppe damit, daß man in der Kirche keinen Stuhl für ihn bereitgestellt habe; der König läßt einen anfertigen, Schoppe ist öfters in der Kirche zu sehen, doch Friedrich Wilhelm ist noch nicht beruhigt. Endlich erfährt er zu seinem Erstaunen, daß der Zahnarzt verheiratet sei; er läßt die Frau zu sich kommen und tut, als König und Beichtvater, die eindringendste Frage, nicht ohne zu beteuern, daß er selbst ein gewissenhafter Ehemann sei. Nach einigem Schluchzen bekennt die Frau, daß es ihr Mann in dieser wesentlichen Sache etwa mit Martin Luther halte: und sofort geht ein Leuchten über des Königs frisches Gesicht: »Nun, dann ist Schoppe auch ein guter Christ.« In diesem Wandel des christlichen Ideals von der asketischen Größe der Ordensritter zu der frohen Diesseitigkeit Friedrich Wilhelms liegt der Gehalt der Jahrhunderte.

Mit diesem, dem eigentlich preußischen Glauben, bemächtigt sich Friedrich Wilhelm des Ostens: hier erwartet ihn die größte Aufgabe, zu deren Erfüllung ein Leben nicht hinreichen wird und die er gerade darum zum Inhalt seines Lebens macht. Er hat drei Möglichkeiten, das Verfallene zu erneuern, die Wüste zu gestalten: indem er die Domänenbewirtschaftung reformiert; indem er den Bauern hilft, indem er neue Wirte nach Preußen zieht. Diese Arbeit wird von der Organisation der Wirtschaft, der Regulierung des Handels und Begründung der Industrie unterstützt und gefestigt; Voraussetzung ist ein unbestechliches, opferbereites Beamtentum, das auf eine ähnliche Weise von dem Eifer für die Sache verzehrt wird wie der König selbst. Letzte Voraussetzung ist damit der Mensch und sein Beispiel: Friedrich Wilhelm hat keine Vorgänger, keine

Tradition; er muß die Tradition erschaffen, einprägsam, unvergeßlich; eine beispiellose Entschiedenheit des Willens allein wird die Helfer formen, deren er bedarf.

In sechs Tagen reist der König von Berlin nach Preußen; der Vater erreichte erst in zwanzig Tagen sein Ziel: Friedrich Wilhelm kommt oft überraschend, während es Friedrich I. nicht versäumte, seinen Empfang umständlich vorbereiten zu lassen; so tritt der neue König in manche Amtsstube, wo man ihn so wenig erwartete wie im Ballsaal zu Monbijou. Er vertraut durchaus auf keinen Bericht, seine eigenen Augen überzeugen ihn allein: wo die größten Schwierigkeiten drohn, dort wird er selbst sein; so wie er keine Bedenken trägt, sofort in ein Dorf in der Priegnitz zu reisen, in dem die Pest ausgebrochen ist. Auf wen soll er sich verlassen; und wie soll er es verantworten, wenn er sich täuschen läßt? Seine eigenen Beobachtungen sind die Grundlage seiner Verordnungen; unablässig reisend, sehend, denkend, fragend wird er die Ausführung, die Bewährung seiner Gebote überprüfen. Er fängt an; er gibt ein neues Gesetz: an ihm und an seinem Entschluß, ohne jeden Rückhalt unter diesem Gesetz zu leben, hängt die Entscheidung. Wenn er hart ist, so ist er es nicht für sich; wenn er zürnt, droht und verstößt: so um der Verantwortung willen, in die er geboren ist und von der ihn keine Macht auf Erden befreit.

Er hat vor seinen innern Augen das Land, wie es einmal war: wieviel Höfe gab es Anfang des 17. Jahrhunderts, ehe das große Elend über Deutschland kam? Wieviel Menschen lebten hier; wieviel Äcker waren bebaut? Und er muß das Land wenigstens wieder zu diesem Wohlstand bringen; er wird den furchtbaren Abgrund hundertjährigen Elends füllen und den Rücklauf der Entwicklung verwischen: mag dann ein anderer weiterbaun. Uneingeschränkte Offenheit seiner Beauftragten wird ihm helfen; man verzeichnet Gewinne in den Rechnungen; er aber weiß, es ist »Wind«; mehr noch: er weiß, daß er fürs nächste nichts gewinnen kann; doch die Durchgestaltung des Landes in seiner eigensten, der preußischen Weise, gilt ihm mehr als jeder Gewinn. Die Beamten sollen sich nicht umsonst bewirten lassen von den Pächtern: eine Herrenmahlzeit soll mit sechs Groschen, eine Dienermahlzeit mit zwei berechnet werden, und der Pächter muß, ohne jeden »égard«, seine Rechnung bei der Abreise des Kommissars vorlegen; denn die

Diener des Königs dürfen einander nicht verpflichtet sein, nur ihrem Herrn. Wer das Kollegium mit falschen Berichten hintergeht, soll in öffentlichem Kreis vom Büttel geohrfeigt, zum »Schelm gemacht und zeit seines Lebens in die Karre« geschickt werden. Wie der König selbst, so muß auch sein Etatsminister seinen Untergebenen mißtrauen; hat ein Kriegs- oder Domänenrat falsch berichtet, wird er in »Ketten und Eisen geschlagen« und dem König angezeigt; ebenso ergeht es einem Departementsrat, in dessen Bezirk sich 14 Tage nach Michaelis noch unbesäte Äcker befinden. Hilft dies alles nichts, so wird der König seine Beamten inskünftige »auf russisch tractieren«. Auf den großen Konferenzen über die Wiederherstellung des Landes, die der König in Oletzko, Kiauten, Ragnit, Gumbinnen und Königsberg hält, müssen die Untergebenen vor seinen prüfenden Augen bestehn; er vergißt es nicht, sie seiner Gnade zu versichern, sofern sie ihm treu und mit Eifer dienen; übrigens aber »ihnen die Subordination auf das nachdrücklichste einzuschärfen.« – Denn sie sollen nicht nur die Bücher führen und die Kassen in Ordnung halten: sie sind bestellt, das Volk selbst nach allen Kräften zu erziehn und ihm die Ordnung vorzuleben, die das ganze Land regieren soll.

Ebenso haben die riesigen Domänen nicht als Wirtschaftsbetriebe, sondern als Schulen ihre größte Bedeutung. Hier wird vor den Augen der Bauern die neue, die deutsche Bewirtschaftung betrieben; von hier aus muß diese sich über das Land verbreiten. Neben dem König steht sein Freund, der Fürst von Dessau, dessen vielseitige schöpferische Gabe eine spätere Zeit ebenso wie die eigentliche Leistung Friedrich Wilhelms verständnislos unterschätzen wird. Auf den Rat seines Freundes kauft Leopold die Domäne Bubainen bei Insterburg; sie bleibt, unter der Verwaltung eines unvergleichlichen Wirts, das unerreichte Vorbild für die Tätigkeit des Königs. Hier wird, gegen den Rat aller preußischen Landwirte, Frühgerste mit Erfolg gesät; schon nach wenigen Jahren wirft Bubainen Erträge ab, die zu erzielen der König niemals hoffen kann. Leopold reist durch das Land, die Äcker und den Fleiß der Bauern prüfend; er freut sich über einen jeden Obstgarten, eine jede Kohlpflanzung und einen jeden Misthof, den er antrifft; er geht in die Scheuern und findet bei einem Bauern noch vorjähriges Korn, so daß dessen Hof fast »einem deutschen gleich war«. Leopold bringt Knechte und Mägde aus Anhalt, so wie Friedrich Wilhelm sie aus Magdeburg nach Preußen schickt; denn die anhaltische und die magdeburgische Wirtschaft geben die großen Vorbilder ab für den Osten.

Die Edikte des Königs können nicht umfassender sein. Allein der deutsche Pflug darf auf den litauischen Vorwerken verwendet werden; die aufgeworfenen Rücken müssen breit und hochgewölbt sein; auf die Einwände der Einheimischen soll man nicht achten. Für den Weizen ist viermal, für den Roggen dreimal zu pflügen; doch soll mehr Weizen als Roggen gebaut werden: das Land ist dafür geeignet. Es muß durch Versuche festgestellt werden, welche Fruchtsorten jeweils dem Erdreich entsprechen. Reines Saatgut wird aus Deutschland geliefert. Vor allem kommt es auf den Dünger an: man soll für Einstreu sorgen; reicht das Stroh nicht aus, so dient das Heu des groben Segge-Grases, das man bisher stehn ließ, zum Ersatz. Noch hat man es nicht gelernt, Gras und Quecken von den Äckern zu tilgen; auch der Erbsenbau muß erst gelehrt werden. Vor den Schäfern soll sich der deutsche Administrator hüten: sie sind voller Ränke. Auf ein jedes Vorwerk kommen ein deutscher Hofmeister und zwei deutsche Knechte.

Der Widerstand, der zu erwarten war, bildet sich rasch: man jammert über die breiten Rücken, die der Entwässerung der Äcker nicht dienlich sein sollen; man widersetzt sich der Bewirtschaftung durch deutsche Beamte. Aber Friedrich Wilhelm gibt nicht einen Fußbreit nach: »Bevor ich meine Domänen den Preußischen Pachters verpachten will, so will ich lieber selber die Pechfackel nehmen und alle meine neu aufgebauten Vorwerker anstecken.« Ja, es erfolgt der Befehl »bei Leib- und Lebensstrafe in Litauen keinem Preußen von Geburt ein Gut zur Administration anzuvertrauen.« Die Adelsgerichte fallen; die Gerichtsbarkeit wird den Kammerämtern und Hauptämtern übertragen; das Land wird von Berlin aus regiert. Neben der Königsberger Kriegs- und Domänenkammer wird eine zweite in Gumbinnen gegründet, die vor allem die Verwaltung Litauens übernimmt. Die jungen ostpreußischen Adligen kommen nach Berlin ins Kadettenhaus.

Als die Kammer, mit Rücksicht auf die Bauern, die den Zins für das neu kultivierte Land noch nicht aufbringen, den Vorschlag wagt, einen Teil des Besitzes wieder auf wüsten Zins zu setzen, bekommt sie in einem Marginal das vernichtende Urteil über die preußische Wirtschaft zu hören: »absoluthe nit, ist die verfluchste Landschädtl. Preußische Bernhäuttersche Oeconomie von der Weld.« – Auch die Pommern soll man nicht hinzuziehen: sie verstehn den Ackerbau ebensowenig. Aber: »je mehr teutsche Leute hingehn, je lieber und besser ist es.« Die Einheimischen sollen in Magdeburg und in Anhalt lernen; inzwischen führen Holländer ihre Milchwirtschaft im Osten ein: ihnen gehört die große Liebe des Königs. Auch diese Liebe ist Tradition, seit die Askanier flämische Siedler beriefen und später der Kurfürst das holländische Vorbild wieder suchte.

Ein großes Werk des Ordens hat den Untergang seines Geistes und seiner Ordnung überlebt: die Gestüte, die er gegründet, trifft Friedrich Wilhelm noch an vielen Orten des Landes, in Budapehnen, Gudding, Insterburg, Ragnit an; doch der König will sie vereinigen. Auch jetzt muß ein Terrain, das zum großen Teil von Sümpfen und Morästen bedeckt wird, erst umgeschaffen werden; der König selbst entwirft den Plan; so entsteht Trakehnen. Man baut; aber genaueste Berechnungen gingen der Arbeit voraus: der Oberstallmeister Graf Schwerin mußte die Kosten für die Zucht eines Pferdes bis ins vierte Jahr auf Taler und Groschen veranschlagen; und ebenso wurde die notwendige Größe des Gebiets, die Zahl der Hengste und Stuten errechnet. Auch diese Schöpfung bedeutet einen harten Kampf: noch müssen Wasserleitungen und Tränken gebaut werden; an einigen Stellen erweist sich das Wasser als schädlich. Graf Schwerin fordert neue Gelder, doch der König weist ab: »Ich habe voriges Jahr assigniert und bezahlt.« Das Generaldirektorium greift ein, den Stallmeister zu unterstützen, und erhält denselben Bescheid. »Ich habe kein Geldt.« Nun stocken die Arbeiten: die Roßgärten können nicht umwallt, die nötigen Brücken und Brunnen nicht angelegt, die Pferde nicht auf die Weide getrieben werden; endlich weist der König aufs neue dreitausend Taler an: »Ich zahle nits mehr, ich habe es mir genug kosten lassen.« Aber sein Herz hängt an dem Gestüt, mag der Kostenanschlag längst überschritten sein und vielleicht ein Anderer erst den Gewinn haben: bald befiehlt eine neue königliche Order den Bau eines Krankenstalls; und da auch jetzt an der Anlage noch vieles fehlen mag, sie ihren Erbauer aber nur dann befriedigt, wenn sie vollkommen ist: so soll Schwerin noch einmal »auf Eid und Pflicht einen accuraten und wohlüberlegten Anschlag« über die nötigen Verbesserungen machen; die erforderliche Summe soll bezahlt werden. – Endlich, da das Gestüt aufblüht, schenkt es der König seinem Sohn.

Aber die leidenschaftlichste Sorge Friedrich Wilhelms gehört doch nicht den Domänen, sondern dem Bauern. Vier Jahre nimmt die Steuerreform in Anspruch: von nun an soll nicht mehr die unerbittliche Steuer eingetrieben werden, die auf die Beschaffenheit des Bodens und die Verschiedenheit des Ertrages keine Rücksicht nahm; im erzenen Widerstand gegen den Adel setzt sich die neue Veranschlagung durch, die in strenger Gerechtigkeit dem armen Mann Erleichterung bringt, bisher nicht taxierten adligen Besitz mit einbezieht, und, als eine »Generalhufensteuer«, alle übrigen Abgaben beseitigt. Doch der Bauer will nicht ein Knecht in gutem Sold, er will freier Besitzer sein, und Friedrich Wilhelm, der Absolutist ohne Gnade, macht ihn frei. Denn er hat, wie das Edikt sagt, in Erwägung »gezogen, was es denn für eine edle Sache sei, wenn die Untertanen statt der Leibeigenschaft sich der Freiheit rühmen«. Die Liebe zum Haus, zum Herd, zum Acker wird dann den Bauern auf eine ganz andere Weise ergreifen; er wird in noch größerer Hingabe dem irdischen wie dem himmlischen Herren dienen, wenn er die Erde seines Dienstes vererben kann.

Langsam, unwiderstehlich dringt der Wille des Königs in eine jede Hütte ein. Die deutsche Wirtschaft der Domänen bemächtigt sich der bäuerlichen Kleinbetriebe; Mühlen beginnen im Umkreis der Dörfer ihre Flügel zu drehn auf den Hügeln und zu schaufeln an den Bächen; das Knirschen der Handmühlen verstummt. Zwar sollen die Beamten die Wandlung nicht übereilen; in dieser Frage wird selbst der König zuzeiten geduldig, der sonst in fiebernder Unruhe eine jede Verordnung mit treibenden Mahnungen versieht; der sein »cito, cito« wie eine unentbehrliche Formel auf die Ränder der Schriftstücke wirft und zumeist seine Diener als »Bernhäutter« taxiert. Man soll sich versichern, ob genug Windmühlen bereit sind, eh man die Querlen verbietet oder wegnimmt; bald aber schäumt der Reformator auf, wenn er einen Bauern trifft, der noch mit der Zoche seine Furchen zieht: der es noch immer nicht versteht, genügend Stroh in den Dünger einzustreuen. Ist es Verstocktheit; ist es offener böser Wille? Die Bauern legen die Abzugsgräben auf den Höhenrücken an, statt in den Tälern; sie machen sie zu schmal und nicht tief genug, nur um ihre alte Wirtschaft zu rechtfertigen. Sie werden sich nicht durchsetzen: Friedrich Wilhelm hat es Gott gelobt, »das platte Land in Flor zu bringen«; er wird, mit solcher Verantwortung, auch den Starrsinn ostpreußischer Bauern brechen.

Was hilft alle Sorge des Fürsten, wenn die Untertanen nicht selbst es lernen, sich aus ihrer Not zu befreien? Sie wissen ihre Teiche nicht auszunutzen, und wenn sie es endlich gelernt haben, den Fischreichtum zu pflegen, so finden sie doch keinen Weg für den Absatz. Aber schlimmer noch ist, daß sie selbst das Hilfswerk der Natur nicht verstehn. Sie holzen sandige Flächen ab, so daß der Wind den frei gewordenen Sand über ihre Äcker treibt; sie denken nicht daran, die Äcker durch Zäune und lebendige Hecken zu schützen und ebensowenig die Häuser. Doch der König möchte, daß die Dörfer, die jetzt, allem Wetter ausgeliefert, in trostloser Ebene liegen, sich bergen, wie in einem »Busche«; Weiden müssen so dicht wie möglich um sie geplanzt werden, vor allem aber Obst. Schwarzdorn, Rüstern, Linden, Espen sollen die Siedlungen umhegen. Friedrich Wilhelm nimmt eine Verordnung des Kurfürsten wieder auf, die, ob sie auch dem unmittelbaren Nutzen dient, doch wie die Stiftung eines Gebrauchs von eigener Schönheit anmutet: Der Pfarrer darf ein Ehepaar nur dann trauen, wenn der Bräutigam durch ein beglaubigtes Zeugnis nachweist, daß er sechs Obstbäume gepflanzt und für die Anpflanzung von sechs Eichen eine Gebühr von zwei Groschen entrichtet hat. Hinter dem Haus soll ein Stück Land geteilt werden: die eine Hälfte für den Obstbau, die andere für den Gemüsegarten. Wer aber die Bäume noch nicht gepflanzt hat bei der Trauung, der muß ein Pfand hinterlegen. Auch jetzt müssen Amtshauptleute und Domänenbeamte als Erzieher des Volkes Beispiele geben, zugleich die Unkundigen in den von ihnen angelegten Baumschulen im Pflanzen und Pfropfen unterrichten. – Doch da das Volk arm ist und der Mensch ihm mehr gilt als der Ertrag, so entschließt sich endlich der König, diese Forderung zu widerrufen: »Ich will lieber ein Premium setzen, daß sie heirathen, als sie weill sie heirathen, geldt geben lassen.«

Ingenieure wandern nach Ostpreußen, die Gräben anzulegen, die Flüsse zu regulieren; deutsche Müller bringen die Mühlen in Gang. Es grünt um die Dörfer, das Vieh verbreitet sich über die Weiden; Wölfe und Bären haben ihren letzten Tag. Auch den Hamstern, den Sperlingen rücken die Verordnungen des königlichen Wirtes zu Leibe; wie die Vertilgung der Heuschrecken zu betreiben sei, lehrt ein eigenes Edikt: man soll sie in tiefen Gräben sammeln und durch diese in Löcher kehren, wo sie getötet werden können; ihrer Brut ist »fleißig nachzuforschen« unter Aufbietung der umliegenden Dorfschaften. Wurden sie dennoch nicht völlig ausgerottet, so soll man sie in der ersten Frühe des Morgens, »wo noch der Tau auf ihnen ist und wo sie an den Kornähren zu sitzen pflegen« sammeln.

Der König steht auf dem Erntefeld, durch das die Sensen rauschen; das Korn ist schwerer als je, aufgesprossen aus reinem Saatgut, aus wohlbestellter Erde. Aber wann könnte er sich jemals des Erreichten freuen? Denn dem Schnitter folgt die Magd, zum Boden gebückt, eine dünne Garbe zusammenraffend mit den Armen, und dann mit den Halmen des frischgeschnittenen Getreides bindend; sie verstehn nun zu säen, doch noch nicht zu ernten. Friedrich Wilhelm springt hinzu, eine Harke ergreifend; er rafft, mächtig ausholend, die Halme zusammen und dann ein zweites Mal, so daß der Schnitter sich beeilen muß, um weiter zu kommen; die Garbe ist doppelt so schwer wie die der Magd, die sich ängstlich nach Halmen krümmt, indessen es weder Bauer noch Schnitter sehen, wie die Körner aus den zerknickten Ähren fallen; Körner, die sie mit Schweiß und Mühe der Erde entrungen und nun wieder verderben lassen unter ihren Schuhen. Edikt und Befehl folgen sofort: künftig sollen die Bauern sich Strohseile fertigen, wie im Magdeburgischen; es ist Zeit genug im Winter, wenn sie der Schnee in die Häuser sperrt; auch Harken sollen sie sich schaffen; deutsches Gerät, so wie es ihre Söhne sehn, die im Magdeburgischen und im Anhaltischen auf den Höfen dienen.

Aber es fehlt an Menschen; noch immer kämpfen wenige in riesigem, verlassenem Land, das fruchtbar sein kann und darum auch werden muß. Der Wille des Königs geht über die einzelnen hinweg. Er hat von zwei guten Wirten im Magdeburgischen gehört und läßt ihnen durch den Kammerpräsidenten von Katte sagen, daß ihr König willens sei, sie in Ostpreußen zu verwenden. Er werde ihnen solches Gehalt geben, daß sie zufrieden sein können, auf Schwierigkeiten hoffe er deshalb nicht zu stoßen; sie sollen sich so bald wie irgend möglich auf die Reise machen. Auch von einem dritten erfuhr Friedrich Wilhelm, und er fügt sofort den Auftrag hinzu, diesem die Administration einer Domäne anzutragen; ein Braumeister und zwei Brauknechte werden gleichfalls erwartet. – Aber der Kammerpräsident muß zu seinem Leidwesen berichten, daß die für Ostpreußen bestimmten Landwirte dem königlichen Antrag nicht folgen wollen. Niemals wird Friedrich Wilhelm ihre Gründe billigen, oder auch nur verstehn. Denn sie sind *notwendig in Preußen*: dieser Tatsache gegenüber kann sich kein Einwand behaupten. Überdies wird er ihnen alle die Einkünfte zugestehn, die sie im Magdeburgischen haben: was kann sie hindern zu kommen? Sie sollen dienen, wie er selbst dient; sie finden dabei ihr Auskommen: was könnten sie sonst wünschen? Der Kammerpräsident soll sie noch einmal aufsuchen, ihnen auf billige und ruhige Weise Vorschläge machen und seine Ermahnungen vorbringen; folgen sie aber dennoch nicht, so soll er sie aufheben lassen und nach Berlin an das General-Finanz-Direktorium senden. Die Order an den Obersten von Bardeleben, der militärischen Beistand leisten wird, ist bereits ausgefertigt und beigeschlossen. Es ist aber Bedingung, daß die Sache »ohne bruit« vor sich gehe; denn andere Zuwanderer dürfen nicht abgeschreckt werden. Der Order liegt eine Aufstellung von Leuten bei, die gleichfalls für Ostpreußen ausersehen sind; mit ihnen hat der Kammerpräsident auf dieselbe Weise zu verfahren: folgen sie seinen Vorstellungen nicht, so unterliegen sie dem Zwang. Das Land braucht Menschen: dies ist das oberste Gebot; keine Rücksicht spricht davon frei.

So gewinnt er einige, Lehrer und Wirte und Handwerker für die Städte; aber 60000 Hufen Landes liegen wüst. Noch einmal, wie in den Zeiten des Ordens, fordert der Osten die Kolonisation. Schon Friedrich I. hatte, der Emigrantenpolitik des Vaters folgend, Niederländer und Schweizer in Ostpreußen angesiedelt; denn es ist ein Vorzug der Dynastie, daß sie Gesetze gibt, durch deren Befolgung auch das Tun des Schwachen nicht vergeblich ist; Friedrich Wilhelm verschreibt sich mit der ganzen Unbedingtheit seiner Natur, der kolonisatorischen Tradition seines Hauses, der sie begründenden Forderung seines Bodens. Nicht ohne Widerstand verschafft er seinen Edikten Eingang in die Zeitungen des Auslandes: er verspricht ein Erbe von zwei Hufen [die Hufe zu dreißig Morgen]; wer mit geliefertem Bauholz sich das Gehöft selbst zimmert und aus eigenen Mitteln das Inventar dazu stellt, soll neun Freijahre genießen, in denen er keinerlei Abgaben zu entrichten, keine Dienste zu leisten hat; wer aber des Beistandes des Königs bei der Einrichtung des Hofes bedarf, muß sich mit sechs Freijahren begnügen. Aus der Schweiz, aus der Pfalz, dem Frankenlande ziehn die Einwanderer heran: bis 1725 wohnen allein im insterburgischen und ragnitschen Distrikt gegen zehntausend Neusiedler auf preußischer Erde.

Doch das Größte vollbringt Friedrich Wilhelm auch jetzt, indem er zugleich seinem Land und seinem Glauben dient. Die Hohenzollern hatten das Glück, weder katholisch noch protestantisch zu sein, ein Glück, das sie bezahlen sollten mit der Hingabe an die Verdammnis der Pflicht; als Reformierte standen sie zwischen den Parteien; sie konnten die Protestanten schützen und doch die Katholiken dulden, eine Einheit erschaffend über der Konfession durch die Zugehörigkeit zu ihrem Staat, durch den Impuls des einen preußischen Willens, der einen jeden Bürger unwidersprechlich erfassen mußte. Friedrich Wilhelm besucht die lutherischen Kirchen, ob er sich gleich zur reformierten Konfession bekennt; aber anders ist es im Süden des Reiches, wo das Dogma sich noch das Recht behauptet hat, über das Schicksal des Einzelnen wie der Länder zu entscheiden.

Der Erzbischof Firmian von Salzburg sieht lieber sein Land veröden, als daß er es bewohnt und bebaut weiß von Angehörigen der lutherischen, der reformierten Konfession. Er erfährt von seinen Räten, daß wenigstens zwanzigtausend, der zehnte Teil seiner Untertanen, zu diesen Bekenntnissen schwören und für sie sich zu opfern bereit sind; aber mit wahrhaft spanischer Strenge, die als ein Protest gegen jede Wandlung vor den ewigen Dingen groß und tragisch war in der Zeit des Übergangs, im 16. Jahrhundert und fragwürdig ist im 18., weist er die Andersgläubigen bei »Guts-, Leib- und Lebensstrafe« aus dem Erzstift aus. Die Bauern verlieren ihre Höfe; Knechte, Mägde und Tagelöhner ihren Dienst; Bergleute werden ohne Lohn von den Werken und Schmelzhütten geschickt; erfahrene Handwerksleute müssen Werkstatt und Meisterbrief lassen; ein Volk, das in zäher Arbeit sich seinen Besitz erworben hat und doch stark genug ist, für Gott diesen Besitz zu opfern, sucht nach Heimat und Werk – und oben, im Nordosten, wartet überwuchertes Land auf den Pflug, warten Städte auf Bürger und auf das Pochen in den Werkstätten; ist dies alles nicht eine Schickung Gottes? Ihn selbst erbarmt die verödete Erde; er schickt ihr Menschen zu.

So begegnet dem harten, zeitfremden Edikt des Salzburger Seelenhirten das Patent des christlichen Wirtes in Preußen, dem man bitter Unrecht täte, wenn man ihm sein Mitleid für die Vertriebenen nicht glaubte; den man aber ebenso mißverstände, wenn man die Sorge für das eigene Land und die Freude über das Zuströmen lebendigen Reichstums überhörte. Aus »Christ-Königlichem Erbarmen« ist Friedrich Wilhelm entschlossen, den bedrängten evangelischen Glaubensverwandten seine »hülfreiche und mildreiche Hand zu bieten«; er fordert die Fürsten auf, die Durchziehenden zu schützen und zu fördern; zugleich sichert er ihnen eine tägliche Wegzehrung zu, die abgesandte Kommissare auszahlen werden; mit dem ganzen Ansehn seiner königlichen Macht tritt er vor dem Reich für die Verjagten ein. –So lassen sie denn für immer die Berge im Rücken, unter deren gewaltigen Schatten sie lebten; sie durchziehn Bayern und Schwaben: die Führer auf Pferden voraus, dahinter die schwankenden Wagen, von denen die Alten und Kranken in die Fremde blicken; dann das Heer der Wandernden mit langen Stäben, Männer, die Kinder führend oder die Pferde treibend, Weiber, Bündel auf den Köpfen oder geflochtene Wiegen auf dem Rücken, in denen die Kleinsten glücklich schlafen, die ihr Vaterland noch nicht kannten. Kommen sie in die Städte, so stimmen sie ihre Lieder an: das Lied des tragischen Glaubenskämpfers, der in der Verzweiflung die Zuversicht, in der Zuversicht die Verzweiflung fand und suchte und den großen Streit um den Glauben auf Erden neu entfachen mußte. Aber in diese Klänge der Zuversicht von der festen Burg des Herrn und von der Schickung in das Walten Gottes fällt auch die Klage der Vertriebenen, Müden, die mit wunden Füßen, Kranke mit sich führend, Sterbende zurücklassend, das ferne Land eines unbekannten Königs suchen müssen, um wieder Heimat zu haben: »Ach lieber Gott, wie manches Herzeleid.« Oder sie singen, ergreifender noch, ihr eigenes Lied, das das Schicksal ihnen eingab:

I bin a armer Exulant
A so thu i mi schreiba,
Ma thuat mi aus dem Vaterland
Um Gottes Wort vertreiba.
Das woaß i wol, Herr Jesu mein,
Es ist Di a so ganga,
Jetzt will i Dei Nachfolger sein,
Herr! machs nach Deim Verlanga.
So mus i heut voa meinem Haus
Die Kindel mues i loasa,
Mei Gott, es treibt mi Zährel aus,
Zu wandern fremde Stroaßa.
Mei Gott, führ mi in oana Stadt,
Wo i dei Wort koan hoba.
Darin will i di früh und spoat
In meinem Herzel loba.

Zum letztenmal geht ein Zug nicht um irdischer Güter willen durch das Reich: Gott selbst trieb sie aus ihren Bergen der nördlichen Ebene zu. Vor Wernigerode, noch zwei Stunden von der kleinen Stadt, kommt ihnen der Graf entgegengeritten; er führt sie herein, läßt sie speisen und ihnen Geld und Bücher reichen; auch die Bürger schenken, so gut sie können; und da wieder das Lied der Fortwandernden hallt, geleiten der Graf, die Geistlichen, die Schüler und Stadtleute sie hinaus, andern Städten zu, wo sie wieder Gäste sind im Namen des Herrn. Denn sie wissen, daß wer Schwester und Brüder, Haus und Acker verläßt um Gottes willen, schon Bürger im Unvergänglichen ist. – Oft will man sie anhalten unterwegs, aber sie wollen nach Preußen, in das Land des evangelischen Königs, das sie nicht kennen und von dem sie sich doch Wunderbares versprechen. Führer nehmen sie nur an auf die feste Versicherung, sie dorthin zu bringen. So schütteln die Städter und Herren die Köpfe: »Was machen wir mit diesen Leuten? Sie wollen ja nirgend bleiben als in Preußen.« Denn die Ausgewiesenen vertrauen auf das Wort, das ihnen gegeben wurde im Namen ihres Glaubens.

So kommen die ersten in die große Ebene der Wälder, des

Sandes, der Seen und endlich vor Potsdam, die von Gerüsten starrende, immer unfertige Stadt ihres künftigen Königs. Friedrich Wilhelm ist auf der Jagd; aber seine Befehle bereiten den Empfang der Wanderer schon vor: sie sollen vor den Toren auf ihn warten, indessen ein Arzt durch ihre Reihen geht, nach den Kranken zu fragen und für deren Unterbringung zu sorgen. Aus der Stadt, über der die Glocken unerbittlich die Zeit verkünden, zwischen deren Mauern es von Signalen hallt, von Waffen und Waffenröcken blitzt, kommen die Geistlichen und die Schüler des Waisenhauses heraus, die Fremden zu begrüßen; aber die Unruhe der Lagernden hängt an einem einzigen Namen, an der Erwartung eines Anblicks, der entscheiden wird über die ganzen Mühen ihrer Fahrt und über ihr künftiges Leben. Auch auf den Lippen der Grüßenden ist dieser Name, Furcht und dennoch Vertrauen erregend; die Salzburger hören von Strenge und Liebe, sie fühlen noch deutlicher, wie das Gebot des Einen in Allen wirkt, die ihnen begegnen, und zugleich über der Stadt ist, die vom Werkzeug der Maurer dröhnt und von den Trommeln der Soldaten. – Da ruft sie ein Befehl in den Garten vors Schloß.

Sie sammeln sich auf der Sandfläche vor diesem sonderbaren Schloß, das kein Grün umschattet, vor dem sich keine bestreuten Wege zwischen Beeten und dem Spiel der Fontänen verlieren; da tritt der Herr unter sie, in der Uniform eines Obersten. Sein Gesicht ist noch gerötet von dem Ritt durch seine Wälder, von der ungebändigten Lust der Jagd. Er überblickt den weiten, von Menschen gefüllten Platz, von dem die summenden Stimmen gegen den Schloßbau schlagen; aber es ist nicht mehr die Freude des Jagens, die ihm das Herz durchstürmt: dieser Augenblick, da ein Volk sich um ihn drängt, Grund und Boden von ihm zu erhalten, unter ihm zu wachsen und teilzunehmen an seinem Werk, ist einer der glückhaftesten seines Lebens. Doch sind sie wahrhafte Christen? Oder sind vielleicht Herumstreifende darunter, die keinem Herrn auf Erden gehören wollen und keine Furcht haben vor dem Herrn im Himmel? So fragt er zuerst den Prediger, ob er sie geprüft und wie er sie befunden; und als dieser auf das günstigste berichtet hat, ruft er noch den Kommissar, um ihn über das Verhalten der Emigranten während des Wanderns zu befragen. Auch der Kommissar weiß nur zu loben; da winkt der König einige der

Leute zu sich her. Sie antworten in fremdklingenden Lauten, aber er fühlt es wohl, daß es das Evangelium ist, das ihnen die Kraft gab, die Heimat zu verlassen; und daß ihnen das Evangelium die Bescheidenheit und zugleich die Entschlossenheit schenkte, durch die sie vor ihm bestehn. Er überblickt sie noch einmal; er gewahrt den harten, trotzigen Arbeitswillen in ihren Gesichtern und vergißt es doch nicht, auf die saubere Ausführung ihrer Kleidung zu achten, auf das schöne Sattelzeug der Pferde und die gutgebauten Wagen; dann, nicht mehr als Herrscher, nur noch als Vater und Verwalter, ruft er ihnen zu: »Ihr sollts gut bei mir haben, Kinder; ihr sollts gut bei mir haben!«

Andere Züge kommen; sie ziehn in Berlin durch den Schloßhof, indes die Königin grüßend am Fenster steht; sie begegnen Friedrich Wilhelms eiligem Wagen einmal auf der Landstraße bei Zehlendorf. Er läßt sie vorüberwandern, den und jenen anhaltend, ermunternd und doch streng, über Leiden tröstend, nach Fehlern forschend; endlich befiehlt er ihnen zu singen: »Auf meinen lieben Gott trau ich in aller Not.« Aber sie sind stumm und hilflos, bis der Kommissar sie entschuldigt: sie wüßten die Melodie dieses Liedes nicht. Da singt Friedrich Wilhelm selbst den ersten Vers, hell und doch voll, und nun fallen sie glücklich ein im Weiterwandern; er blickt ihm noch nach, indes sein Gesang ihn umbraust, dem Volk auf der Straße in den Osten. »Reiset mit Gott !«

Auf fünf- bis sechstausend Einwanderer hatte der König gerechnet; aber es werden zehn-, dann fünfzehn- und endlich zwanzigtausend: »Sehr gut«, schreibt er auf den besorgten Bericht des Kommissars, »Gottlob! Was thut Gott dem Brandenburgischen Hause für Gnade! denn dieses gewiß von Gott kommt!« Es setzt manche Verwirrung, die Züge stocken; mit Verwunderung und Neid verfolgen die deutschen Fürsten diesen Aufbruch in ein verachtetes Land. Oft sind die Städte überfüllt, die den Vertriebenen Obdach gewähren sollen; in Stettin erwarten sie Schiffe, und sie, die niemals das Meer gesehn, meinen sterben zu müssen auf den Wellen. Viele werden krank unterwegs und sterben als Heimatlose; andere können sich die neue Heimat nicht erobern und scheiden verbittert aus der Welt. Denn auf diese furchtbare Ebene wirft kein Gebirge seinen Schatten; und in den Seen spiegelt sich kein

Fels. In den Zelten, die man ihnen einstweilen aufgeschlagen hat, denken sie mit Wehmut zurück an das sichere, trauliche Haus zwischen den Bergen, das sie verlassen mußten; die Bitterkeit des Geduldetseins drückt die andern, die der Winter in den nüchternen, dürftigen Häusern der Einheimischen zusammendrängt. So manchen, der über die grenzenlose Ebene blickt, macht das Heimweh stumm; oder es fällt ihn eine Krankheit an, gegen die kein Arzt etwas vermag. Kaum verstehn sie sich mit den Preußen und Litauern; es ist nicht nur die Sprache, die sie trennt; denn sie brachten Heiligenbilder mit und Rosenkränze; in ihrem Glauben war in dem alten Bischofsland manche starke Tröstung des andern Bekenntnisses lebendig geblieben; in ihren Herzen so manche Sehnsucht, die der Norden nicht begreift.

Das furchtbare Arbeitsgebot der neuen Heimat kennt keine Rücksicht; glücklich noch die Handwerker, die in den Städten Unterkunft finden und sich bald durch ihre höhere Kunst Ansehn erwerben. Aber die Bauern müssen einstweilen härteste Arbeit verrichten: roden an der polnischen Grenze oder sich mit Pferden und Wagen um Verdienst kümmern. Indessen werden die ersten Höfe fertig; sechzig Morgen Landes liegen im Umkreis; Pferde, Ochsen und Kühe ziehn in die Ställe ein; Wagen, Pflug und Egge sind bereit; das Saatgut ist ausgeschüttet, und auch die Sensen warten schon auf die erste Ernte der neubebauten Erde. – Doch auch jetzt verleugnen die Salzburger ihre Art nicht, und der König läßt sich auf das genaueste darüber berichten. Der Salzburger teilt den Stall in Kammern, um die Tiere getrennt zu halten; er hält die Scheuern wohlgefüllt mit Heu und Getreide; im Hof legt er sich einen Brunnen an, der innen mit Steinen ausgesetzt ist: so wie man ihn nicht zu machen versteht in Preußen; und ebenso merkwürdig ist das tiefe, runde Loch, das er vor den Fenstern gräbt und mit Holz auslegt, um darin, unter mit Steinen beschwertem Deckel, sein Sauerkraut aufzubewahren für den Winter.

Unermüdlich zieht die Baukompanie durch das Land: vom König ernannte Ingenieure, Zimmerleute, Maurer, Ziegelstreicher, Brettschneider, Tischler und Glaser; aber auch ihr Verfügungsrecht ist gering in diesem eisernen Staat; denn Friedrich Wilhelm hat ihnen ein Modell der Kolonistenwohnungen und Wirtschaftshöfe gesandt; er hat das Material ausgewählt und bestimmt die Handwerker. Der Mühleninspektor reist mit königlichen Aufträgen in den Osten. Dreihundertzweiunddreißig Dörfer und elf Städte erblühen in wenigen Jahren.

In seinen Kolonisationspatenten hat sich der König zu einem schweren Zugeständnis überwunden: er wird keinen der Zugewanderten wider dessen Willen zum Soldaten machen. Dennoch bleiben die Kämpfe nicht aus. Früh schon revoltierten die Schweizer, die unter Friedrich I. nach Ostpreußen gekommen waren; sie wollten sich den ungewohnten Scharwerksdiensten nicht unterwerfen, aber ihr Widerstand vermochte nichts gegen Friedrich Wilhelm, der für sich selbst in einer Randbemerkung die Härte des Diamanten in Anspruch nimmt. Zwanzig Wirten werden ihre Güter genommen; sie selbst wandern in die Festung. Endlich versichert eine Gesandtschaft den König ihres untertänigsten Gehorsams; langsam unterliegt bäuerlicher Freiheitswille der preußischen Ordnung. Doch nun, da die Freijahre abgelaufen sind, die wöchentlichen Dienste geleistet, die Steuern entrichtet werden müssen, widersetzen sich auch die Salzburger; allein Friedrich Wilhelm weicht nicht einen Schritt von den geschlossenen Verträgen ab. Mit Milde, aber doch unnachgeblich, sollen die Beamten das Fällige eintreiben; es wird ihnen wieder und wieder auferlegt, dabei »nicht rüde« zu verfahren, die Leute »erst Wurtzel fassen zu lassen«: auf diese Weise allein, indem sie, wie es ihre Schuldigkeit ist, alles setzen an die »Conservation der Untertanen«, werden die Beamten die Fremden für den Staat gewinnen, sie seinen Rechten dienstbar machen. Nicht das Blut, nicht die Herkunft entscheiden hier: mit dem Entschluß, der preußischen Erde zu gehören, sind die Bauern aus Franken und vom Niederrhein, aus den Schweizer, den Salzburger Alpen einer Form verfallen, die unwidersprechlich ihr Erbgut überwältigt; noch tragen die Salzburger ihre roten Jacken und langen, mit Metallknöpfen besetzten Westen, ihre grünen Tirolerhüte mit grünen Bändern; noch reiten die Bräute auf geziertem Schimmel, in altertümlichem Schmuck zur Kirche, und salzburgische Lieder tönen zu dem einfachen, ernsten Hochzeitsmahl; bald aber erinnern nur noch die Namen an die verblaßte Heimat; und kopfschüttelnd findet der Enkel in einer Lade einen Rosenkranz, ein Heiligenbild.

Der gemeinsame Dienst erweckt ein Volk; es wird gleichgültig, woher es gekommen, wie es entstanden; der strenge, klare Geist Friedrich Wilhelms macht es zur lebendigen Einheit. Aber auch hier bestehn unüberwindliche Schranken: das Land ist offen gegen das Reich, geschlossen gegen den Osten; ja, auch der Kampf gegen das alte litauische [das »preußische« Element] geht unerbittlich fort; wiederholt versichert der König, »daß alle preußischen Intriguen, die Teutschen aus Preußen zu schaffen, nits bei ihm verfangen«. Wie Winrich von Kniprode, der den preußischen Sänger von sich wies, weiß es Friedrich Wilhelm, daß die innere Durchdringung allein das Land gewinnt und daß nicht ein jedes Element sich ihr fügt.

Vielleicht gelänge auch jetzt die Eroberung nicht, wenn der König nicht zwei unermüdliche, opferbereite Helfer neben sich hätte: den Pfarrer, den Schulmeister. In einem Bericht vom Jahre 1722 werden die Schwierigkeiten, die sich der Errichtung neuer Kirchen und Pfarreien entgegenstellen, erwogen, doch nicht ohne den Hinweis, daß der Gottesdienst »die Hauptsäule eines wohleingerichteten Regimentes« ist; Friedrich Wilhelm schreibt an den Rand: »Freillig müssen mehr Kirchen und Prediger sein.« Man könnte, fährt der berichtende von Görne fort, vielleicht Filialkirchen erbaun und an Stelle mehrerer Priester diesen einstweilen gute Schulmeister beigeben; der König ist einverstanden: »guht, Filiale und schulmeisters«. – Auf diese Weise, meint der Minister, könnte manchem Bauern die beschwerliche Fahrt in die Kirchdörfer erspart werden, und dies sei um so wichtiger, als in Preußen weit mehr Festtage gefeiert werden als in andern Ländern. Doch eine Marginalie des Königs beseitigt die preußischen Feiertage: »soll in Preußen nit mehr Festtage gefeiert werden als hier zu lande«. Alle andern Vorschläge von Görnes, wie mit den geringsten Unkosten die Filialkirchen und der Gottesdienst unterhalten werden können, finden des Königs Beifall: der Küster soll läuten und bekommt dafür jährlich ein paar Scheffel Roggen; das Einsammeln während des Gottesdienstes und das Reinhalten der Kirche übernehmen die ehrenamtlich gewählten Kirchenvorsteher, denen man dafür eine kleine Vergünstigung zukommen lassen solle: »ein scheffel Roggen«, bestimmt Friedrich Wilhelm. 1723 erteilt er den Auftrag, drei neue Kirchen, für die er zwanzigtausend Taler geben will, an geeigneten Orten zu baun; sie sollen gemauert sein und kleine Türme tragen, »daß man Sie von weiten sehen und kennen kann«. Er selbst will sie wohl sehn, wenn er durch die Felder fährt: das Land soll das Zeichen des Glaubens tragen, das Werk sichtbar gerechtfertigt sein durch die Idee.

Schon 1718 gab der König von Tilsit aus an August Hermann Franke in Halle den Auftrag, Schulmeister für Litauen zu beschaffen, die nicht »allein tüchtige und geschulte, sondern auch fromme und gottesfürchtige Leute« sein sollten und, nach einigen Dienstjahren, in Predigerämter aufrücken könnten; diesem Entschluß, zugleich mit der Erschließung verwüsteten Landes auch den Menschen zu erschließen, bleibt der König in allen Jahren seines Wirkens treu. Bald nach ihrer Ankunft sitzen die Salzburger der Parochie Budwetschen zur Winterszeit auf den zwölf Schulbänken, die ihr Pfarrer für sie aufgestellt hat. Sie mühn sich mit Lesen und Schreibenlernen, und einer erweist sich als so tüchtig, daß er bald zum Lehrer seines Kirchdorfs bestimmt werden kann.

Lehrer sind Erzieher: noch gilt dieser Sinn des Amtes; und von der Absicht der unmittelbaren Wirkung auf das Leben findet der König auch den Weg zur Wissenschaft. Er hatte ein Vergnügen daran, Gelehrte als Narren zu verwenden; ja selbst die Akademie Leibnizens zu degradieren, indem er solche Narren zu ihren Mitgliedern machte; denn er ist gewohnt, nach dem unmittelbaren Nutzen des Wissens zu fragen, und er findet keinen in den Folianten, in der ganzen lebensfernen, umständlichen Arbeit seiner Gelehrten. Aber wie, wenn sie Landwirte bildeten? Wenn sie es den jungen Leuten beibringen könnten, zuerst selbst einmal hauszuhalten in der eigenen Tasche, dann auf ihre Pächter und Administratoren zu achten, von denen sie betrogen werden: endlich ihre Wirtschaft selbst in die Hand zu nehmen und auf ähnliche Weise umzugestalten wie der König, der aus einstmals zerrütteten adligen Gütern pünktlich seine Pacht erhält, indessen seine Pächter noch besser leben als die frühern Herren? Friedrich Wilhelm ernennt die ersten »Professores Oeconomicae« in Halle und Frankfurt; doch er bestellt erst einen der Kandidaten aufs Schloß und hält diesem eine Vorlesung mit solchem Erfolg, daß der künftige Professor bekennt, nichts mehr zu wünschen »als von der Capacität zu sein, in denen andern hierzu destinierten Stunden auf gleiche Weise continuieren zu können«. Langsam folgen die deutschen Universitäten dem preußischen Vorbild.

Während so das Land aufblüht unter der Reform, die im Innern, an der Gesinnung des einzelnen beginnt, und mit dem Ackergerät und dem anscheinend unwichtigsten Gebrauch und Handgriff noch nicht endet, bedürfen Handel und Gewerbe der Sorge des Königs. Leopold entwirft den Plan, den Getreidemarkt zu zentralisieren; die Einfuhr soll verhindert, die Ausfuhr gefördert werden; in dem Konflikt zwischen Handel und Ackerbau neigen sich der König und sein Freund dem zweiten zu: alles kommt zunächst darauf an, daß das Vorhandene wächst, die Kraft des Innern sich verdichtet. So werden an bestimmten Tagen zu Königsberg Kornmärkte gehalten; Soldaten des Fürsten stehn Wache, so kriegerischen Ansehens, daß man fürchtet, die Kaufleute werden die Märkte nicht betreten. Inzwischen haben auch die Ingenieure die Flüsse reguliert, und wieder, wie zu des Ordens Zeiten, wandern die Schiffe durchs Land. Aber in Königsberg spazieren die Frauen ohne Beschäftigung durch die Straßen: sie sollen Wolle spinnen wie die Hökerweiber Berlins und Potsdams; denn noch immer geht die Wolle nach Polen hinüber. In einer Spinnschule, die sofort errichtet werden muß, können sie das Nötige lernen. Gute Spinnerinnen sollen das platte Land durchreisen und Unterricht geben. Zugleich sind noch wenigstens dreihundert Zeugmacher in Königsberg »anzusetzen«. Wann wird man es lernen, die eigenen Produkte zu nutzen? »Der gantze Preußische Handell dauget nit die Engelländer, Holländer pofitieren und saugen mein Landt das Fett ab.« Die Handwerksmeister müssen mehr Lehrjungen nehmen: sie denken nur an sich, nicht an das Land, das einer immer größeren Zahl schaffender Hände bedarf. Wer aber, außer dem König, versteht das Gebot der drängenden Zeit, die heute dem Volk noch eine Frist läßt, sich mit ihr zu verbünden, und morgen schon die Zurückgebliebenen in Abhängigkeit stürzen wird? Wie der Adel und die litauischen Bauern, wie die Beamten, die preußische Kammer und die Kolonisten, so widersetzen sich auch die Königsberger Handwerksmeister; aber allem Einspruch der Brettschneiderzunft zum Trotz läßt Friedrich Wilhelm eine Sägemühle bauen, die erste des Landes. Rastlos zerstücken die vom Wasser getriebenen Räder die ächzenden Stämme: man muß das Wunder sehn und bestaunen und sich zunutze machen.

Nicht alle Versuche mit Papiermühlen, Ölmühlen und Eisenhämmern gelingen; nicht ein jedes Edikt bewährt sich, mochte es mit noch so überzeugter Strenge erlassen sein. Nach unsäglichen Mühen, immer erneuten Drohungen, Strafen, nach wiederholt angestellten Versuchen sieht sich der König zuletzt [1736] gezwungen, wenigstens den litauischen Bauern das Pflügen mit der Zoche und das Aufwerfen schmaler Rücken zu erlauben: die Mahnung, gut zu wirtschaften, Gebäude und Graben instand zu halten, wird, in Verbindung mit dem Widerruf, vieleicht um so eher ihre Wirkung tun. Denn endlich unterliegt doch alles Leben des Landes diesem einen Gebote des Wachstums, das ein in höchstem Maße persönlicher, doch das Persönliche nicht mehr suchender Wille erläßt: die Kraft ist die des Menschen, der mit seinen Leidenschaften und selbst noch mit seinen Irrtümern wirkt; das Ziel liegt weit über ihm, vielleicht in unbegrenzter Zukunft, in der Perspektive der Geschichte vielleicht im Unmöglichen und zuletzt nur in der Formgebung und der Erfüllung des irdisch-menschlichen und ewigen Berufs. Wie die Kraft und der Besitz der Lebenden, die der Dienst an der Erde, der Wille des bestellten Verwalters eint, so soll selbst das Erdreich der Toten noch teilhaben an dem riesigen Werk: in den Verordnungen über den Seidenbau wird befohlen, daß Maulbeerbäume an allen Wegen, Gräben und Triften und endlich auch auf den Kirchhöfen »sowohl in den Städten wie auf dem Lande« angepflanzt werden. Die Kircheninspektoren sind dafür verantwortlich; die Prediger müssen sich, aus einer beigefügten Instruktion, die nötigen Kenntnisse von der Pflanzung und Wartung der Maulbeerbäume erwerben. Auch die Ernte dieser Saat fällt erst dem Sohne, nicht mehr dem Vater zu.

Dies ist die eine Hälfte des Lebens: das Werk, das über alle Widerstände hinaus unbeirrbar wächst; aber gerecht wie in allen Bezirken menschlichen Tuns ist auch hier das Gesetz: wirken wird endlich nur, was mit dem Einsatz eines ganzen Daseins hervorgebracht wird; das Leben, das erweckt wird von einem Werk, soll ein Leben kosten. Denn des Königs ganzes Herz hängt an dem Land, dem er dient: es muß freudiger schlagen vor einem jeden Acker, den frische Saat übergrünt; es wird von Bitterkeit durchtränkt bei einem jeden Mißerfolg; und es wird zuletzt verbraucht, indessen der Segen fortwächst auf den Feldern.

Leopold, der Freund, Anreger, Helfer, wird Zeuge des erbitterten innern Kampfes, der allein ein Werk von solchem Ausmaß zu unterhalten vermag. In den vielen hundert Briefen, die des Königs selbstherrliche Hand unbekümmert um die herkömmlichen Schriftzeichen oder um die Schreibweise in großen, verworrenen Linien auf die Blätter wirft, kehrt diese eine Sorge und Hoffnung ewig wieder: das Retablissement Preußens. Der Name des Landes fällt zwischen den Jagdberichten und den Klagen und Sorgen um den Sohn; ist hier um Potsdam das Wetter so schlecht, daß Jäger und Meute nicht in die Wälder stürmen können: wie wird es dann erst in Preußen sein; Tag und Nacht sinnt der König nach seinem eigenen Geständnis auf Mittel, diesem Land zu helfen, das ein Unglück ohnegleichen betroffen hatte und das auch jetzt, immer aufs neue, von Unglück gepeinigt wird. – Er findet einmal auf einer Reise, daß die »Leute dick und fett« aussehn und Schüsseln mit Speck und Fleisch auf den Tischen haben; das Werk scheint zu gelingen; wenn auch der Ertrag noch ausbleibt, so ernährt die Erde doch ihren Bebauer. Aber bald brechen Sturm und Regen über die kaum gedeckten Häuser nieder, die zum erstenmal bestellten Felder: Gott will es nicht haben, daß »das arme Landt in flohr kommen sollte«; wie die Ernte dieses Jahres, so werden alle aufgewendeten Gelder und Mühen weggeschwemmt werden in die Vergeblichkeit. Aber Gott, der seine Arbeit wieder vernichtet, ist doch Friedrich Wilhelms ganzer Trost: er weiß um einen jeden Entschluß, und es ist Rechtfertigung genug, wenn die Tat vor ihm besteht: »alle die Neuerkeitten wegen des Comerce ist Gott bekandt, das ich es tue das das Platte Landt soll florie[ren] und habe ich eine ander intencion als diese so will ich nit zu Gott kommen.« Er lernt Geduld, wie es dem Frommen zukommt; wird wieder gutes Wetter in Preußen, so will er wenigstens zweihundertzehn Bauern in Besitz bringen, das heißt vierhundertzwanzig Hufen für den Landbau gewinnen. Doch schon ein dreiviertel Jahr später gibt er alle Hoffnung auf: »es ist da alles so desperat und Miserable das ich nicht weis ander zu sagen als das Gott ein fluch über das Landt gesicket habe itzo bekome nits au contrer ich muhs geldt hinsenden wen ich mein Dage das landt nit hette gehat so wehre ich Reicher und alle meine sachen stünden beßer als itzo den Preußen Ruinieret mich totahll das frist mir auf.«

Um diese Zeit hält es der Minister von Katsch für angebracht, einen Warnungsbrief an den König zu schreiben: das Herz blute ihm, wenn er sehe, wie durch den großen Kummer über die Schwierigkeiten des Retablissement-Werkes Gesundheit und Leben des Königs mehr und mehr in Gefahr kämen. Aber die Warnungen sind ebenso vergeblich wie Friedrich Wilhelms immer erneuter Entschluß zu resignieren und »klug zu werden«; denn er weiß es zu gut, daß die kleine Klugheit derer, die mit ihrem Leben, ihren Kräften und ihren Mitteln rechnen, ihm nicht erlaubt ist; groß wie seine Hoffnung war, die ihn zur Tat antrieb, wird nun seine Verzweiflung: vierzehn Jahre sind hin, und es ist nichts erreicht; auf unwiederbringliche Zeit fällt der Vorwurf der Vergeblichkeit; und doch hat er selbst getan, was er immer vermochte: aber Gott weigerte ihm seinen Segen. Warum? Fand er keinen gnädigen Gott? Hätte er in Pommern oder in der Mark seine Domänen reformieren lassen wie in Preußen, wie weit wäre er gekommen: aber jetzt sind »geldt und zeit verspillert und ins Mehr geworfen«. Wäre es nicht noch besser gewesen, das Geld für Opern und Maskenbälle zu verschwenden in der Art anderer Fürsten? Dann wenigstens wäre er dem Schlimmsten entgangen: dem Spott der ganzen Welt. Und doch: hätte ihn Gott nicht bewahrt, er wäre längst närrisch geworden. Und wieder gelobt er sich, das Verbessern zu lassen, das wenige, das er noch zu leben habe, in Stille zu verbringen und sich in die Dinge der Welt nur zu mischen auf das Geheiß seiner Ehre.

Man soll nicht mehr von Preußen sprechen, er schämt sich seiner Torheit; das Land ist verflucht. »Leid und Grauen« erregt es ihm auch in den folgenden Jahren; aber wie sollte er es lassen? Deutlich fühlt er die Krankheit, die ihn früh hinwegreißen wird, und er fühlt auch ihren geheimen Zusammenhang mit seiner Natur, ja die Sehnsucht nach dem Tode berührt ihn mitten in seiner Tat: »so mache der liebe liebe Gott ein ende mit mir denn sterben ist sanfft aber dieses leiden unertreglich aber viehisch ist denn glaube wenig leutte haben es so kruellement als ich denn ich sehr vollblütig also mein Fiber hitzig dabey ist«. Irgendwo, vielleicht in Holland, das er so liebt, an einem »hüpschen einsamen ordt« könnte ein Haus für ihn stehn, und es wäre etwas Wunderbares darum, das er nie gefühlt: Stille. So träumt er mit einundvierzig Jahren an der Grenze des Leidens, des Lebens.

Nachdem die Salzburger gekommen, werden die Berichte günstiger; im Jahre 1737 kann er sagen, »das in Lithauen alles recht gut gehet«; er selbst ist ja besser unterrichtet als seine Minister, als selbst die Kammerräte an Ort und Stelle: Friedrich Wilhelm lebt Tag für Tag in dem Land seiner Sorge. Die Statistiken, die er erdacht und deren letzte Aufgabe es ist, nicht zu registrieren, sondern den lebendigen Fortgang des Werkes zu fördern, vergegenwärtigen ihm den Zustand seiner Felder und Dörfer, wo immer er sein mag. Wöchentlich rapportiert eine Anzahl Domänenpächter über die Witterung, den Stand der Saaten, den Zustand des Viehs, den Absatz der Produkte; die »Generalnachrichten vom Lande« geben eine Übersicht über die Zahl und Steuerpflicht der Städte und Dörfer, über die Mühlen und Krüge. Aus den »Historischen Tabellen vom platten Lande« vergewissert sich der König der Zahl seiner Untertanen, die wieder nach Besitzstand und Handwerk, Söhnen, Töchtern, Knechten und Mägden gegliedert werden; eine andere Statistik zeichnet den Fortschritt der Kultivierung auf. Bis in das kleinste ausgearbeitete Kostenanschläge über Bebauung, Besetzung und Mehrerträge liegen den Plänen für die kommenden Jahre zugrunde. Aber wie steht es auf den einzelnen Höfen? Sind die Gebäude instand, die Menschen gesund? Auch darüber müssen Tabellen berichten. Und die Ernte? Was wurde gesät? Was gewonnen? In welchem Verhältnis steht der Gewinn zur Aussaat? Endlich, wie steht es mit dem Obst- und Gartenbau? Es muß gemeldet werden, wieviel Apfel-, Birnen- und Pflaumenbäume in einem jeden Dorfe stehn. Diese unerbittlichen Fragen, in deren Beantwortung keine Verzögerung erlaubt oder übersehn wird, müssen zuletzt, indem sie in das Dasein eines jeden und in einen jeden Wirkungsbereich dringen, den Menschen zum Dienst, den Boden zur Fruchtbarkeit zwingen.

Wieder rollt der eilige Wagen des Königs über die Straßen Ostpreußens; die Gedanken des Herrn folgen beharrlich neuen

Plänen; den Augen entgeht auch das geringste nicht. Wäre es nicht gut, deutsches Geld nach Preußen zu bringen, um den Verkehr mit Polen zu sperren, die Verbindung mit Pommern und der Mark zu stärken? Aber vor dem Fenster gleitet ein Acker vorbei, auf dem buntes Unkraut wuchert an Stelle der Halme. Soll diese preußische Wirtschaft niemals ein Ende nehmen? Wem gehört der Acker? Wer steht dem Amte vor? Nun taucht das Dorf auf, gleichförmige und doch freundliche Häuser, schon unter Obstbäumen versteckt, an denen die ersten Früchte schaukeln. Freilich: man könnte noch mehr Bäume, noch mehr Weiden pflanzen: ist nicht Platz genug? Dieses Land ist so groß; über Halme, durch flimmernde Sommerglut, schweift der Blick in grenzenlose Weite. Die Ähren spielen schon ins Braune: in acht Tagen vielleicht wird man ernten; aber wie, wenn der Winter kommt? Wie werden die Leute aushalten in den Häusern? Der König steigt aus und betritt einen Hof: man hat es gelernt, den Dünger zu behandeln; auch der Stall ist rein, die Stube gut gehalten; Friedrich Wilhelm klopft mit seinem Weißdornstock an die Wände: sie sind dünn, zwischen den Fenstern bilden sich Ritzen in dem trockenen Lehm: wie soll man diese Stube heizen? Es wird mehr Holz kosten, als die Bauern und das Land aufbringen können. Man muß die Stuben mit Latten ausschlagen und die Wände dicker mit Lehm bestreichen: eh noch der Herbst kommt, soll diese Order erlassen, befolgt werden.

Im Weiterfahren erregt das Vorwerk die Sorge des Königs: dort stehn die Gebäude so dicht zusammen, daß man nicht eines wird retten können vor ausbrechendem Feuer; auch gehn die sämtlichen Stalltüren nach dem Hof: das Vieh wird verloren sein wie die Häuser. Während er das notwendige Edikt überdenkt und dabei doch die Steine nicht übersieht, die noch immer auf dem vorüberfliegenden Acker liegen [auch im letzten Jahr lagen sie hier; Pächter und Amtmann taugen nichts] schießt ihm heißer Zorn ins Gesicht: dort schlägt der nichtsnutzige Pächter auf einen Bauern ein. Der Wagen hält, schon steht der König vor dem Entsetzten, unter gellendem Schelten seinen Weißdornstock schwingend; noch am selben Tag muß der Pächter von der Domäne. – Die Wiesen sind verwachsen, auch fehlt es noch immer an Kanälen; dort, auf jenem Hügel, könnte eine Mühle arbeiten: hat der Amtmann keine Augen im

Kopf? Der Wagen gerät in eine Staubwolke, die Pferde fallen in Schritt, und es ist ein Trappeln und Drängen um die Räder und in dem Graben zur Seite; endlich treibt der Hund die Herde wieder zusammen und auf die Wiese hinüber. Warum sind noch immer braune und schwarze Schafe unter den weißen? Die Wolle ist zu grob; ins Künftige müssen Böcke aus der Teltower und Kottbuser Gegend eingeführt werden. – Über die Äcker steigt eine Turmspitze: die Kirche von Darkehnen. Weithin überragt sie den reifen Segen der Felder, auch die Glocke, so dünn ihre Stimme ist, dringt in die Weite: einzige Stimme des Landes, das seiner Bestimmung genügt. Wieder verläßt der König den Wagen, aus der Helle des sinkenden Sommertags in den Schatten des neuen Gotteshauses zu treten; fast schon streift ihn Friede im Bewußtsein des Vollbrachten, das er nicht für sich selbst getan: da mischt sich wieder die Sorge ein. Warum sind die Wände so dick? Hätte man nicht zwei Gotteshäuser bauen können mit dem Material dieses einen? Da er zurückgeht zu dem wartenden Wagen, den Blick auf die geneigten Ähren gerichtet, stützt er sich schwer auf seinen Stock; stöhnend nimmt er das Trittbrett; während das Gefährt durch das verdämmernde, verschwindende Land jagt, züngeln die stechenden Flammen auf in den Knochen, und in die Gedanken des Tags, die noch um das Haus mit den dünnen Wänden aus Lehm, das gefährdete Vorwerk, den vertriebenen Pächter, die Herde und die Kirche kreisen, kommt ein verhaltener Klang von jenseits des Werkes, der Erde. –

Es ist hier, auf dieser Erde, wo nach langer Verkennung der Vater den Sohn endlich völlig überzeugt, ja besiegt: 1735 schickt der König den Kronprinzen, statt aufs neue auf einen vergeblichen Feldzug an den Rhein, nach Ostpreußen: im folgenden Jahre nimmt Friedrich an der Seite des Vaters an der Konferenz von Gumbinnen teil; 1739 erforscht der Sohn zum drittenmal das Werk des Vaters, um nun dessen eindringlichster Verkünder zu werden: der Brief, den er aus Insterburg an Voltaire richtet, bezeichnet den höchsten und schönsten Sieg Friedrich Wilhelms; denn es ist nicht der Gewinn, der um diese Zeit schon offen zutage liegt: es ist das Vorbild vollkommenen königlichen Tuns, das der Sohn dem Vater zu danken hat. Litauen, ein einstmals verödetes, auf das gewissenloseste vernachlässigtes Land ist nun »reicher und fruchtbarer als irgendeine Gegend Deutschlands«: es wurde so durch das Tun eines einzigen Menschen: durch einen Heroismus, den der künftige tragische Feldherr des Siebenjährigen Krieges zu ahnen beginnt. Was könnte dem eben in aristokratischem Kreise in Enghien weilenden Aufklärer seltsamer sein als diese Nachricht, daß im fernsten Osten, von einem oft belächelten Fürsten, ein Werk getan wurde, das wie die großartigste Verwirklichung der verkündeten neuen Menschlichkeit erscheint; und was könnte skeptischer stimmen gegen die neue Lehre und die Art ihrer Verkündung, als daß ein Mann ihren Grundsätzen entspricht, der niemals das Bedürfnis fühlte, sich diese Lehre vermitteln zu lassen? Denn hier ward Menschlichkeit geübt als ein innerlicher Beruf, als Erfüllung göttlichen Willens und in Übereinstimmung mit dem Gebote der Erde; sie bedurfte keines Erweckers, und die Pflichten des echten Königs sind bestimmt nicht in der Schrift, sondern in der Tat.

Aber es beharrt das Gesetz über Vater und Sohn, daß sie einander fast niemals verstehn mit Worten und fast immer einig sind im Tun und Erwarten; daß der eine die allzu aufrichtige Sprache seiner Befehle spricht und der andere die allzu zierliche seines zwiespältigen Geistes, die selbst den Bericht über die ostpreußische Arbeit des Vaters noch mit den Namen Apollos und des Bacchus umkleidet; diesem Gesetz zufolge wird Friedrich noch im Alter kein Edikt in Sachen der Verwaltung unterschreiben, ohne vor sich selbst die Frage bejaht zu haben, ob der Vater es unterschrieben hätte: aber das Ende der scheinbar versöhnten, nicht erloschenen Feindschaft zwischen dem Herrn, der da ist, und dem Herrn, der ihm folgen wird, und damit die Stunde der Gerechtigkeit eines jeden für den andern, kann erst mit dem Tode des Vaters und Gründers kommen. Dann kann es nicht mehr bezweifelt werden, daß dieser nichts für sich selbst, vielmehr alles für die Zukunft getan, und daß seine ganze heiße Erwartung an dem Sohn hing, den er nicht verstand: so wie die Bewunderung des Sohnes ihm unter allen Vorgängern am aufrichtigsten gehörte, ohne doch, solange der Vater noch unter den Lebenden war, die Brücke echten Empfindens zu ihm zu entdecken.

III. Seine Stadt

Nicht minder vernehmlich wie Signale und Trommelschlag hallt der ewige Lärm der Bauleute um das Potsdamer Schloß. Wann wird diese Stadt jemals fertig? Der Kurfürst hatte den Versuch gemacht, den ärmlichen Ort in eine Fürstenresidenz umzuwandeln; Alleen wagten sich in die Landschaft hinaus, so wie der Blick von den Plattformen des hohen Daches das Land überschweifen mochte; in gerader Linie über eine Bucht hinweg strebte eine solche Baumreihe einem fernen Hügel zu; eine andere, die sie rechtwinklig schnitt, führte zum Fasanenschlößchen, wo fremde Vögel auf Teichen und Wegen mit dem Spiel ihrer Federn und ihren seltsamen Schreien den Hof unterhielten; im weiten Umkreis an der Havel und ihren Seen und landeinwärts wuchsen kleine Schlösser zwischen den Bäumen auf, dehnten sich Gärten. Langsam geriet die Landschaft in Beziehung zur Stadt; ein großes, belebtes, durchgestaltetes Gartenland schien sich ausbreiten zu sollen um die Residenz, die aus einem neuen Schloß, der Havelbrücke und einem Schwarm verängstigter Häuser bestand; aber wie sollte auch hier der große Anspruch in Gleichgewicht kommen mit der Wirklichkeit? Über schlechtes Pflaster, durch wenige enge Gassen und über einen dürftigen Platz ging der Schritt; noch war es ja nicht allzu lange her, daß selbst Zimmer des Schlosses als Viehställe und Dungstätten gedient hatten; das grämliche Gesicht der alten, zwischen Seen und Sümpfen eingeengten Stadt, die selbst ihre einzige Aufgabe: die Bewachung des Havelübergangs nur notdürftig erfüllt hatte und zu Zeiten nicht reich genug gewesen, um ihre Brücke instand zu halten, war noch allenthalben erkennbar. Aber was sollte auch hier geschehn? Morast und Wasser machten schon den wenigen Häusern ihren Boden streitig, der Graben, der wie Pflaster und Mauerwerk längst der Ausbesserung bedurfte, verschaffte kaum genügenden Abzug; ringsum gebot die Natur selbst Einhalt mit uralten, scheinbar unverrückbaren Schranken. Das Werk, das hier gefordert wurde, war so groß, daß ein späterer Reisender sich darüber Gedanken machte, warum die Hohenzollern nicht Brandenburg zu ihrer Residenz erwählt hatten, wo die Jahrhunderte früher Kolonisation schon eine umfassende, unzerstörbare Vorarbeit geleistet hatten; er verstand freilich nicht, daß über der alten Bischofsstadt im Havelland, über der Stadt der Klöster, Kreuzgänge und noch immer vom Unfaßbaren erfüllten Kirchen etwas Fremdes schwebt: das Jenseitige, das den Willen zur Erde noch überwältigt. Brandenburg war nicht preußisch und konnte es nicht völlig werden; sowenig wie Chorin und Lehnin, die verlassenen Klöster im Wald, letzte Zeichen eines geistlichen Staats, umweht von Prophetie; Potsdam war ein Nichts, als die künftigen Herren es wählten: oder es war vielmehr ein großes Hindernis, eine große Forderung nach dem Dienst und darum wurde es preußisch.

Was gelten die breiten, schön bepflanzten Straßen, die ins Weite führen; was die Schlößchen in Caputh, Glienicke und Bornim? Friedrich Wilhelm beginnt wieder im Innern, mit der alten Stadt; wie er im Umkreis des Schlosses kein Gebäude, keine Anlage duldet, die nicht unmittelbar dem Leben und seiner unbegrenzten Aufgabe dienen: so sollen die Häuser, frei von den Fesseln alter Zeit, aber auch frei von dem neuen Zwange höfischen Geschmacks, allein Wohnstätten sein; nicht die Form entscheidet, nur die Bestimmung. Das Volk soll hier wachsen und zugleich erzogen werden; es soll unter der Aufsicht des Königs stehn: in Häusern, die einander gleich sind bis zur Anzahl der Fenster. Die Stadt ist ein Gefängnis und wird es immer sein unter diesem König; nachdem die Ufer des Kanals, der den Häuserblock zusammendrängt, verschalt und gefestigt wurden, stehn Soldaten auf den Brücken: nicht so sehr auf geschmuggelte Ware kommt es ihnen an, als auf die Deserteure; endlich sind Bürger und Häuser für die Soldaten da: Kasernen werden kaum gebaut; denn die ganze Stadt ist Kaserne.

Aber ein Jahr, nachdem der Ring geschlossen ist um die umgebaute Stadt, wird er auch schon zersprengt: nun soll Potsdam hinüberwachsen auf das andere Ufer; ein breiter Streifen wird, parallel zur alten Grenze, ummauert. Morast und See füllen ihn zum großen Teil; doch es soll Erdreich daraus werden. Man rammt mit ungeheueren Kosten Pflöcke in den Sumpf und überschüttet sie mit Sand; eines Morgens starren die Pflöcke mit ihren Spitzen in die Luft, der Sand ist versunken in der aufgewühlten Tiefe. Der König, der es gewohnt ist, eine jede Rechnung zu prüfen und zu kürzen, lacht: man muß wieder beginnen; endlich wird dieser Sumpf gesättigt werden und sich bereit finden, festes Erdreich zu tragen. So entsteht der Platz, den Baumreihen umsäumen: ein verschwenderisch großes Geviert an einer Stelle, wo noch keine Fischerhütte stand. Die Häuser umschließen streng die Freiheit des Raums; dann reihen sie sich fort in der geometrischen Ordnung der Straßenzüge, die sich in rechten Winkeln schneiden; die Bewohner ziehn ein; gibt das Land nicht genug Bürger her, so sollen sie herankommen aus allen Reichen: süddeutsche und rheinländische Dialekte, holländische und französische Laute vermengen sich auf den Potsdamer Straßen; mögen die Elemente des neuen Volkes noch so gegensätzlicher Natur sein: das Gebot wird sie zusammenschweißen und endlich keine Verschiedenheit mehr erkennen lassen.

Wieder ist die Stadt umgrenzt mit Toren und Mauern; wieder wird die Form zerstört; kaum sind die letzten Häuser gedeckt, so zieht der König schon die neue Grenze; zwei Jahre darauf stürzen die kaum errichteten Stadtmauern, und durch kaum gefestigte Straßen rollen die Fuhrwerke aufs neue. Es ist ein ewiges Bauen und Brechen, Graben und Gründen; ein ewiges Drängen zum Abschluß der Form, die im Augenblick ihrer Erfüllung wieder zerbrochen wird; nie wird die Stadt fertig, niemals der Wille des Schöpfers befriedigt: er kann nur leben im Werden. Um ihn muß der Staub des Fallenden sein und der rastlose Hammerschlag der Gründung; er muß die Fuhrwerke kommen sehn, die gellenden Rufe und den Peitschenschlag der Pferdeknechte im Ohr haben; er muß die Gerüste des Neuen sehn hinter den eben vollendeten Häusern. Im Umkreis lichten sich die Wälder, und das Antlitz der Landschaft verwandelt sich; aus immer größerer Fremde schwemmt die Havel die Flöße heran; es dröhnt und schüttert von den aufgeladenen widerwilligen Stämmen, von den Steinkarren und abgeworfener Last. Und der König steht unter den Werkleuten, er steigt in die Fundamente und Keller hinab; das Sumpfwasser sickert zwischen die Steine; schon Fertiges stürzt über Nacht und wird wieder errichtet. Der dumpfe, schwere Wille der Erde bricht sich am Willen des Menschen.

So steht Haus neben Haus; fünf Fenster hat jedes, und ein

jedes trägt eine Dachstube; orangefarben ist das Mauerwerk, weiß sind die Balken; selten nur verraten die Linien der Tür oder Verzierungen des Giebels einen eigenen Willen. An diesen Häuserreihen hat die Kunst keinen Anteil; aber sie verbinden sich dennoch zur Stadt: zur Einheit des Wohnens und Lebens. Indessen erwächst schon eine neue Stadt im Umkreis des Bassins, eines eingedämmten Sumpfes. Ein See liegt in ihrer Mitte, und in ihm, auf kleiner Insel, ein zierliches Häuschen mit geschwungenem Dach und schlankem Aufsatz; an den Ufern aber erheben sich, brüderlich zusammengeschlossen, von geraden Straßenzügen gegliedert, die holländischen Häuser. Es zittert und glänzt in dem Teich von den verschwimmenden Konturen abgetreppter Giebel, auf denen barocke Muscheln schimmern und Wetterfähnchen spielen; von dem warmen Rot des Ziegels, in den das reine Weiß des Mörtels, die weißen Tür- und Fensterrahmen ihre natürlichen Ornamente zeichnen. Kleine Gärten, von weißen Zäunen umhegt, drängen sich mit bunter Blumenfülle der Uferpromenade entgegen, auf die dereinst die jungen Bäume ihre Schatten werfen sollen: Holländer bauten und bewohnen die rote Stadt, Beispiele gebend als Handwerker, fromme Bürger und Wirtschafter; die Straßen und selbst die Höfe, in die am Anfange eines jeden Blocks der Blick durch die Brandgassen fällt, sind reiner als in irgendeinem andern Teil. Holländisch ist der Turm der Kirche, die, dem Heiligen Geiste geweiht, auf begrüntem Platz am Ende der Stadt emporsteigt über die Havel: dort, wo die ersten Fischer wohnten; holländisch auch der Turm des Gotteshauses am andern Ende, das Symbol und Grab des preußischen Willens und Königtums wird. Waffen hängen zu beiden Seiten des Tores: fertig zum Kampf und doch Gott übergeben, der allein den Streit befehlen kann: so entspricht es dem Glauben des Königs, der in seinem Testament noch seinen Nachfolger fast flehentlich bittet, einen Krieg nur zu unternehmen, wenn es geschehen könne im Namen der Gerechtigkeit. Gott, nicht der König, ist der Herr der Waffen; es soll keinen Krieg geben ohne Glauben; aber es gibt, für die aufgehende Macht, auch keinen Glauben, der nicht die Waffen segnete. – Hier sitzt der König auf selbstgeschnitztem Stuhl unter seinen Soldaten; hier auch soll seine Gruft sein: nicht die Gruft des sparsamen Wirtes in Preußen oder des zornigen grübelnden Schulmeisters, der mit dem Volk eins wird, indem er es erzieht: sondern die marmorbekrönte Gruft des von Gott gesetzten Gründers einer neuen Macht.

Von diesem Turm endlich ergeht die ewige Mahnung des Königs an die Stadt: nicht des Todes zu gedenken, sondern der Zeit. Sie läßt keine halbe Viertelstunde vorübergehen, ohne sie zu vermerken, ohne zu fragen: was hast du getan? Und was wirst du tun, bis ich wieder rufe und wecke: in diesen siebeneinhalb Minuten, die nicht dir gehören, sondern deinem irdischen und deinem himmlischen Herrn? Und doch, bei aller unerbittlichen Strenge der Frage, wird ein Lied aus der schwindenden Stunde: der Viertelschlag fällt herab über alle Stufen des Seins in den Abgrund der Zeit; fest und tröstlich tönt, in der Mitte des Vergehens, die Mahnung, in sich selbst, in der Haltung und im Glauben, die Rechtfertigung zu finden, die doch die Welt nicht gewährt; dreiviertel klingt herauf, aus den Tiefen ins Klare, und endlich löst die volle Stunde den Gesang zu Ehren des Ewigen, vor dem alle Zeit vergeht. – Es ist, als schicke der König selbst die schnelle Mahnung des siebeneinhalb zwischen die entscheidenden Klänge: als drängte er eifernd die Stunde dem Ende, das Werk der Vollendung entgegen: Stunde und Werk, die sich ewig erneuern im Arbeitsgebot der Erde.

Nun ziehen die Kähne aus der stillen Weite des Havellandes den Kanal hinab durch die Stadt; die Fischerfrauen steigen die hölzernen Treppen hinauf mit ihren schweren Körben; in den harten Schritt der Marschierenden tönt das leise Lied der Höhe. Französische Zeugmacher, holländische Seidenfabrikanten werken in den Häusern, Lütticher Büchsenmacher in der Gewehrfabrik. Schon ist der südwestliche Teil des Holländischen Viertels vollendet; hundertneunundneunzig Häuser standen im Jahre 1713, als Friedrich Wilhelm zu herrschen und zugleich zu bauen begann; nun, gegen das Jahr 1740, stehn elfhundertvierundfünfzig. Da plant der König einen neuen Durchbruch, dieses Mal gegen Norden. Sein Plan wird nicht mehr zur Tat. Und so bleibt Potsdam bis zur letzten Stunde seine Stadt: unter dem Zwang eines eisernen Willens geformt im Innern und immer aufs neue die äußere Form durchbrechend unter dem Zwang fortwachsenden Lebens; es ist erzwungen, nicht gewachsen, so wie Preußen erzwungen worden ist: nicht im Bund mit der Erde und mit den Geschenken des

Himmels, sondern im Kampf gegen Sumpf und Sand, im Vollzug ihrer Forderung. Gegen die Natur stellte sich die Stadt; und nicht der Reichtum, sondern Kargheit und Armut sind der Wurzelgrund der aufkommenden Macht und ihrer unzerstörbaren Energie. Das Innere ist geprägt: für alle Zeiten, wie es scheint; es hat keinen Raum für Spiele und Schmuck, aber es ist doch weit genug für das zuchtvolle Wachstum des Menschen; und damit hat es alle Verheißungen in sich, deren Erfüllung zu erhoffen ist. Wächst die Stadt fort, wie ihr Bauherr es wollte: wird sie sich wandeln? Von der Einheit, aus der die Formen langsam erblühn zu übersteigerter Vielfältigkeit der Formen; von der Gesundheit des Wachstums zur Gefährlichkeit des Spiels, des Geistes? Der Erbe wird ihr Schicksal sein. Die Stadt ist nicht vollendet, da der Gründer scheiden muß; und eben darum gehört sie ihm ganz: als eine große Hoffnung und Möglichkeit, als ein gerichtetes und nicht begrenztes Werden.

IV. Sein Staat

Nach zehnjähriger Erfahrung, im Winter 1722, zeichnet Friedrich Wilhelm im Jagdschloß zu Schönebeck die Entwürfe der großen Instruktion auf, die, über eine durchdringende Reform der Verwaltung hinaus, dem Staat den nicht sterbenden, den preußischen Antrieb gibt. Zwei Behörden lagen bisher einander streitend gegenüber: das Kriegskommissariat und das General-Domänen-Direktorium; das erste verwaltete die Kriegsgefälle, die Kontribution, die vom platten Land, den Bauern, Käthnern und Kossäthen, den auf den Dörfern sitzenden Handwerkern erhoben wurde; ferner die Ritterpferdegelder, die Steuer der Rittergüter, die Akzise der Städte und andere, geringere, gleichfalls für den Unterhalt des Heeres bestimmte Einnahmen. Das General-Domänen-Direktorium zog die Einkünfte aus den Kammergütern, Ämtern, Forsten, Salzwerken, Hütten und Posten ein: Gelder, die zum Unterhalt des Hofes und der Beamtenschaft dienten. Die Herren liebten es, einander die Vorteile abzujagen, um damit in gutem Licht vor ihrem König zu erscheinen; das konnte nicht ohne wechselseitigen Widerstand geschehn: so waren bald die Angegriffenen gezwungen, sich Verteidiger zu nehmen, auch die Gegenpartei bestellte sich Anwälte: über dem Streit der Beamten tobte der Streit der Juristen, die allein unter den Beteiligten auf einen sichern Vorteil rechnen konnten. Denn was war gewonnen, wenn das Domänendirektorium endlich dem Kriegskommissariat drei- oder viertausend Taler abgerungen hatte? Mußte dieses Geld nicht ohnehin in den Schatz des Königs fließen; mußte nicht der König endlich die Advokaten bezahlen: Menschen, die er noch weit weniger liebte als die Gelehrten? Welch ein törichtes Spiel trieb dieses Rudel der Tintenkleckser und »Blackschisser«, die mit Scheinvorteilen ihn zu täuschen glaubten: ihn, der selbst der lebendige Staat war, Vorteil und Nachteil wieder gegeneinander hielt und allein nach dem Einen fragte, das unwidersprechlich erreicht werden mußte: dem absoluten Vorteil; dem Zeichen des Wachstums?

Gewinn und Verlust, die Tendenz des Staatshaushaltes, müssen in klaren Zahlen erscheinen; eines Tages erfahren die zusammengerufenen Räte, die schon das Schlimmste befürchten, daß die beiden Behörden aufgehoben wurden. An ihrer Stelle wurde eine neue geschaffen: das General-Ober-Finanz-Kriegs- und -Domänen-Direktorium. Aber umständlich ist nur der Name; die Einrichtung ist von der Einfachheit, die Ausflüchte, Umwege und Verschleierungen, der »Sudeleien«, die der König inbrünstig haßt, schwerlich aufkommen läßt. Alle Kräfte des Staates, die bisher geteilt waren, werden nun zusammengefaßt unter einer einzigen Behörde; Wehr und Wirtschaft werden eins; fünf leitende Minister stehen an der Spitze der erbarmungslos zentralisierten Verwaltung; über ihnen der König. Für den Beamten dieser umgewandelten Institution gilt der Grundsatz, den der König einmal in einer Marginalie formulierte: »Man muß dem Herrn mit Leib und Leben, mit Hab und Gut, mit Ehr und Gewissen [dienen] und alles daransetzen als die Seligkeit. Die ist vor Gott, alles das ander muß mein sein.« Nur Beamte lutherischen oder reformierten Glaubens sollen geduldet werden; ferner nur solche, »welche die Wirtschaft verstehen und selbst getrieben«, keiner darf in der Kammer der Provinz amtieren, in der er geboren ist; selbst die Torschreiber werden aus ihrer Geburtsstadt versetzt: kein menschliches Interesse darf sich einmischen in die Erfordernisse des Staates.

Dies ist die erste Bedingung: reines verläßliches Werkzeug; dann erst wird sich dem erstarrten, verfallenen Staat die gewaltige Kraft des Königs mitteilen lassen: des Einzigen, der fähig ist, das Tote wieder zu beleben, und der für diese Fähigkeit das Recht unbedingter Herrschaft fordert. Denn man mag und soll ihm raten, aber: »Wir bleiben doch Herr und König und tun, was wir wollen.« Im Dienst ist kein Unterschied; selbst ein so nahestehender Helfer wie Grumbkow, der zuzeiten zum Vertrauten und Vertrautesten wird, erfährt, wie er sein Amt versehn solle: eine vom Lande eingehende Relation muß er öffnen, lesen, an seine Räte geben; dann wird in einer Pleno-Sitzung über die Einzelheiten berichtet und beratschlagt, endlich entschieden; wenn die Entscheidung nicht möglich ist, geht der Bericht an den König. Der Dienst beginnt im Sommer um 7, im Winter um 8; wer ohne schriftliche Erlaubnis des Königs eine Stunde zu spät kommt, verfällt einer Strafe von 100 Dukaten; mag er nun Rat oder Minister sein. Das Kollegium bleibt so lange zusammen, bis auch der letzte Zettel erledigt ist. Für den Fall, daß sich die Arbeit über die Mittagszeit ausdehnt, wird für die Verpflegung durch die Schloßküche in einem besondern Erlaß, der sogar die Speisefolge festlegt, gesorgt: das Kollegium soll ebenso bedient werden wie das Königliche Haus.

Eine der wesentlichen Aufgaben der Minister ist es, den pünktlichenEingang der Gelder zu kontrollieren; so pünktlich, wie die Einkünfte kommen, sollen auch die Löhne bezahlt werden; beim Tode des Königs wird es einmal der Fürst von Dessau rühmen, »daß die völlige Armee alle Monat ohne den geringsten Abzug ist richtig bezahlet worden.« Nicht Ausbeutung, sondern Erhaltung der Untertanen ist die erste Pflicht; sie fordert unbestechliche Gerechtigkeit und Einsicht vom Beamten.

Dies sind die ersten menschenbildenden, richtunggebenden Gesetze; ein neuer Staat entsteht, in dem alle, ohne Unterschied, dem stetigen Wachstum des Ganzen sich unterwerfen. Nach außen fallen die Schranken; aber wer Salz einführt, verfällt dem Galgen, wer Wolle ausführt zum Spinnen desgleichen; statt dessen sollen Menschen vom Ausland hereingeholt werden: Meister und Lehrer ihres Handwerks, so viele immer kommen mögen oder aufzutreiben sind. Es gibt keine Ausnahme von der Akzise: diese Steuer muß es unter allen Umständen fremder Ware unmöglich machen, die einheimische zu verdrängen; ein jeder Wagen wird visitiert: kein Vorgeben irgendwelcher Art kann davon befrein. Um auch hier das entscheidende Beispiel zu geben, »wollen wir selbst nebst Unserm königlichen Hause die Akzise bezahlen«.

Wie das Land an den Grenzen, so verschließen sich auch die Städte; aber im Innern regt sich die Kraft. Ziegel ersetzen Schindeln und Stroh; man bringt das Pflaster instand; man baut die Brandstätten zu und die Lücken, die vergangene Kriege in das Häusergefüge brachen; auf Pumpen und Brunnen wird der König ein Auge haben, wenn er durchreist; er wird sich die Feuerspritze zeigen lassen, deren Anschaffung er befohlen. Auch hier ist ein Beispiel mehr als Worte: Berlin muß vorangehen. Das Direktorium ist angewiesen, Vergrößerungsvorschläge auszuarbeiten, Pläne des zu bebauenden Geländes vorzulegen, auf denen die Einteilung in Häusergrundstücke,

Plätze und Gartenland vorgenommen ist. Wie Potsdam dröhnt auch die Hauptstadt Jahr um Jahr vom Lärm der Bauleute; Gesetze erscheinen, die den Untertanen für den Bau eines Hauses in sumpfigem Gelände härteste, ja vernichtende Opfer auferlegen; so schließen sich langsam, unter den immer wachen Blicken des Herrn, die soldatischen Häuserzüge der Friedrichstadt.

Denn es genügt nicht, zu verwalten und sauber Buch zu führen über das Vorhandene: auf das Schaffen kommt alles an. Wieviel Brüche sind noch urbar zu machen, wieviel Äcker liegen verwildert; wieviel Güter können gekauft und aufgewirtschaftet werden? Die Räte, die durch das Land reisen, sollen die Augen offenhalten; sie sollen finden und entdecken. Lohnt ein Brauhaus, eine Manufaktur? Der Antrieb ist gegeben und kann nicht widerrufen werden; die Kraft ist erweckt: nun soll sie treiben.

Auch unterirdische Wege werden begangen: das Direktorium ist angewiesen, in allen Provinzen Spione zu halten und mit diesen fleißig zu korrespondieren. Berichten die Provinzialkammern zuverlässig? Wie werden die Domänen verwaltet? Ist diese und jene Eingabe berechtigt, die erbetene Hilfe angebracht oder verdient? Wo auch die Spione versagen, wo das Gewissen warnt, keinen Augen zu trauen als nur den eigenen: dort soll der Beamte selbst den Postwagen nehmen und an Ort und Stelle inspizieren. Aber Eile ist not in allem und allem: Jahrzehnte, Jahrhunderte vielleicht gingen diesem Erwachen voraus. Wie für die Räte im Kollegium, die Pächter auf den Feldern, so gilt auch von nun an für die Post ein neues Tempo: eine Meile soll künftig der Wagen in der Stunde zurücklegen, fünfviertel Meilen der Reiter.

Man wird sich wehren so wie der Magdeburgische Adel, der keine Lehnpferdegelder bezahlen wollte und beim Kaiser Recht suchte gegen seinen Landesherrn: aber dieser Adel soll von seiner Kammer solange mit Schikanen bedacht werden, bis ihm der »Kitzel« vergeht; auch die Minister werden versichern, daß es nicht möglich sei, alle die den Etats zugrunde liegenden Rechnungen der Kriegs- und Domänenkasse persönlich abzunehmen und zu quittieren; doch »die Herren sollen die Köpfe daran stecken, und befehlen wir ihnen hiermit ernstlich, es sonder Raisonnieren möglich zu *machen*«.

Aus dem Hof wurde ein Staat; die Zeit der Schranzen war vorüber vom ersten Tage des jungen Königs an; nun ist auch die Zeit der Schmeichler und Betrüger und der verkümmerten Schreiber unter den Beamten abgelaufen; mitten in den Ernst seiner Instruktion hallt das Lachen des Königs: »Die armen Juristen, die armen Teufel, werden bei dieser neuen Verfassung so inutil werden wie das fünfte Rad am Wagen.« Preußen ist geschaffen; das heißt der Wille zum unbeirrbaren gemeinsamen Dienst im Namen unbegrenzten Wachstums ist gebildet. Das Größte, das Schöpferische ist vollbracht; und alle folgenden Zeiten und Führer können nur noch Erben sein.

Denn nun sind alle drängenden Kräfte zusammengerafft in der Hand des Einen, der sich freilich nicht nur dem Staat verantwortlich fühlt, sondern in viel tieferem Sinne Gott; das Werden der Erde und des erdverbundenen Volkes ist geweckt und einer nicht mehr irdischen Gewalt unterstellt. Im Gefühl dieser Einheit mit dem Unendlichen gelang die Tat. Noch hat die Formel »von Gottes Gnaden« am Eingang der Instruktion ihre Bedeutung: so spricht ein bestellter Verwalter, der sein letztes Recht, seine ganze Kraft aus dem Glauben nimmt. Preußentum ist, in seinem Ursprung, untrennbar von Religion: von dem Gefühl vor der Ewigkeit zu verantwortenden Dienstes.

Dies Land, das vor wenigen Jahren noch im Schlaf der Erschöpfung gelegen, ist von unheimlichem Leben erfüllt. Je strenger die Gesetze, je enger die Schranken, je stärker der Druck: um so mächtiger ist die Bewegung des Innern. Für die Beamten, vor deren Blicken mitten in der Arbeit das harte, forschende Antlitz des Königs erscheinen muß, die den Zwang seines Willens bei allem Tagewerk spüren; für die Handwerker, in deren Dasein der Herr mit Edikten über Einfuhr und Ausfuhr, mit Taxen und Bauverordnungen dringt; für Bauern, Schäfer und Hirten geht das Bewußtsein des allumfassenden Dienstes, eines größern, gemeinsamen Lebens auf. Sie sehen die Städte wachsen, die Felder gedeihn; die Postwagen, die Meldereiter in atemloser Geschäftigkeit jagen; sie sehen die Regimenter sich ausdehnen in fast vergessene Bezirke: ein jedes Dorf, ein jeder Hof ist vermerkt nach seinem Ertrag und Anteil; sie alle sind einbezogen in die Wucht unbegreiflichen, unaufhaltsamen Geschehens. Ein einziges steigendes Leben umfaßt sie alle, das ausging vom obersten Herrn und den letzten Knecht noch ergreift: es ist ein Drängen, nicht ein Erhalten; ein Wollen, dem die Gegenwart nicht genügt, für das nur das Künftige Wert hat: der lebendige wachsende Staat.

V. Sein Heer

Mensch und Werk werden eins; noch die persönlichste Liebe und Leidenschaft des Menschen kommen der Aufgabe zugute; er ist ganz, was er sein muß, zu Fehlgriffen und Übertreibungen, zur Härte und selbst zur Ungerechtigkeit geneigt, und fällt doch, eben mit diesen Schwächen und Neigungen, ganz und gar seiner Bestimmung anheim. Wäre nur die Pflicht, nicht zugleich eine tiefe Lust im Soldatentum: wie sollte Friedrich Wilhelm sein Heer erwecken? Er aber fühlt die unwiderstehliche Verlockung im Marschtritt, in der leisen Musik, die nur der Soldat vernimmt. Er hört das Knirschen des Leders, das leise Klingen der Luntenkette, die gegen den messingnen Behälter schlägt; er erlebt, über das Dröhnen der riesigen Trommeln, das Schrillen der Pfeifen hinaus, den Rausch des Wachstums lückenlos fortziehender Reihen. Was ist ein Morgen ohne Trommelschlag und Pfeifenklang; was ein Schloß, an dessen Wänden sich nicht der Widerhall der Befehle, eisern geeinter Tritte bricht? Diese Musik, dieser Anblick der ständig sich mehrenden Kraft sind das Glück, das während fast dreißigjähriger Arbeit nichts von seiner Frische verliert; in den Spielen des Knaben schon, der eine Kompanie schult und sie vor dem Vater versteckt, ist diese Freude, die der Vater nicht versteht; soldatisch ist das Leben: soldatisch der Tod. Söhne, die ihm geboren werden, meldet er dem Freund als Kadetten an; Töchter mit dem derbsten Spott. Die Fürstenfamilie wird zur Offiziersfamilie; militärischer Rang und Disziplin zeichnen besser aus als Krone und Zepter.

Wie könnte man verkennen, daß dieses Heer in seinen Anfängen wenig gemein hat mit dem Volksheer späterer Zeit? Noch in dem letzten Jahr Friedrichs des Großen hält es ein General für nötig, seinen Offizieren einzuschärfen, daß ihre Untergebenen »keine Schlingel, Canailles, Racailles, Hunde und Kroopzeug« sind; groß, überpersönlich ist im Heer Friedrich Wilhelms vielleicht nur der Wille seines Schöpfers, dazu des Fürsten von Dessau und einiger Offiziere. Lebte in ihnen nicht die Idee der unbedingten Verpflichtung an eine Sache; bestände nicht durch sie die Möglichkeit, daß die werdende

Armee langsam, von Stufe zu Stufe, durchdrungen wird von dem Bewußtsein einer höhern Aufgabe: diese Regimenter müßten, beim ersten Nachlassen der über sie gebietenden Kraft, wieder auseinanderfallen und in alle die Richtungen sich zerstreuen, aus denen sie sich nur widerwillig oder in der Verfolgung kleiner Interessen zusammengefunden haben. Denn der Zwang vermag wohl die Form zu erschaffen; aber er vermag sie nicht zu erfüllen; und endlich ist jede Form gerichtet, die nicht von innen erfüllt wurde bis zum Rand.

Zwang ist alles in diesem Heer; auch die Stadt ist ein Gefängnis, in der es ausgebildet wird; einmal entschließt sich Friedrich Wilhelm, den Soldaten einen Gang vor das Tor zu erlauben, aber nicht ohne draußen Verhaue anzulegen, die auch die geringe Freiheit wieder sichtbar einschränken. Er fühlt es zuweilen, daß man die Mannschaft anders behandeln müsse, als dies auf seinen Exerzierplätzen geschieht; staunend sieht er in Hannover Regimenter, die wohlgeordnet sind, obwohl es der König ausdrücklich untersagte, die Truppen zu schlagen; freilich, die vollkommene Subordination fehlt diesen Soldaten doch. Dem Markgrafen von Schwedt, in dessen Regiment zahlreiche Desertionen vorgekommen waren, versichert er, man dürfe es dem Soldaten nicht merken lassen, daß man ihm nicht traut. Aber wie sollten diese Soldaten an Vertrauen glauben: sie, die man wie Vieh bewacht und umzäunt?

Hinter dem glänzenden Bild blitzender Reihen, dergleichen die Welt noch nicht gesehn, verbirgt sich die furchtbare Nachtseite des soldatischen Lebens. Von Ehre ist wohl manchmal die Rede, die aber die Ehre verteidigen und vielleicht für sie sterben sollen, werden schlimmer als Hunde geprügelt, beschimpft. So mancher quält sich bettelnd durch die Gassen oder die Treppen der Häuser hinauf, nachdem ihn der Stock seines Korporals für immer zuschanden schlug. Schlimmer noch: viele, die diese Schläge nicht nur am Leib, sondern schmerzlicher noch in der Seele spürten, richten die verhaßten Waffen gegen sich selbst. Andere, unzählige suchen ihr Heil in der Flucht. Wie aber sollten sie sich retten? Ist ein Soldat desertiert, so läuten die Glocken in den Dörfern. In fieberhafter Angst machen sich die Bauern, der Schulmeister, der Gutsherr mit seinen Knechten auf die Jagd. Gelingt es ihnen nicht, den Flüchtling zu fassen, so muß das Dorf hundert Taler, der

Edelmann aber hundert Dukaten bezahlen; ist der Ort zu arm, um die Strafe zu entrichten, so müssen acht der angesehensten Bürger zwei Monate lang Festungsdienste tun. Den Gefangenen erwartet die Festung, der Tod oder lebenslängliche Schmach durch Verstümmelung des Gesichts. Wer ihm hilft auf der Flucht, hat sein Leben verwirkt. Dann wieder, wenn der Deserteure zu viele sind, entschließt sich der König zur Begnadigung. Wieder und wieder fällt die Frage in den Briefen an den Freund: soll man verurteilen; soll man begnadigen? Aber die andere große Frage, was man tun solle, um der Desertion zu begegnen, wird nicht gelöst.

Der Soldat muß nicht nur den Dienst erlernen; er muß es auch lernen, mit acht Groschen in fünf Tagen hauszuhalten. Anfangs kann es leicht geschehn, daß er in den ersten Tagen die geringe Summe ausgibt und in den folgenden nichts mehr zu leben hat; aber dann wird er klug und tut sich mit andern zusammen, um mit ihnen einzukaufen und zu kochen. Noch anderes Elend verbirgt der Glanz: wer bewundert nicht das berühmte Leibregiment des Königs; dieses Regiment, das er selbst mit ganzer Seele liebt? Aber man sollte begreifen, daß der kurze Rock die Grenadiere vor schlechtem Wetter nur unzulänglich schützt; daß die viel zu engen Ärmel die Blutzirkulation hindern und Brustbeengung und Krankheit hervorrufen; so geschieht es nicht selten, daß auf der Heimkehr vom Exerzierplatz ein Grenadier aus der Ordnung der Reihen wankt; daß Blut über seine Lippen tritt und den bunten Rock des Königs befleckt. Ist nicht auch dies ein preußisches Symbol? Die Form wird gesucht um jeden Preis; auch um den des Lebens.

Das Heer wird sich nur solange erhalten, als es immerfort zunimmt; wie soll bestehn, was nicht wächst? Ein General von Kleist wird, da er bei der Revue keine Rekruten vorzuweisen hat, an Ort und Stelle kassiert. Doch woher die Soldaten nehmen? Nur wenige gehn freiwillig in den Dienst des Königs von Preußen. Alle Schlauheit der Werber, die bei Nacht über die Grenzen umliegender Fürstentümer dringen, um Soldaten oder Rekruten wegzufangen, füllt die Reihen noch nicht. So muß das Ausland helfen; und es hilft nicht mit seinen besten Leuten. Russen und Türken, Franzosen und Flamen vervollständigen die Bataillone; lange vor dem Sohn übt der Vater umfassende Toleranz; der Legationspope kommt aus Berlin nach Potsdam und hält im Rathaus Gottesdienst für die russischen Grenadiere; selbst für die Angehörigen des Islams sorgt der König; für die Büchsenmacher aus Lüttich erbaut er eine katholische Fachwerkkirche in der Nähe der Garnisonkirche, die selbst zugleich dem lutherischen und reformierten Glauben dient. Die Toleranz ist im Falle Preußens zu nicht geringem Teil Gebot des wachsenden Heeres. – Aber wie sollte aus dieser, unter dem furchtbaren Druck des Reglements gärenden Masse, so leicht eine Einheit werden? Die Russen, die Engländer, die Franzosen revoltieren; einmal tun sich die Kroaten zusammen zu einem Anschlag auf das Leben des Königs. Doch einer fühlt sein Gewissen so sehr belastet, daß er die Tat im voraus beichtet; der Beichtvater wird, indem er die schlimme Absicht ohne Namensnennung verrät, zum Retter Friedrich Wilhelms.

Endlich entschließt er sich, dem Heer zuliebe Landwirtschaft und Gewerbe um ein gutes Teil ihrer Arbeitskräfte zu berauben, indem er ein Gesetz erläßt, das als der furchtbarste Zwang, den der Herrscher ausüben konnte, und dennoch als der Anfang der Veredelung des Heeres, zugleich eines völlig neuen Verhältnisses des einzelnen zum Staat, betrachtet werden muß. Briefe aus dem Herbst 1732 kündigen das Kantonreglement an: im Mai 1733 wird es Wirklichkeit. Von nun an hat ein jedes Regiment seinen festen Werbebezirk, seinen Kanton; ein jeder Knabe ist für die Waffen geboren; nur die Söhne der Edelleute und reichen Bürger, nach langem Zaudern und Kämpfen auch die Söhne der Prediger, sind davon ausgenommen; die andern gehören schon in der Wiege dem König. Damit wird das Volk zum Heer, gelangt das Heer zum Anspruch, das Volk zu vertreten; der Zwang soll zum Vollzuge gemeinsamen geschichtlichen Daseins erhoben werden – und bleibt doch Zwang und Ausnahme. Es ist erst ein Anfang; auch unter Friedrich wird das Ziel bei weitem nicht erreicht werden. Der Waffendienst soll geadelt werden. Aber wie sollte Adel sein, wo keine Freiheit ist; wo die Waffe schon in der Wiege liegt?

Die Wehr bestimmt die Form, sie fordert den ursprünglichsten Dienst, zugleich einen Dienst ohne Einschränkung; das Opfer jeden Leidens, endlich des Lebens. Nun sollen es schon die Knaben wissen, daß sie nicht sich selbst gehören, sondern einer Gemeinschaft, die zu jeder Stunde über sie gebieten kann. Damit werden Rekruten gewonnen, Soldaten erzogen; vor allem: es wird ein Mensch geformt, erzwungen, der es gewohnt ist, den Schwerpunkt seines Daseins nicht in sich selbst zu sehn. Und wie der einzelne gestaltet wird durch Pflicht der Wehr, so empfängt auch der Staat von ihr seine Form: die gesamte Verwaltung zielt auf diesen Gedanken; die Zentralisation der Behörden, die Rentabilität der Landwirtschaft, des Handels, der Manufakturen, die Durchbildung der Beamtenschaft und noch die Schulung des einzelnen Handwerkers haben das Heer zum Hintergrund; um seines Wachstums willen werden alle Kräfte zusammengerafft und geordnet; in ihm verdichten sie sich, werden sie zur Erscheinung, zur schicksalsbestimmenden Wirklichkeit. Es ist nicht das letzte, nicht der Zweck, über dem keine Zwecke stehn: noch nicht vielleicht; aber es ist das höchste Prinzip der Formung; es stellt die nicht zu befriedigende Forderung dar, durch die weithin zerstreute Menschen zum Volk, zerrissene Länderfetzen zum Reich werden sollen. Dieser allen sichtbare Dienst weckt die Kräfte und richtet sie zugleich; das Heer endlich vertritt den nicht mehr übersehbaren Anspruch der sich entwickelnden Macht. Es wurzelt im Innern, in der Erde selbst, die zu bestellen der König sein Volk lehrt, so wie es auch seinen Ausgang vom Bauerntum nahm: der Rock des Grenadiers war ein Bauernkittel; seine hohe Mütze ist die gestreifte Zipfelmütze des Bauern.

Da sie dem Heer schon angehören, so findet der König auch ein Verhältnis zu den Knaben auf der Straße: er befragt sie und ermuntert sie zu wachsen; wie wäre, neben der unmenschlichen Strenge der Ordnung, die Liebe, die Sorge des Erziehers zu verkennen? Er erbittert sich über das schlechte sauere Bier, das man in Potsdam braut: dies ist kein Getränk für seine Grenadiere, die gesund und kräftig sein sollen; ein auswärtiger Braumeister wird in die Stadt gerufen. Er bringt überraschende Nachsicht auf: so mit einem Soldaten, der den Auftrag hat, für die königliche Tafel Obst aus dem Charlottenburger Garten zu holen, auf dem Rückweg sich aber mit einer Bauerndirne ins Gras setzt und in der Hast des plötzlichen Aufbruchs den falschen Korb ergreift; Friedrich Wilhelm lacht, da ihm der verängstigte Bote Käse überbringt statt der erwarteten Melonen; er verzeiht sogar der Schildwache, die, dem Frieden ihres einsamen Standorts vertrauend, ein Bad im Fluß wagt und durch den Anblick des heranreitenden Königs aus den kühlen Fluten geschreckt wird. Was ist zu tun? Der Soldat faßt, nackt wie er ist, die beiseitegelegte Flinte und präsentiert, indem ihm das Wasser noch vom Leib tropft; der König reitet drohend vorüber. Er weiß es zu gut: er selbst hat sich eine große Schwäche zu verzeihen; eine Narrheit, die hart ersparte, Groschen für Groschen erworbene Schätze rücksichtslos verzehrt; eine Leidenschaft, die doch vielleicht nur die aufs höchste getriebene und übersteigerte Liebe zum Heer ist. Sie gilt seinem Leibregiment. Um der Phalanx der Riesen zu befehlen, wird er den Gesetzen untreu, die er sich selbst und seinem Staat gab. Über drei Ausgaben, gesteht er einmal, habe er aus Scham die Rechnungen verbrannt: über das Retablissement Preußens; den Bau der Friedrichstadt in Berlin; die Kosten des Leibregiments. Zwei dieser Ausgaben dienten dem Staat; mit der dritten opferte er der eigenen naiven Vorliebe und Narrheit, dem »Soldatennarren« in ihm selbst. Wie ein anderer Fürst seine Schätze vergeudet für Perlen und Steine, so Friedrich Wilhelm für den Menschen, freilich für das absurde Ideal des Menschen, das er von früh an in seinem Herzen trägt: den um Haupteslänge seine Umgebung überragenden Krieger. Können seine Soldaten, die für die ersten Europas gelten, nicht zu einer eigenen Rasse sich entwickeln: ließe das Volk, das er zu Fleiß, Tat und Arbeit erweckte, sich nicht auch in seiner Erscheinung steigern? Wie in einer jeden Narrheit, so steckt auch in dieser eine Liebe: die verachtete preußische Erde soll nicht nur das tüchtigste, nein auch das gesündeste und größte Geschlecht hervorbringen; eine Rasse, deren Überlegenheit sich sichtbar bekundet und die Friedrich Wilhelm glaubt züchten zu können.

Ach, er will es nicht wahrhaben, daß diese Riesen durchaus nicht immer so wohlgebildet sind, wie er es wünscht; daß so mancher »söhnne Kerrel« ihm mißfällt. Seine Leidenschaft aber gibt ihn nicht frei; sie wird zum Leiden im Lauf der Jahre. Denn sein ehrliches Gewissen kann ihm die Vorwürfe nicht ersparen, die immer brennender werden mit dem Anwachsen der vergeudeten Summen, mit dem immer tieferen Gefühl seiner Verantwortung. Aber dann hat er wieder das lockende Bild vor Augen: die ziehenden übermenschlichen Krieger, sieht er ihre Waffen und Knöpfe blitzen, hört er ihren schweren Marschtritt. Und so schüttet er seine schönen, harten Taler in die Hände der Werber, der Menschenhändler ganz Europas, die es verstehen, aus seiner Narrheit Gewinn zu ziehn: zweitausendzweihundert Taler für Andrea Capra, fünftausend Gulden für den Rekruten Große, dazu fünfzehnhundert Taler für das Kloster, dessen Untertan er war, und noch zweihundert Taler für Transport und Reisekosten; achttausendachthundertzweiundsechzig Taler für James Kirkland, den Schotten. Ist er nicht König? Kann er es nicht tun? Aber das Geld fehlt für den Ausbau Trakehnens, für Kanäle und Manufakturen. – Indessen hat einer seiner Offiziere von einem riesigen Mönch gehört, der in einem italienischen Kloster leben soll; fehlt nicht gerade jetzt ein Flügelmann im dritten Glied? Friedrich Wilhelm sieht schon den Unbekannten in der Reihe. Ein Plan von abgründiger Schlauheit wird entworfen; auf die Kosten kommt es nicht an; so reist ein Offizier unter dem Vorwand, katholisch werden zu wollen, nach Rom; er wird mit dem Mönch bekannt, gewinnt diesen durch Erregung seines frommen Eifers, zieht ihn endlich, um das Bekehrungswerk an Ort und Stelle zu befestigen, nach Deutschland, wo er für immer in Friedrich Wilhelms Soldatenstadt, dem preußischen Kloster, verschwindet.

Verschwendung und Täuschung sind noch nicht das Schlimmste. Man weiß es in ganz Europa, daß man den König von Preußen leicht für sich gewinnt, wenn man ihm einige lange Soldaten zum Geschenk macht. Seckendorff, der kaiserliche Gesandte, nutzt diese Schwäche für seine Diplomatie. Die Kaiserin von Rußland schickt dem König einige Grenadiere und erbittet dafür preußische Messerschmiede. Da die Handwerksmeister von Hagen nicht freiwillig nach Rußland gehn, so werden sie aufgehoben und mit Gewalt über die Grenze gebracht. Der Kronprinz erwirbt sich den Dank des Vaters, indem er einen Schäfer für ihn wegfangen läßt. – Was ist Ehre ohne Freiheit? Und selbst das Recht wird in dem preußischen Rechtsstaat umgebogen durch die Narrheit des Königs: Man kann so mancher schweren Strafe entgehn, wenn man sich rechtzeitig entschließt, einen Beitrag in die Rekrutenkasse zu geben; auch die Ämter werden käuflich: hier, wo allein Tüchtigkeit und Dienstbereitschaft entscheiden sollten; eine Kopistenstelle kostet hundert Taler, eine Geheime Kanzlistenstelle dreihundert, höhere Ämter steigen im Preis bis zu zweitausend Talern; »wer das meiste gibt« [wie eine königliche Antwort lautet], erlangt auch das Amt: das Geld wandert in die Rekrutenkasse. Von 1713 bis 1735 gehen zwölf Millionen Taler Werbegelder in das Ausland.

So widerspricht der König sich selbst, seiner entscheidenden Konzeption; aber Leidenschaft allein konnte ein Werk erschaffen wie das seine; und die Leidenschaft fordert ihren Tribut. Wächst so nicht das große Kriegergeschlecht heran, das dieser nüchterne Wirt in seinem sandigen Land sich erträumt? Er wird zur Hochzeit eines Offiziers geladen, findet neben dem Bräutigam einen unverheirateten Bruder, neben der Braut deren junge, verwitwete Schwester vor und verbindet das Paar noch am selben Tag, aus der Hochzeit eine Doppelhochzeit machend zur Überraschung der Gäste. Er bekümmert sich um die zurückgelassenen Frauen seiner Soldaten, läßt diese nachkommen, sobald es möglich ist, wird Pate und immer wieder Ehestifter. Hochgewachsene Bauernmädchen, die er auf der Straße trifft, bestimmt er für seine Grenadiere; er läßt Mägde in holländischer Wirtschaft ausbilden auf seinem Amt Königshorst, das er aus dem Sumpf und Sand des Havelluchs hervorgestampft hat, versucht selbst die Butter, die sie bereiten, und schenkt der Tüchtigsten ein Heiratsgut. Er geht in die Häuser, die Suppe zu kosten; er läßt sich Brot aus Ostpreußen schicken, um es zu prüfen. Ein großes, gesundes Volk muß werden: treuer Ackerknecht und Verteidiger der ihm verliehenen Erde.

Nicht als glattes Werkzeug, sondern als Mensch, mit den Mitteln seiner Narrheit und seiner Leidenschaft, dient Friedrich Wilhelm, wie ein jeder, seiner Bestimmung. Man versteht diesen König noch nicht, wenn man nicht das Lachen hört, das er Zeit seines Lebens für die eigene Besessenheit hat. Endlich, in seinem Testament, gelingt es ihm, seiner Narrheit einen tiefen Sinn zu geben: Um dem Neid des österreichischen Hauses zu entgehn, sei er durch sein ganzes Leben gezwungen gewesen, zwei Leidenschaften zur Schau zu tragen, die er nicht gehabt habe: ungereimten Geiz und die Vorliebe für lange

Soldaten. Nur wegen dieser augenfälligen Schwachheiten habe man ihn beim Einsammeln eines großen Schatzes und der Heranbildung einer starken Armee nicht gestört. Beide seien nun da – und der Sohn bedürfe keiner Maske mehr. Es ist Friedrich Wilhelms verborgenster Zug: eine Schlauheit, die ebensogut die Welt zu täuschen, als die eigene Natur in Schutz zu nehmen versteht; denn seine Leidenschaften sind ebenso echt wie die Absicht, denen er sie unterstellt. Mag er Narr sein und für einen Narren gelten: wenn nur das Werk gedeiht. Er gehört sich nicht selbst, auch wenn er seiner Torheit folgt; er bleibt im Bann der Aufgabe und dient selbst mit seiner Willkür.

So wird die Kraft nicht gebrochen; auch durch die Erkenntnis der Schwäche nicht; einer Frau, die für ihren einzigen, mit Gewalt eingezogenen Sohn bittet, entgegnet der König: er könne ihr nicht helfen. Er selbst sei Soldat, und auch seine Söhne; und hätte er nur einen einzigen Sohn, so müßte dieser Soldat werden. Dem Superintendenten von Wernigerode, der sich weigert, seinen Sohn zu stellen, wird für mehrere Wochen das Haus verschlossen; durch einen Beitrag für die Rekrutenkasse kauft er sich frei. Studenten verfallen der List und der Gewalt der Werber unter den Augen des Fürsten von Dessau, von dem die Sage geht, daß er seinen eigenen Söhnen nicht einmal Unterricht im Schreiben habe erteilen lassen: die Prinzen werden Soldaten und zwar von der ungewöhnlichen Art. Aber der Freund, der Seite an Seite mit dem König, und oft noch härter und hitziger als dieser, das Volk für die Wehr erzieht, trägt auch dessen Kummer mit: sie schicken einander sorgfältig ausgearbeitete »Ordres des Bataille«: doch wozu? Der Kommandant von Magdeburg stirbt; alte Offiziere gehn hin, ohne einen Krieg gesehn zu haben, andere, die nie den Donner einer Schlacht vernommen, rücken in den Stab auf: dieses Heer ist glänzend, selbst nach dem Geständnis der Neider; allein: wie wird es sich bewähren? Der große Friede sei sein ganzes Unglück, »ein chagrin«, den er nicht aussprechen könne, seufzt der König; in Brabant scheint das Feuer aufflammen zu wollen; der bevorstehende Tod des Kurfürsten von der Pfalz entfesselt vielleicht den Erbstreit um Jülich-Berg; die Atmosphäre ist geladen, furchtbare Wetter stehn in der Luft, doch das Zeichen wird nicht gegeben: die große Notwendigkeit fehlt.

Im Osten droht der Streit: schon Friedrich I. erkannte das Gebot, die Verbindung zwischen Pommern und Ostpreußen herzustellen; Friedrich Wilhelm ist auch darin bewußter Erbe der preußischen Tradition, daß er für Marienburg, Stargard und Berent, die Brücke zwischen Ostpreußen und Pommern, bereit wäre, »mit Plesier« Jülich und Berg an jeden abzutreten, der sie wolle. Was gilt ihm der Rhein vor der Forderung des Ostens? Aber ihm, der der geringfügigsten Sache wegen rüstet zum Marsch nach Hannover und dann doch auch diesen Krieg nicht beginnt, ist es bitter ernst mit dem Glauben, daß es der »guhten und gerechten occasion« bedürfe. Er findet diese letzte Bestätigung nicht. Jahr für Jahr fühlt er deutlicher die Gefahr, die über dem bewunderten Heer schwebt: muß nicht auch das beste Werkzeug verrosten, wenn es nicht gebraucht wird? Das Volk will zur Form; die Form wird geschaffen vom Heer; das Heer will einmal den Krieg, wenn es bleiben soll, was es ist: diese Kette zerreißt kein Gebieter; aber ebenso unzerbrechlich ist für Friedrich Wilhelm das Gebot, den Krieg nur zu entfachen auf den Anruf der Gerechtigkeit. Er selbst kann ihn nicht beginnen: der Krieg muß kommen; das Heer bedarf seiner unwidersprechlich, auch der Staat in wachsendem Maße: aber dieses innere Bedürfnis genügt nicht. Wird eine letzte Kühnheit gefordert, die Friedrich Wilhelm nicht kennt; das Gefühl einer Verpflichtung, die auch heilige Gesetze bricht, das Wagnis des Unrechts, die Lüge von seiner Notwendigkeit – oder nur der Durst nach Ruhm? Die Waffen hängen zu beiden Seiten des Kirchenportals; der Höchste soll über sie verfügen.

Es ist der Schein fast kindischen Spiels über dem Heer und doch die Drohung der Macht. Wenn sie aufziehn an den großen Tagen, so marschieren Mohren als Pfeifer voraus, mit Turban und Federbusch, im Schmuck silberner Halsketten und silberner Ohrgehänge; dann donnern die riesigen messingnen Trommeln vor dem Schritt der Grenadiere. Auf blauen Röcken leuchtet das Rot der Aufschläge, weiß schimmern die Bandeliere, auf denen die Kette des Luntenbergers blinkt; ein einziger stummer Wille bewegt die gewaltige Kraft. Es schüttert und hallt, während der Pfeifenklang schrillend sich losreißt von der Erde, in das Blau des Himmels zu stoßen, die Trommel ihm nachbebt am Boden: niemals gelöste Gewalt. Es wächst aus der Stadt hervor, unübersehbar, in Häusern gesammelte, zwischen Mauern verdichtete und erzogene Kraft eines Volkes, das seinen Erwecker und Former gefunden hat. Auf dem Sand, der kaum Bäume zu tragen vermochte und die kargsten Früchte noch verweigerte, breiten sie sich aus: Menschen, mehr als aller Reichtum gesegneter Erde. Die Züge lösen sich in Reihen, die sich fest aneinanderschließen, das Feld überdeckend, indessen der Strom noch immer heranschwillt: Mensch, Tier und Gefährt, von dem furchtbaren Zwang des Marschtritts geeint. Es zuckt von Flügel zu Flügel; das Gellen der Pfeifen reißt ab, die Trommeln summen noch dumpf; die ungeheuere Masse, fähig, das furchtbarste Toben der Schlacht zu entfesseln, ist stumm. Im Blitz der Waffen und Waffenröcke, der Blicke, reitet der Eine die Front hinauf, der diese Macht erweckt hat im heimischen Sand. Schwer schreitet das Pferd; dem suchenden Auge entgeht kein Knieriemen, der sich verschob, keine Gamasche, die sich darunter löste. Er fühlt die ungeheuere, gespeicherte Kraft, die ihm gehorcht. Er reitet wieder zurück in die Mitte, jedem Auge begegnend mit dem seinen; dann gibt das Geschütz das Zeichen, und die Trommel fällt ein. Keine Stimme erschallt. Unter dem dumpfen Gebot der Tamboure schweift der riesige Blitz der präsentierten, gesenkten, geschulterten Waffen über die Reihen, verwandelt sich ihre Ordnung in Karrees. –

Die Sonne überwindet den Morgendunst, sie steigt zur Höhe des Mittags und beginnt zu sinken: noch immer ist der Wille der Tausende geeint im König, der, die stechenden Flammen der Krankheit im Gebein, unerbittlich forschend über die Reihen blickt. Sie schließen sich wieder zu wandernden Säulen, vom Marschtritt zusammengerafft, indessen der Dunst über den Platz kommt, auf dem ihre Kraft sich entfaltet hatte im Spiel der Übung; mit zusammengebissenen Zähnen, die Wut namenloser Schmerzen niederkämpfend, hält sich der König im Sattel. Die Pfeifen stoßen verhallend in das Grau des Abends vor, die Trommeln schüttern ihnen nach; die Erde wird still; auf dem Sand, der die furchtbare Heereskraft getragen, bleibt kein Zeichen vom Traum der Macht.

VI. Sein Tod

Wer den König in seinem letzten Jahr hinter den Soldaten zur Kirche fahren sah, erschrak über die dunkeln Flecken der Krankheit in dem aufgedunsenen Gesicht, aus dem nur die Augen in ihrer alten, durchdringenden Klarheit leuchteten. Der Schlaf, der keine allzuweite Strecke dieses Lebens überschattet hatte, kommt jetzt noch seltener: das Kinn auf das Holz des Stuhles gestützt, verwacht Friedrich Wilhelm unter bohrenden Schmerzen die Nächte. Furchtbar gellt die Stimme des Gefesselten durch die Zimmer; die Diener, die Pagen zittern; auf das äußerste gereizt und überreizt prügelt sich der König so sehr in Wut, daß man fürchtet, er könne vom Herzschlag befallen werden unter Schelten und Flüchen, den Stock in der Hand. Von den Pistolen auf seinem Tisch weiß das Gerücht, daß sie mit Salz geladen seien, um den Dienern wütende Schmerzen ins Fleisch zu brennen: Schmerzen, denen gleich, die für Stunden und Tage des Kranken der einzige Inhalt seines Lebens sind. Der Anblick der Grenadiere, die er sonst wohl in sein Zimmer kommen ließ, hat keinen Trost mehr für ihn: er würde ja doch nur einen Fleck auf einem blauen Rock, einen schlechtsitzenden Riemen bemerken und aufs neue in rasende Wut verfallen. Wenigstens ein Dutzend Menschen muß ihn umstehen, über deren Gesichter seine Blicke mit bösem Argwohn gleiten: sie alle warten ja nur auf seinen Tod. Heute sind sie noch Sklaven, bereit, seinen Tritten sich darzubieten; morgen glauben sie, frei zu sein. Ob sie dann wirklich frei sein werden? Der Ausdruck des Leidens um seinen Mund wird zu einem stechenden Lächeln: er, der alte Menschenquäler, ist dann unter der Erde; aber der neue Menschenbeglücker, auf den sie hoffen, wird sie vielleicht alle zum Teufel schicken. Was wissen sie in ihrem Glückshunger von einem König und seinem Amt?

Um ihn muß Reden und Laufen sein: vielleicht kann er dann, mitten unter Gesprächen und dem Lärm der Schritte, sich für eine Stunde im Schlaf vergessen; in der Stille kann er es nie. Die alte Unruhe, die sein Werk in nicht ermattendem Schwung hielt, wird zur Folter: draußen geht die Unrast drängender

Arbeit durch sein Land, dieses Treiben, das er erwecken mußte, weil es in seinem Blut ist; und er selbst ist gebannt in vier stumpfe Wände. Aber treibt dieser Pulsschlag noch? Beginnt man nicht schon, sich erleichtert zu fühlen, gehen die Postwagen und Postreiter nicht schon langsamer; wird man nicht schon nachlässiger im Bestellen der Felder, seit man weiß, daß er die Saat nicht mehr sehn, die Ernte nicht mehr abwiegen wird? Und – wenn er eines Tages doch wieder den Wagen durch die Felder jagte und durch die breiten Straßen Gumbinnens vor das Kammergebäude, daß der weiße Schrecken unter die Perücken fährt? Vermöchte der Wille, der tote Erde in Ackerland verwandelte und einem Volk die Idee seiner Form gab, nicht auch dies? Doch wozu sich betrügen; die Wahrheit ist stark wie der Tod; es ist aus; auch die Jagdhörner gellen nicht mehr; mag der Fürst von Dessau die Meute ausbrechen lassen, die lange schon tobt und heult in den Ställen, und die Hirsche aufstören und die Keiler: sonst werden noch Jäger und Hunde verderben. Friedrich Wilhelm hat »auf der Welt nichts mehr zu jagen«.

Aber gefangen zu sein, nicht mehr forschen, prüfen, überraschen zu können! Die Pferdeknechte werden den Stall nicht mehr kehren, und noch der jüngste Küchenjunge wird träg. Sie wissen zu gut: der König schilt und tobt in seinem Zimmer, aber er wird unsere Faulheit nicht mehr stören. So läßt er sich einen Stuhl fertigen, auf dessen Armlehnen Drehgriffe, dem Griff einer Kaffeemühle ähnlich, die Räder an den Füßen in Gang bringen: ein armseliger Notbehelf; in solchen Stühlen pflegt man Kinder gefangen zu setzen, oder man überläßt sie ihnen, wenn sie heranwachsen, zu ihrem Vergnügen. Ächzend quält sich der König auf dem seltsamen Gefährt durch die Zimmerflucht; oft irrt das Rollen und Knarren durch die Nacht, in der die Kerzen nicht erlöschen, die Befehle und Schreie nicht verstummen. So schleppt sich ein verwundetes Tier mit schleifendem Körper noch fort, lieber die verdoppelten Schmerzen duldend als erzwungene Ruhe. Wenn die Trommeln unten schüttern und die Pfeifen ins Blaue stoßen, rollt Friedrich Wilhelm auf seinem Stuhl gegen das Fenster: dann sieht er, machtlos wie ein Kind, Reihe um Reihe die Macht ins Unübersehbare wachsen, die er geschaffen hat. Noch gehorchen sie ihm. Aber Qual und

Haß schießen ihm ins Herz, wenn er dessen gedenkt, dem sie bald gehorchen werden.

Furchtbarer ist nichts als die Stille, als der träge Gang der Stunden, die Wartezeit vor dem Ende. Wird man ihn vergessen? Er reduziert die Speisefolge der königlichen Tafel: bis zuletzt soll man wissen, daß er herrscht; aber man soll auch wissen, daß der König und seine Familie nicht ihrer selbst wegen da sind, sondern um des Dienstes willen: dieses Beispiel vor allem soll sich erhalten. Wird man es verstehn? Wird der Eine, der über die Dauer des Werkes, den Wert der Opfer entscheidet, sein ganzes Leben unter dieses Beispiel stellen, wieder schaffen, wieder opfern, und das Gebot endlich weitergeben, das mehr als Werk und Opfer gilt? Wer weiß, mit welcher Begierde man eben in Rheinsberg auf jeden Hufschlag lauscht; wie die Höflinge, ekles Sklavenpack, die Augen verdrehn nach einem jeden Berliner Brief, ob sie die Zeichen der Trauer daran entdecken; wie sie bereit sind, jetzt ihr Gesicht im Schmerz zu verziehn und im nächsten Augenblick wieder zu strahlen und zu glänzen im Licht der »aufgehenden Sonne«. Wenn man sich schon in Berlin und Potsdam auf diese Kunst versteht; wenn die alten Generäle des Tabakskollegiums nicht zu einfältig sind, um nicht beizeiten ihre Reverenz vor dem neuen Herrn zu machen und den Freund Freund sein zu lassen, auch wenn er ein König ist: wie werden dann die Wortverdreher in Rheinsberg erst weinen und lächeln zur richtigen Zeit! Aber er! Diener, Freunde, Umwelt sind nichts; in dem Einen ist das Schicksal, das Unbeherrschbare, das kommen muß. Der König sieht den Sohn wieder, rasch und strahlend eintreten in das Tabakskollegium; die Generäle fliegen von den Sitzen, im Augenblick vergessend, daß hier, am Tisch der Freunde, kein Rangunterschied gilt, kein Titel, keine Majestät; denn sie wissen nur eins: daß der Jugend die Macht gehört. Was war da auf seinem Gesicht? Triumph? Erschütterung? Könige sind keine Väter; werdende Könige keine Söhne. Aber was ist ein sterbender König? Nichts.

Das Furchtbarste ist die Stille. Er läßt sich das Handwerkzeug bringen, mit dem er sich einst, mitten in seinem Werk, den Ärger vertrieb, und beginnt zu hämmern und zu zimmern: Kästchen aus Lindenholz. Für wen? Wozu? Aber der Hammerschlag und das Knirschen der Säge füllen das Zimmer und lassen die Fenster zittern; draußen bleiben die Bürger stehen, wenn einmal die Nacht sie vorübertreibt: der König hämmert. Mögen sie es hören: der König schafft; der König ist noch da. Mag es ihnen den Schlaf verstören im Schloß: jetzt noch; vielleicht ist dies die letzte Nacht, da sie den Takt seiner Arbeit hören.

Aber im Lärm quält eine Frage, stiller, vernehmlicher als der Lärm. Die Seele macht sich los von allen Menschen und Dingen ihrer heißesten Liebe: wo will die Seele hin? Zinzendorf hat einen Brief geschrieben, etwas anmaßlich und etwas reich an Worten, wie es die Art dieses Propheten ist; doch die quälende, erweckende, unüberwindliche Frage war darin: des Königs Unsterbliches schicke sich zur letzten Reise an; vielleicht habe der König nicht alles getan für seine Seligkeit. Friedrich Wilhelm ließ zurückschreiben: er stehe mit seinem Gott und seinem Heiland auf so gutem Fuß, daß er ihrer Gnade versichert sei; ein Kopfhänger sei er nicht, und er glaube auch nicht, daß darin der Glaube bestehe. Allein der Graf war nicht beruhigt: er habe »einige dubia«, einige Zweifel. – »Soll seine dubia schreiben, soll sich mir explizieren.« Die Antwort kommt: ein langer Sermon über die Bekehrung auf dem Krankenbett. Dies ist die Art der Prediger: beugen, zerknirschen wollen, sich, mit dem Tod im Bunde, zu Herren der Könige zu machen. Er aber will seinem Gott so aufrecht entgegengehn, wie er gelebt. Er läßt sich die Lieder singen, in denen ein tieferer Trost ist als in den Worten der Prediger: »Warum sollt' ich mich denn grämen? – Hab ich doch – Christum noch – Wer will mir den nehmen?« Doch schon die zweite Strophe reizt ihn zum Widerspruch: »Nackend lag ich auf dem Boden – Da ich kam – Da ich nahm – Meinen ersten Odem – Nackend werd ich auch hinziehen.« »Das ist nicht wahr«, fällt er ein; »ich werde in meiner Montierung begraben.« Als Soldat hat er gelebt, und als Soldat will er sich zur letzten Rechenschaft stellen.

Die alten Sorgen und Nöte kehren zurück; ob die Bauern nicht doch noch mit Handmühlen mahlen in Preußisch-Litauen? Bei Memel müssen Windmühlen gebaut werden. Man könnte dort auch Hopfengärten anlegen und Schäfereien gründen auf der Plaschker Heide und bei Heidekrug. Dort liegt die Erde noch tot: wieviel Menschen könnte sie ernähren, wieviel Tiere! Sicher werden sie bei der nächsten Ernte wieder ihre kleinen Garben mit frischgemähtem Getreide binden statt mit Strohseilen, aber die Landräte und Amtsleute sollen es aus dem Grab ihres Königs noch einmal vernehmen, wie man Garben bindet in Preußen. – Jetzt werden sie mit ihren Pflügen auf die Äcker fahren: mit deutschen Pflügen, wolle es Gott! Jetzt werden sie säen: das Wetter scheint gut. Die Ernte aber – wie wird sie ausfallen in diesem Jahr? Wer wird sie wägen? Das Frühjahr ist gekommen, dem kein Sommer, kein Herbst mehr folgen wird. Mögen die Ärzte sich winden und drehen bei jeder Frage: Friedrich Wilhelm erkennt den Tod, der vor ihm steht. Zum letzten Male fährt der König an den Häusern der Friedrichstadt vorüber: den Wänden ohne Schmuck, den kahlen Fenstern, der nüchtern-unendlichen Perspektive. »Adieu, Berlin; ich will in Potsdam sterben!«

Er kommt in seine Stadt, die, unfertig noch immer, von Baulärm dröhnt; Fuhrwerke rattern über aufgewühlte Straßen; die Stadt strebt, wie das Land, wie das Heer, in eine andere Zeit. Bald läßt er sich wieder hinaustragen unter die Bauleute, in die hastende Unruhe des Werkes. Dort, am Fundament eines Gebäudes in der Nähe des Marstalls, im Getriebe seiner großen Werkstatt, trifft ihn der Sohn, der von Rheinsberg eilig heransprengte. Friedrich stürzt dem Sitzenden weinend in die Arme; sie umfassen einander. Wie? Tränen, herzliche Worte? Dies ist der Augenblick, an dem Alle teilhaben: der Hof, die umherstehenden Bürger und Werkleute, alle die Gaffer; aber sie haben einander mehr zu sagen: der König, der da geht, und der König, der kommt.

Das letzte Vermächtnis bleibt geheim. Friedrich blickt in das Staatswerk, auf dessen Treibrad die volle Kraft eines Lebens strömte; es kann diesen Antrieb nicht einen Tag entbehren, wenn es nicht stocken soll. Mehr noch: er überschaut das vollendete Tagwerk eines Königs, eine furchtbare Forderung an ihn selbst. Wäre jetzt noch der erbitterte Streit von einst zwischen ihnen: wie sollte der Sohn sich nicht für besiegt bekennen? Das Land ist vermehrt; der Schatz begründet, das Heer geschaffen; mehr als dies alles: der Mensch ist gebildet für seinen Dienst; wer vermöchte Größeres zu hinterlassen? »Sir, Euere Majestät« nannte ihn der Vater in vergangenen Jahren, nicht ohne die bittere Aufforderung, sich noch ein wenig zu gedulden; und auch das andere harte Wort: daß, im Falle des

Versagens, der Vater auch im Grabe noch lachen werde über ihn, ist schwerlich vergessen; es ist ihnen nicht gegeben, das letzte Mißtrauen zu überwinden. Vater und Sohn können sie nicht mehr sein: sie sind einander zu fremd und zu ähnlich zugleich. »Es steckt ein Friedrich Wilhelm in dir«: dieses Lob auf der letzten Revue war die größte Verheißung für den Sohn; der größte Trost für den Vater. Was aber liegt am Menschen? Auf den König kommt es an.

Denn Friedrich Wilhelm vererbt nicht nur Reichtum und Kraft: er vererbt Feindschaft, die den ganzen Staat umstellt, immer größer und gefährlicher werdend mit der eigenen Macht. Dieses Heer ist kein Spielzeug, ob es auch oft den Anschein erweckte; und es wird von niemanden als Spielzeug gewertet. Der Krieg ist unter allem Künftigen das gewisseste Ereignis; vielleicht hätte man ihn längst schon wagen sollen; aber Gott hat es nicht gewollt. Der Befehl von oben, die letzte Notwendigkeit stellten sich nicht ein. Sie werden kommen: es wird keine Waffe geschmiedet in der Welt, die zuletzt von ihr nicht erprobt wird. Zu mißtrauen ist allen: den Staaten und ihren Dienern; aber, wider Willen fast, kämpft sich das tiefste, von Haß erfüllte Mißtrauen durch: gegen Habsburg. Starb der Kurfürst nicht als Betrogener, ohne es zu wissen? Friedrich Wilhelm *weiß* sich betrogen: dies ist die schlimmste Enttäuschung, brennende Schmach. Denn der Kaiser, dem er diente, wie sein Vater ihm gedient hatte; an dessen heiliges Amt er glaubte, verbündete sich mit Frankreich: mit eben der Nation, die ihm am stärksten widerstrebt. Sie wollen ihm die Bergische Erbschaft nicht gönnen; auch Todfeinde werden eins, wenn es gilt, Preußen niederzudrücken. Frankreich garantiert dem Kaiser dafür, daß Preußen die Bergischen Lande nicht besitzen soll; der Kaiser ist falsch und würdelos genug, diese Garantie von Frankreich zu fordern. Und wenn Friedrich Wilhelm die Macht seines Hauses vermehrte, wo immer er konnte: hier ist er besiegt. Aber der nüchterne Wirt in Preußen ließ schon in früher Jugend für seinen Wappenadler die Devise prägen, daß er der Sonne nicht weichen solle; ist auch der Glaube an Habsburg zerbrochen, so lebt doch der Stolz der Brandenburger noch; und in ihm verstehn sich Vater und Sohn. Der König hat einen Schmerz, einen Haß zu vererben: denselben, der den Kurfürsten zu verzehren begann, als er eben seine Macht zu begründen, sein Leben zu krönen hoffte: Haß und Schmerz fressen weiter von Geschlecht zu Geschlecht, bis die Flamme hervorzuckt.

Der Brandschein dieses Kampfes fällt schon auf die Welt, andere werden ihn führen; für den König beginnt indessen ein Kampf, in dem ihm niemand zur Seite steht. Noch wurzelt seine ganze Kraft in der Erde, der er gedient; der Schmerz hat ihn nicht gebrochen; noch ist er Herr und will es sein, ob auch der Tod ihn zeichnet. Aber soll der Haß nicht schon auf Erden enden, nicht erst im letzten Atemzug? Roloff, der Propst, sucht ihn vorzubereiten für das andere Reich. Ob der Sterbende sich nicht versöhnen wolle mit dem König von Hannover, mit dem er von Knabenzeiten an in Feindschaft gelebt? – Aber der Hannoveraner hat ihm »alles gebrannte Herzeleid« angetan: im Herzen sei ihm vergeben; nicht mit Worten von lebendigen Lippen: nach Friedrich Wilhelms Tod mag die Königin ihrem Bruder schreiben, daß ihm verziehen worden sei. – Doch der Propst will nicht nachgeben: warum läßt der König nicht jetzt schreiben, da er noch lebt? – Friedrich Wilhelm bleibt fest: »Nein, wenn ich tot bin, soll es die Königin tun.« – Ist der Propst aber gegangen, in der unheimlichen Stille über dem ruhenden Werk, kommen die Zweifel, von denen Zinzendorf sprach, die auch der Propst zu haben scheint; Friedrich Wilhelm läßt Roloff wieder rufen: »Wie ich höre, zweifelt er noch an meiner Seligkeit, was tue ich dann, daß er so urteilt?« – Der König habe seinen Sinn noch nicht gewandelt nach dem Beispiel Christi, erwidert der Propst; und wenn er selbst durch ein Wunder in den Himmel käme: wie sollte er dort Freude haben, ohne seine Armee, seinen Schatz, sein Reich; ohne die Diener, an denen er seinen Zorn auslassen könne? Schritt für Schritt, als gälte es in einer Schlacht vor feindlicher Übermacht ehrenvoll zu weichen, geht der König zurück; er zählt erst die Sünden auf, die er nicht getan, dann erst bekennt er die begangenen, und nun in solcher Ausführlichkeit, daß der Propst ihn ermahnen muß: es gäbe keine Ohrenbeichte unter Protestanten. Generäle und Diener stehen um den Krankenstuhl; vergeblich bittet Roloff, sie zu entlassen: »Es seind lauter ehrliche Leute, sie können hier bleiben«, erwidert der König; Friedrich Wilhelm hat sich nie von den Seinen entfernt im Leben; er hat ihnen nichts zu verbergen von seinem Menschentum und will auch sterben unter ihnen. Kommt aber der Propst auf das Letzte: auf die Änderung des Sinnes und die Trennung des Herzens von der Erde, so schweigt der König; endlich bekennt er seine Meinung, daß »in diesem Stücke die Könige vor den Andern etwas voraus hätten«; auch müßten ihn seine Taten rechtfertigen vor Gott. Noch stärker dringt der Prediger in ihn, die harten Urteile aufzählend, die Friedrich Wilhelm in Berlin wegen des Bauens, in Ostpreußen über untreue Beamte verhängte; doch der König beharrt: er tat es im Dienst, den Gott von ihm gewollt.

Aber er fühlt es wohl, ob er es auch nicht zugeben will: das Herz des Christen muß brechen, eh es der Tod noch bricht; und wenn seine Liebe noch immer an dem Werk, an den Menschen hängt, für die er gelebt: so will er sich selbst zur Abkehr zwingen. Er läßt den Sarg ins Zimmer tragen, der lang schon bereitsteht: einen schweren Eichensarg mit kupfernen Griffen. Zufrieden betrachtet er die Stätte seines letzten, schmerzlosen Schlafs. Aber das Schauspiel, das ein König sogar nach seinem Tod noch geben muß, beschäftigt ihn wieder: es ist bis ins Geringste durchdacht, und so mögen der Sohn, die Freunde und Diener es noch in seiner Gegenwart hören, wie sie es halten sollen mit seinem Leichnam. Man soll ihn waschen, mit einem reinen Hemd bekleiden und aufbahren auf einem »hölzernen Tisch« [so wie er während seines ganzen Lebens die Polster verschmähte]; nach einigen Stunden sollen sich einige Offiziere, die Doktoren und die Feldscherer versammeln, um der Öffnung des Leibes beizuwohnen; es ist auf das gründlichste zu examinieren, woran er eigentlich gestorben und »wie es in seinem Leibe aussieht«. Indessen empfangen die Soldaten des Leibregiments neue Montierung und neue Hüte; der Hauptmann von Langen und die Offiziere der Unrangierten desgleichen.

Sechs Subalterne vom zweiten und dritten Bataillon und die Unrangierten stehen Wache in der Stadt. Den folgenden Tag stellt sich das Regiment vor dem Schloß auf. Das erste Bataillon macht Front gegen das Gebäude; der rechte Flügel steht am Wasser, wo die Mauer ansetzt; das zweite Bataillon steht daneben, das dritte hinter dem zweiten. Jeder Grenadier hat drei Patronen erhalten. Von den Fahnen, den Pfeifen und Hautboen weht Flor; auch die Trommeln sind schwarz überzogen; die Offiziere tragen Flor auf den Hüten und an den Armen, und die Feldzeichen sind umwickelt. Der Leichenwagen, der aus dem Berliner Marstall genommen wurde, hält an der grünen Treppe, »die Köpfe der Pferde nach dem Wasser zu«. Acht Hauptleute des Leibregiments tragen den Sarg herab, treten dann aber sofort in die Reihen zurück. Wenn die Pferde anziehen, nimmt das Regiment das Gewehr verkehrt unter den linken Arm, und die Tamboure schlagen den Totenmarsch. Die Hautboisten blasen das Lied »O Haupt voll Blut und Wunden«. Dann fährt der Leichenwagen am Regiment vorüber und dem eisernen Tor des Lustgartens zu, wo er hält, damit das Regiment an ihm vorbeimarschiere. So grüßen sich noch einmal der König und seine Soldaten. Die Bataillone stellen sich vor der Garnisonkirche auf, dann kommt der Wagen heran, gefolgt von Friedrich und dem kleinen Ferdinand in Uniform; Wilhelm und Heinrich bleiben beim Regiment; Generäle und Offiziere mögen folgen, sofern sie wollen. Die acht Hauptleute treten vor und tragen den Sarg in die Kirche, und zwar durch die Tür, durch die der König sonst gegangen ist. Der beste Degen, das beste Feldzeichen, ein Paar vergoldete Sporen und ein Helm aus der Berliner Rüstkammer liegen auf dem Sarg. Vor dem Gewölbe unter der Kanzel setzen die Hauptleute ihre Last nieder, um wieder in ihre Divisionen zu treten; die Hautboisten blasen, und der Kapellmeister Ludovici spielt die Orgel; unter den Generälen und übrigen Offizieren werden sich schon einige finden, die dem König die letzte Ehre erweisen und den Sarg in die Gruft tragen. Vierundzwanzig sechspfündige Kanonen, die man aus Berlin gebracht und auf der Plantage aufgestellt hat, feuern zwölfmal, mit Geschwindschüssen, »Feuer auf Feuer«; das Gewehrfeuer fällt ein, dann dröhnen die Kanonen wieder. – Von da an beginnt das Kommando des neuen Herrn: »die Grenadiere bringen die Fahnen dahin, wo Ihr, mein lieber Sohn, befehlen werdet.« Die Kompanien marschieren nach ihren Quartieren; ein jeder Grenadier soll das gewöhnliche Biergeld haben. Am Abend werden alle Generäle und Offiziere im großen Saal des Schlosses mit dem besten Faß Rheinwein traktiert. Vierzehn Tage darauf wird man in allen Kirchen des Landes die Leichenpredigt halten nach dem Text: »Ich habe einen guten Kampf gekämpft.« Des Lebens und Wandels des

Königs soll, auf das ausdrücklich zu erwähnende Verbot hin, nicht mit einem Worte gedacht werden; doch soll man dem Volk sagen, daß er als ein großer und armer Sünder gestorben sei und Gnade gesucht habe bei seinem Gott und Heiland. – Die Diener erhalten keine Trauerröcke: nur Flor für die Hüte.

Er hat den Abschied erlebt, Szene um Szene des letzten Schauspiels gesehn, aber sein starkes, leidenschaftliches Herz löst sich auch jetzt noch nicht völlig aus der Umklammerung der Erde. Da, am 31. Mai, packt ihn die Unruhe, die noch größer ist als alle treibende Unrast seines Lebens. Er schickt nach dem Sohn, den Ministern und Generälen; dann, noch im ersten Grau des Morgens, läßt er sich durch die Zimmer rollen in das Gemach der Königin: »Fiekchen, steh auf; ich muß sterben.« Die Stunde ist gekommen, da die Liebe langer Jahre die letzte Bewährung fordert: den Arm, in dem sich der Sterbende birgt. Doch seine Unruhe treibt ihn zurück durch die Zimmer der Kinder und in die eigenen Gemächer; die Befohlenen sind noch nicht da, nur die treuesten: der Fürst von Dessau, der General von Hake. Friedrich Wilhelm läßt sich zum Fenster schieben, auf den Marstall hinunterzusehn, wo die Pferde schon ungeduldig werden in der Frühe. Man soll die Tiere herausführen, damit jeder der Freunde sich eines wähle. Aber der Fürst trifft die Wahl nicht gut: jenes ist besser. Wo stecken die Stallknechte? Warum dauert es so lange, bis sie satteln? Zum Teufel, sie verwechseln das Sattelzeug! Sieht dieser Tölpel nicht, daß Zügel und Sattel nicht zusammenpassen? Man sollte ihn prügeln. Aber der Schmerz schließt die zerstörten Glieder mit glühenden Fesseln an das Holz. Hake soll hinuntergehn und diesen Kerl das Satteln lehren.

Die höchsten Beamten des Staates sind versammelt, Friedrich an ihrer Spitze. Vergebens müht sich die Stimme des Sterbenden um verständliche Laute. Blassen, verweinten Gesichts empfängt der Kronprinz Szepter und Krone und die Schlüssel des Schatzes. Der Major von Bredow verliest die Abdankungsurkunde. Man soll sie allen Höfen bekanntmachen; die ganze Welt soll es wissen, daß Friedrich Wilhelm, König in Preußen, freien Willens seinem Sohn die Herrschaft übergab. Aber der Minister zögert: dieser Befehl bedürfe der Unterschrift. Es geht um das letzte Wort, die entscheidende Überwindung. Der Sterbende stockt; dann wendet er den

Kopf befehlend nach dem anstoßenden Zimmer; man bringt ihn hinaus. Erst der Tod mag ihm die Macht nehmen; Friedrich Wilhelm spricht das schwerste Wort der Könige nicht.

Cochius, der Prediger, erwartet ihn. Bald kommt der Schlaf über den Erschöpften; aber die furchtbare Anspannung des Willens weicht auch jetzt nicht von dem festgeschlossenen Mund. Namenlose Qual zeichnet das stillgewordene Gesicht. Laut betet der Prediger in den Frieden. Doch der Sterbende öffnet die Augen, und der alte Trotz kommt in die Züge. Warum Cochius so laut bete? Dann, langsam, ermattet das Herz, und der Verzicht auf die Welt, das große Nein des Christen, kommt über die Lippen: Er sei des Lebens müde und sterbe gerne; er habe sein Herz gelöst von allem, was ihm teuer gewesen, von seiner Frau, seinen Kindern, von der Armee, dem Königreich, der Welt. Mit diesen Worten stirbt Friedrich Wilhelm; was sich nun noch begibt, ist ihm selbst ein Schauspiel, dem er mit kalten Blicken folgt. Er läßt sich einen Spiegel reichen und schaut in sein zerstörtes Gesicht; er betrachtet die Flecken, die heraufkommende Verfärbung auf seiner Brust, seinem Hals: »Bis hierher bin ich schon tot.« Dann befragt er den Arzt. Der Puls geht langsam; der Puls wird bald stehn. Aber die Kraft des Herrschers rafft sich noch einmal zu einem Befehl auf, zum Befehl an den Tod: »Er soll nicht still stehen!« Leise winkt der Arzt dem Kronprinzen, daß er die Königin hinausführe. Dann, da sich die Tür kaum geschlossen, beugt sich der König der Macht, die seinem Befehl nicht gehorchte: »Mein Herr Jesus.«

Damit hat der Vater dem Sohne das Letzte und Größte gegeben, das er ihm noch zu geben hatte: er hat ihn zum Manne gemacht, zum Wirt und Soldaten; er hat ihn dem eisernen Gesetz der Tradition unterstellt, das der Macht entgegentreibt; er hat ihn an die Grenze geführt, an der die Macht zerbricht und somit zur entscheidenden Erfahrung, aus der die Größe hervorgeht. Denn das Größte wird vollbracht im festen Bewußtsein der Schranken, die kein Befehl mehr durchdringt; im Anblick der Vergeblichkeit.

III. Teil
Das Vermächtnis Friedrichs des Großen

Friedrich der Große:
Schon wollt' ich Hand ans eigne Leben legen,
Doch da, o höchstes Leid! gebot die Pflicht.

Wenn Du ein Herz hast, kannst Du gerettet werden. *Spruch östlicher Mönche.*

Katte fiel und scheint vergessen zu sein; das Gesetz war erschienen im Leben des Kronprinzen, es erfüllte sich, und es wird ihm nicht mehr widersprochen; noch nicht als Entscheidung, nur als eine furchtbare, schweigsam anerkannte Wirklichkeit bleiben die tragischen Vorgänge von Küstrin zurück. Von nun an hat der Vater, der das Gesetz vertrat, wie es ihm aufgetragen ward, sein Reich in Potsdam, in Berlin und in der ganzen Länderkette von Ostpreußen bis zum Rhein, und der Sohn hat das seine: Rheinsberg, ein kleines Schloß, die Wälder ringsum und den See. Zwar reitet Friedrich nach Ruppin hinüber, dort sein Regiment zu schulen; zwar besteht er mit diesem in den großen Revuen, so daß der Vater völlig ausgesöhnt scheint mit dem Sohn und die Zufriedenheit des Königs auch den »letzten Pfeifer« noch beglückt; und es ist in solchen Stunden, da aus den Briefen des Idyllikers von Rheinsberg ein seltsames Feuer aufzuckt: »Nichts wünsche ich heftiger, als eine ähnliche Befriedigung zu fühlen beim Ausgang einer Schlacht«; aber dann verhallen Marschtritt und Trommeln wieder hinter dem Zurückreitenden, er wird glücklicher, je näher er dem kleinen Schlosse kommt; und das andere, eigentliche Leben beginnt, das er sich allein ersehnt.

Er und seine Freunde, der ernste Jordan, der freiere Keyserlingk, die Gäste tun dort nichts, wie Friedrich wiederholt betont; es kommt ihm sehr darauf an, den Glauben an das »träge, seßhafte« Leben in Rheinsberg zu erwecken und zu erhalten oder doch wenigstens den Glauben daran, daß man sich dort mit »Nichtigkeiten« unterhält und sich nicht um Dinge kümmert, »die einem das Leben verleiden und die Freuden verekeln«. Die Tatlosigkeit ist ja das erste Gebot des Stils von Rheinsberg; ringsum ist das Land in einer gewaltigen Ansammlung aller Kräfte begriffen: hier verträumt man den Tag; ringsum nimmt man das Dasein so schwer, wie es der Mensch nur nehmen kann: hier atmet man leicht. Mögen die Staaten und Völker, so kriegsmüde sie sind, sich wieder rüsten; mag das Drängen der Entscheidungen deutlich spürbar sein für einen jeden, der nur über Wälder und See hinausblickt und durch eine jede Nachricht, einen jeden Fremden selbst hereingetragen werden in die stillen Zimmer, vor denen der Garten erblüht, die Wege sich ebnen: noch gilt, und wäre es nur als Gebot des Stils, was Friedrich schrieb aus Ruppin: »Ich denke weder an Wien noch an Paris: Warschau ist mir eine Stadt, von der ich nichts weiß, und der Rhein ein unbekannter Fluß. Wenn ich nur mein Mittagessen bekomme und mir mit guten Freunden gütlich tun kann, wenn nachher kein Gewitter meine Hütte beschädigt, so mögen die Dinge gehen, wie Gott will.« Aus dem Walde schallen die Jagdhörner Keyserlingks; er kommt zurück mit Enten und Sumpfvögeln, oder seine Knechte tragen Hirsche auf den weichen Sandwegen heran; wenn der König einmal zu Besuch ist in Rheinsberg, so stört er den Frieden der Tiere und Bäume mit gellender Jagd; aber die andern verschmähen die Lust des Jagens und Tötens. Sie beginnen ihren Tag später als Jäger zu tun pflegen, und haben dann nichts andres vor, als zu der Insel hinüberzurudern mit einem Buch. Corneille mag groß sein, aber wozu dieses Pathos der Helden? Racine schuf die Menschen, wie sie sind: zärtlich und oftmals schwach, den Leidenschaften verfallen, sich wieder entsühnend durch die Echtheit und Schönheit ihres Gefühls; ohne jene eisige, verbrecherische Kälte gegen das Herz, die vielleicht den Helden macht. – Hier draußen, unter den Bäumen, spüren sie die Götter der Stille; ja alle leichtgeschürzten Götter der Zeit: Bacchus, der den Becher bietet, nicht um trunken zu machen, nur um die Scherze zu beflügeln; Mars, den sie nicht als Zerstörer feiern, nur um seiner männlichen Schönheit willen; die Grazien, denen vor allem das sich spiegelnde Schloß gehört. Wie die alte Burg märkischer Herren, für die Knobelsdorff die verkleidende Form gefunden: einen zweiten Turm, luftige Säulen zwischen den Türmen und Götter auf dem First, so sind sie alle verkleidet, die hier im Grase ruhn: Gäste eines Traumreichs, das sie sich geschaffen, abseits der Welt und ihrer Gesetze; Bewohner eines Zaubergartens im Sand.

Spät beginnt der Tag, und er endet auch spät; oft irren tastende Flötenklänge schon morgens aus offenem Fenster über den See; abends, wenn der Saal sich erhellt, verschlingen sich die Stimmen. Dann mag auch die Frau ihr Glück erleben, deren armem, sehnsüchtigem Herzen es bestimmt ist, zertreten zu werden von den Gewalten: die Kronprinzessin Elisabeth Christine. Sie mag nicht immer glücklich sein in der Wahl ihrer Kleidung, nicht immer in ihrem Wort und in der Art zu schreiten: andere haben weit geringere Perlen, aber sie wissen sie besser zu tragen; andere haben diese weißen Hände, diese stillen, ebenmäßigen Züge nicht, aber sie wissen zu glänzen. Elisabeth Christine versteht nur eines einzusetzen, das schweigsamste, das sich nicht mit Worten und dem Glanz des Geistes, nur mit Zeichen verrät: ihr Herz. Und das Herz hat sie so überwältigt, daß sie ihm gehorcht, ohne zu fragen, ob sie durch ihr Gehorchen gefällt; daß sie folgt, wo es klüger wäre zu spielen und zu kämpfen. Aber in dieser Zeit fällt ein wärmerer Strahl auch auf sie: nicht die Liebe, aber doch ein Gefühl der Nähe, bei dem sie von Liebe träumen kann; und sie wird davon leben müssen in Jahrzehnten kalter Nacht.

Die Schatten des Gewesenen, des Tragischen, das nicht sein soll, nicht sein darf, dringen nicht in den Park, nicht in die Zimmer und kleinen Säle, von deren Wänden die Götter lächeln; es ist, als habe Friedrich auch die furchtbarste Vergewaltigung: die Verbindung mit der ungeliebten Frau überwunden. Und so gesellt sich die scheueste, die empfindsamste Göttin zu den Göttern von Rheinsberg: Venus regiert die Nacht, wie die Gedichte berichten. Fällt ihr Name nur, damit er genannt wird: um des Spieles, des Stiles willen? Hatte sie jemals göttliche Macht? Früh liebte Friedrich allein, um zu genießen und dann zu verachten; eine einzige, eine unberührbare: Frau von Wreech auf Tamsel traf in der Küstriner Zeit sein Herz. Aber dieses Herz wird ungesättigt bleiben bis zum letzten Augenblick: größter Liebe fähig, unendlicher Liebe bedürftig und unstillbar. Er schweigt, die Dokumente schweigen und irren; die Nachgeborenen irren noch mehr; wer fände für das letzte Geheimnis, aus dem in Entbehrung und Überwindung das Leben eines Großen steigt, jemals das Wort, das dieses Geheimnis nicht entweiht? Je reicher und eigener ein Leben, um so größer seine Verwundbarkeit; tödlich ist oft das Unsichtbare; tödlich vielleicht schon die Nähe eines Menschen, den der Wille nicht erwählt.

Aber Rheinsberg ist der Ort der Freude, und das glückliche, niemals erlahmende Temperament des Kronprinzen reißt über das Verhängnis hinweg. Was könnte vernünftiger sein, als sich zu freuen; was unvernünftiger, als zu leiden? Nun, in diesem gepriesenen achtzehnten Jahrhundert, wird es endlich hell um den Menschen; jetzt erst lernt er die Erde verstehn und sein Anrecht auf Freude ergreifen; die Welt lag verdüstert bisher unter einem feindlichen Glauben, unsinnigen Dogmen, unter Schrecken und Trugbildern, die blinde, verängstigte Seelen sich selbst erschufen: alle diese Schemen vergehn unter der aufstrahlenden Vernunft. Nur Wahn schafft das Elend auf Erden; notwendig ist es nicht, notwendig ist allein das Vernünftige: die Aufhebung allen Leidens, die Begründung dauernden Glücks. Herr und Gäste wollen nichts wissen vom Einbruch der Tiefen in das gesicherte Leben; ihr Beruf, ihre höchste Aufgabe ist es, heiter zu sein; in hellen Zimmern, die versilberte Täfelung schmückt; wo Spiegelscheiben das hereinflutende Licht noch verdoppeln, zu plaudern, zu träumen von dem Zeitalter des Glücks, in das geboren zu werden sie so glücklich waren. Watteau schmückte ihnen die Wände mit beseligt Genießenden in heiterer Landschaft, durch deren zart erblauenden Himmel das Rosenrot unvergänglicher Freude schwebt: wer will es noch wahrhaben, daß auch diese Inseln der Glücklichen nur der Traum eines Leidenden waren; und daß ein frühe Gestorbener sich diesen Himmel erdachte zu seinem Trost?

Und da der junge Schloßherr einmal leben darf, wie das Herz ihm zu gebieten scheint, dieses Herz, das er vielleicht noch nicht kennt und kennen will, so blickt er auch in Rheinsberg dankbarer zum Himmel auf, als jemals in seinem künftigen Dasein. Über den Göttern steht Gott; aber die Welt muß heiter sein, wenn er verehrt werden soll: er ist nicht der Trost des Verzweifelnden, sondern der Glaube des Glücklichen. Aus der Fülle dieses müßig-tätigen Lebens wendet sich Friedrich dankend an das höchste Wesen; er muß genießen können, um zu beten; die Weisen Griechenlands und Roms, auf deren Stimme er beim Mahl in einer Laube hört, die Gesetze der Sterne, die Newton ihm entschleiert, die Geschichte, die ihn nicht bezwingt, sondern »erfreut«, der Gesang der Instrumente am Abend, der Klang vollendeter Verse: sie wecken dieses Gefühl der Frömmigkeit in ihm auf, das statt des Tyrannen von einst den gütigen Beglücker verehrt. Zwar die Prediger und die kleine bunte Kirche von Rheinsberg erfahren nichts von diesen

Gefühlen; nur Friedrich Wilhelm steht eines Tages lauschend an der Kirchentür und versetzt durch seine Gegenwart den armen Prediger in einen solchen Schrecken, daß er seinen Spruch vergißt und auch durch eine Drohung mit dem Stock nicht wieder in den Text zu bringen ist; für den Kronprinzen werden die bestellten Diener des Herrn für immer zum Gegenstand des Spottes. Aber tiefer hat ihn das Dasein des Ewigen, dessen Wille nur »Güte, Güte ist«, nie ergriffen als in dieser beschwingten Zeit, da er seinem Glückstraum lebte; und es scheint, daß sich in diesen Tagen auch die größte aller Fragen lösen wolle: die nach der Unsterblichkeit der Seele. Freilich: wer vermöchte zu sagen, was die Seele ist? Wer zu begreifen, auf welche Art sie auf den Körper wirkt? Denken, Wollen und Tun scheinen »durchaus das Ergebnis der Materie und der Erfahrung zu sein«.

Doch die unverstandene, unbegreifliche Seele will nicht schweigen; und das Problem der Aufgeklärten, der Philosophen und Skeptiker kehrt wieder: es ist die eine unüberwindliche Frage eines ganzen Daseins. Ist aber nicht alles gut, was der gütige Gott verhängt? »Darf man das Nichtsein Unglück nennen?« Und doch: wenn die Seele ewig wäre und ein anderes Leben begänne nach diesem: fiele dann nicht erst der letzte, wunderbarste Glanz schon auf die Gegenwart; wären dann nicht die Rheinsberger Tage erst erfüllt? Und so, für Stunden, deren Gewißheit schon bald ein skeptischer Freund zerstört oder der unersättliche Zweifel im eigenen Innern erschüttert, sieht er das Angesicht des Herrn, dem ihn die schnellen Jahre entgegenführen.

Es ist die Zeit, die in ihm kämpft; deren eigentliche entscheidende Not doch nur in diesen untrennbaren Fragen liegt: ob ein Gott ist und eine unsterbliche Seele; Friedrich aber will nicht kämpfen; er will mit allen seinen Kräften die Ruhe. Die Vernunft führt zur Tugend, die Tugend macht glücklich; aller Lohn ist im Grunde schon reichlich auf Erden zu finden, denn eine jede gute Tat hat im Wohl der Gesellschaft ihren bestimmten Zweck; und dieses Wohl ist erreichbar: wie könnte es sonst von der Vernunft geboten werden? Dieser Plan ist so einfach, so sicher, daß es unbegreiflich ist, wenn die Menschen sich nicht zu ihm bekehren; aber seltsam! das eigene Innere widerspricht ihm fort und fort: will es denn nicht ruhig werden in der

Seele? Ruhig zu sein gebietet der Stil von Rheinsberg; ein unendlich künstliches Gebäude auf erschüttertem Grund; eine Haltung, in der sich der Kronprinz allein seiner drängenden Gedanken und Wünsche erwehrt, und so schreibt er es denn, nur um sich selbst zu überzeugen, um sich zu zwingen: »Ich bin glücklich, denn ich bin viel ruhiger als einst; meine Seele ist weniger bewegt von stürmischen und heftigen Anwandlungen, ich unterdrücke die ersten Auswirkungen meiner Leidenschaften und nehme erst Partei, nachdem ich wohl überlegt habe, worum es sich handelt.« Die Logik wird ihm helfen, sich zu überwinden: auf den Sätzen vom Widerspruch und vom zureichenden Grund versichert er, seine Urteile aufzubauen: welches Licht, welche Klarheit gießen sie in die Seele, die noch immer des Dunkels nicht ganz Meisterin geworden ist!

Suhm, der sächsische Gesandte in Petersburg, dem Friedrich diese Bekenntnisse macht, wagte es, die Partei der Leidenschaften zu ergreifen: was würde daraus folgen, wenn der Mensch mit dem Opfer seiner Leidenschaften die Herrschaft der Vernunft erkaufte! Wenn sie oftmals den Menschen erniedrigen, so machen sie ihn auch groß; man nehme dem Menschen seine Leidenschaften, dann lebt wohl, ihr großen Tugenden, ihr schönen Taten; lebt wohl ihr Helden! Aber Friedrich will nicht Held sein; er will den Namen der Größe nicht verdienen. Ihn lockt ein anderes Leben, ein anderer Ruhm: »Ich bitte Sie, mein Lieber, streichen Sie alles Heldentum aus meinem Leben, bis auf die Freundschaft, die ich für Sie empfinde.« Sind das Herz, die Treue, die Menschlichkeit nicht mehr, als die rohe, und oftmals barbarische Wut der Eroberer? Der Mitte, der Bescheidung gilt Friedrichs ganze Sehnsucht: die Sehnsucht des Vereinzelten, der nicht für die Mitte geboren ist und durch sein ganzes Dasein nach ihr verlangt. Und so verurteilt er sein Wesen, noch eh es sich gezeigt, widerruft er sein Schicksal, als könne er es dadurch bannen: der gute Wille, die Sanftmut sind der Tatbesessenheit jener aufrührerischen Männer vorzuziehen, die geboren scheinen, um die ganze Welt umzustürzen; er will nicht zu ihnen gehören; sein Ehrgeiz ist allein, ein »guter Bürger« zu sein, nicht ein großer Mann. Er ist nicht stolz genug, um nach diesem Titel zu streben: es genügt, Mensch zu sein, der die Leiden der andern Menschen fühlt und seinen Beruf darin findet, ihnen zu helfen. Nein, er will es nicht einsehn, daß es ein Unglück wäre, wenn uns die Philosophie von jenem grausamen Ehrgeiz, jenem glühenden Durst nach Reichtümern befreite, die Quellen so vieler blutiger Kriege sind. Was ist endlich an einigen Helden verloren? Wenn wir auch ärmer an ihnen sind, so sind wir doch reicher an Unzähligen, die für sie fallen müßten: an all den Opfern ihrer Wut und ihres maßlosen Begehrens.

Aber Suhm ahnt es wohl, daß mit solchen Worten der Erwählte sich auflehnt gegen den schon gefühlten Auftrag: gerade die Verneinung der Tat und die Heftigkeit dieser Verneinung sind dem Wissenden das erste Zeichen dafür, daß sie geschehn wird. Und auch Friedrich spürt es mitten in der bewegten Verteidigung seines Ideals, daß ewig die Mächte der Sinnenwelt herandrängen werden gegen das Reich der Vernunft; er ist nüchtern genug, die Wirklichkeit zu kennen, in der die Leidenschaften gebieten, und sehnsüchtig genug, an das Ideal zu glauben; »allem Anschein nach wird man immer besser in der Welt raisonnieren; aber die Handlungsweise der Menschen wird darum nicht besser werden.«

Die schnelle, knabenhafte Tat des Kronprinzen ist ausgelöscht und das Leben in Rheinsberg ist eine Art idyllischer Pflicht; Friedrich, der den Helden verneint, den Wert der Tat in Zweifel zieht, der die Eigenschaften des Herzens höher stellt als die Tugenden des Eroberers, als die Eingebung des Genies; der alles Störende, Umwandelnde ablehnt und das unstörbare Dasein der Bescheidenen preist: er ist auf der Flucht vor allem, was ihm bestimmt ist und aus der Tiefe seiner Natur unwiderruflich in die Wirklichkeit drängt. Ihn erwartet Geschichte, in deren Gang dem Herzen keine Rolle zugedacht ist: vielleicht nur ein klagendes Wort, der Anfang seiner unendlichen Elegie; ihn erwartet Heldentum, und er bliebe lieber ein Mensch. Und so grenzt er sich seinen Bezirk ab: Garten und Haus, wo er als ein Genießend-Verzichtender dichtet und lebt; so läßt er es sich von Freunden bestätigen, daß der schöne Irrtum, dem er sich verschwört, Wahrheit ist. Er, der schon durch die Geburt und durch die Zeit, in der er kam, der Geschichte angehört und bald kein Recht mehr haben wird, sich ihr um seiner selbst willen zu entziehn, wird diesen Widerspruch niemals versöhnen: sein Geist, seine Sehnsucht wohnen in jenem friedlichen

Reich, wo die Gesetze der Schönheit und des schönen Spieles gebieten. Aber der Mensch von Fleisch und Blut, der künftige Herr ist dem Erdenzwang, der Geschichte verfallen. Verdächtig ist ja schon der Anschein der Müßigkeit; Mimi, der kleine Affe, der sich in einem unbewachten Augenblick über Wolffs Metaphysik hermacht und, vielleicht aus Ärger über die schwerfällige Weisheit, oder um sich für erlittene Vernachlässigung zu rächen, das gewichtige Buch an der Kerze verbrennt: er mußte die Zeit gut abpassen für diese Missetat. Hinter den Scherzen und der Maske der Lässigkeit verbirgt sich rastloser Fleiß. Denn für wieviel Tage, für wieviel Stunden eines jeden Tags ist das kleine Turmzimmer der ganze Bereich des Schloßherrn! Durch das Fenster fällt, heraufgeworfen von dem spiegelnden See, das überhelle Licht von Rheinsberg; Bücher drängen sich zwischen den Fenstern in dem engen Rund, die Feder fliegt, in wenigen Wochen Reichtümer zu erraffen, die in langen, verlorenen Jahren nicht gesammelt werden durften.

Es ist still; nur Chasot, der junge Franzose, der es sich in den Kopf gesetzt hat, das Flötenspielen zu erlernen, probt irgendwo in der Ferne auf seinem gequälten Instrument; die Damen lachen unten im Garten, und ein Schuß fällt im Wald, draußen auf dem See lehnt sich Jordan, des Ruderns überdrüssig, ins Boot: hier aber, in engem Kreis, eingemauert fast in dem alten Turm, genießt der Kronprinz seine glücklichste Zeit. Die stürmische Freude des Entdeckens trägt ihn durch die Länder und ihre Epochen und in die Welträume hinauf; er bemächtigt sich, unermüdlich kämpfend, des Worts; nicht des deutschen freilich, denn wie sollte der in dieser Sprache Schreibende jemals das Glück des Treffens und Formens empfinden, jemals den bestrickenden Fluß der Klänge und Sätze fühlen? Suhm, der Wolffs Metaphysik in das Französische übersetzt, um sie verständlich zu machen und der Welt zu gewinnen, will zu der sonderbaren Entdeckung gekommen sein, daß das Deutsche besser als das Französische geeignet sei, die Gedankengänge und Wahrheiten der Metaphysik auszudrücken; ja er behauptete sogar, daß das Deutsche reicher an Worten und bestimmter im Ausdruck sei; daß es mehr Kraft besitze. Aber er wird niemals den Kronprinzen zu einem Urteil zugunsten des Deutschen überreden; mag dieses seine Schönheiten haben, so ist das Französische doch immer angenehmer; nicht die

Kraft: die Gefälligkeit und der blitzende Fluß des Ausdrucks entscheiden. Endlich: mag das Deutsche aus dem Unendlichen Bilder formen und das Unfaßbare greifen: das Französische nimmt die Dinge rund und klar, wie sie sind. An ihm bildet sich der Geist des Diplomaten, der einmal aus dem schweigsamen Krieg der Verhandlungen sicher übergehn wird zur Tat, unbeschwert von dem Bewußtsein unendlicher Hintergründe und Folgen, das die Deutschen hemmt. Das Französische spiegelt die Dinge nüchtern auf blanker Klinge: es ist Spiegel und Schwert.

Der Einsame in dem Turmzimmer, den das Morgenlicht begrüßt, den die niedergebrannte Kerze noch nicht weichen sieht von dem Bauplatz seiner Welt, ist dennoch nicht allein: von der Wand sieht das Bild des großen Meisters und Erziehers auf ihn herab, Voltaires. Ihm wirft der Kronprinz in gläubiger Jugend freigebig alle Kränze des Jahrhunderts, ja der Menschheit zu: Homer und Vergil waren glücklich daran, daß sie vor Voltaire, nicht nach ihm geboren wurden; er hätte ihnen keinen Ruhm mehr gelassen; Racine selbst ist langweilig, Voltaire aber packend. Und Voltaire selbst? Er mag dieses Lob lächelnd hören, es hinnehmen als wohlverdienten Tribut an den größten Schriftsteller der Zeit; im Grunde aber weiß er es wohl, daß die großen Gestaltungen ihr Jahrhundert haben und dieses vorüber war, als er kam. Er weiß, daß die schöpferische Kraft der Nationen begrenzt und einer jeden nur eine gewisse Zahl von Gestalten gewährt ist, die sie formt als richtunggebenden Ausdruck ihres Wesens; Racine, Corneille haben gelebt, das französische Pathos ist gestaltet für immer; nur der epische Ausdruck war noch zu finden; und es ist Voltaires Eitelkeit zu glauben, daß er das große französische Epos geschaffen habe.

Aber die Kunst des Wortes, die ihr Feld besetzt sieht, hat noch tausend Wege. Wenn ihr das Höchste nicht mehr erlaubt ist: die Substanz der Nation zu vermehren, so bleibt ihr noch immer die Erziehung, die Umgestaltung und Ordnung des Lebens. Die Dichter der großen französischen Zeit verherrlichten ihren König; wie, wenn es dem späten Nachfahren zugefallen wäre, die Könige zu erziehn? Sein Ehrgeiz ist nicht mehr die erdichtete Gestalt, sondern erst deren Wirkung: das künftige Antlitz der Welt. Ihn kann nicht mehr die geistige

Schöpfung befriedigen; denn der historische Augenblick, der auch über das Höchste gebietet und selbst die Offenbarung umschränkt nach seinen Gesetzen, ist vorüber: nicht mehr die Gestalten des Traums belohnen den Dichter; er will ein anderes: die Macht im Dienste seines Ideals. So ist er der erste seit den Tagen der Renaissance, der wieder zur Macht geworden ist allein aus dem Geist; er durchreist die Länder im eigenen Wagen, von Dienern begleitet, wie ein Fürst; er ist mächtig genug, zu residieren außerhalb der Residenz; er nennt einen künftigen König seinen Schüler.

Da er nicht mehr Dichter ist und doch über die Formen verfügt, die allein Dichter in tödlichem Kampf erringen, so kann er wollend und nichtwollend täuschen: die Forderung nach der letzten Einheit von Leben und Werk, dieser eigentliche Richterspruch der Kunst, gelangte nicht mehr an ihn. Er schreibt mehr als vierzig Tragödien, ohne sich jemals der Tragik zu stellen; er erzieht, ohne selbst gebunden zu sein durch sein Wort. Aber er steht in der Mitte der Zeit, angreifend, sammelnd, verbreitend; was immer das Jahrhundert vorzubringen hat gegen die Vergangenheit, die es nicht mehr versteht, dies sagt er selbst in eigenster Sache. Die in die Zukunft wollen sind mit ihm. Seine Erscheinung, sein Werk schon sind eine Entscheidung; ob er zerstört, ob er baut, ob die zersetzende Schärfe seines Spottes im geheimen auch die Ideale verletzen muß, denen er dient: er hat die Stunde seiner Macht verstanden und kann nicht ohne Gefolgschaft bleiben. Wie er sich Rheinsberg eroberte, durch seinen Spott sowohl wie durch seinen Glauben, durch das Unheilige, das in ihm ist, wie durch seine Begeisterung, so muß er sich eine jede Tür öffnen, die er öffnen will.

Da er spät kam, so konnte er das Jahrhundert Ludwigs XIV. beschreiben, in dem Frankreich seine Form gefunden hat: die Einheit von Geist und Macht. Es ist das glänzendste, verlockendste Bild, in dem eine große Gesamtheit sich vollenden kann, zugleich der stärkste Antrieb, den ein Volk dem andern zu geben vermag. Um den König, der unter der Aufbietung der ganzen Kraft seines Landes den Gipfel der Macht erreicht, sammelt sich das Schöpfertum der Nation; ein jedes entstehende Werk steht in Beziehung zu ihm, der die Geschichte des Volkes trägt; die Gleichnisse der Dichter deuten auf ihn hin, ihre Schicksale noch werden von ihm bestimmt. Nun findet die

Macht ihren Gehalt, wird sie nicht nur von Siegen gerechtfertigt, sondern zugleich von der gestaltenden Aussage, und wenn die Macht einmal vergangen ist: so bleiben doch die Werke noch, die in ihrem Umkreis allein gedeihen konnten und stark genug sein werden, den notwendigen Antrieb zu erneuern. Ludwig, der mit solcher Ungeduld den »Tartuffe« erwartet, daß er auf einem Fest zu Versailles die ersten drei Akte spielen läßt, noch ehe das Stück vollendet ist; der Racine begünstigt, da dieser kaum sein erstes Wort gesprochen hat, und, außer dem stillen Fabeldichter La Fontaine, wohl einen jeden Sprecher und Führer seiner Nation einbezieht in den Bannkreis von Paris und Versailles, er müßte das Vorbild der Könige sein, weil er ihre doppelte Aufgabe löste: die Begründung und die innere Erfüllung der Macht.

Friedrich bewundert so sehr, daß er dieser vollendeten Welt sich ergibt, ohne ihre große Lehre zu verstehn; ihm scheint die unter Ludwig abgeschlossene Form auch für andere Zeiten und Völker gebildet zu sein: daß sie, wie sie nur ein einziges Mal gefunden werden konnte, auch nur in einem einzigen Falle gilt, wird er niemals zugestehn. Die Magie des einmal Vollendeten bezwingt ihn für immer. Er glaubt, daß es wiederholt werden müsse in der kälteren Zone, in die er selbst geboren ist; seine ganze leidenschaftliche Hoffnung auf die geistige Leistung seines Landes ist eine Hoffnung auf diese Wiederkehr; die größte Mahnung des Fertigen: ein Eigenes zu erschaffen und der Vollendung entgegenzutreiben, dieses fruchtbarste Vermächtnis der Völker, die ihre Sprache bereits gebildet, ihre Werte geprägt haben, der Griechen, Römer und Franzosen, geht ihm verloren. Und so geht ihm, ohne daß er die ganze Größe des Verlustes jemals bemerkt, seine Sprache verloren, ja auch sein Volk; zuletzt ist der große Augenblick des Erwachens aller Kräfte, den ihm das Schicksal ebenso wie Ludwig für seine Tat bestimmte, nur halb erfüllt. Die Tragödie der Deutschen, die Macht und Geist, Nation und Kultur, Geschichte und gestaltetes Ethos niemals wirklich vereinten, beginnt jetzt, in diesen Jahren, aufs neue, da der junge Schloßherr von Rheinsberg seine Maßstäbe findet, seine Formenwelt wählt: große und doch fremde, endlich unfruchtbare Werte, denen er sich hier im märkischen Sand, in eigenster Landschaft, zuversichtlich verschreibt.

Aber in das helle Turmzimmer, wo der Kronprinz unter dem Bilde des Meisters seinen liebsten Träumen lebt, tritt ein Schatten, die düstere Gestalt eines Erfahrenen: Machiavells. Er hat die Geschichte erlebt, der sich der junge Dichter von Rheinsberg mit seinem scherzenden Hofe zu entziehn sucht; er hat erfahren, daß die Macht allein die Menschen ordnet und daß in Zerfall und Entwürdigung keine Hoffnung ist als der Mächtigste und seine Macht. Auch er träumte einmal von der Freiheit und ihrem Glück; doch es ist keine Spur dieses Traums geblieben auf seinem harten Gesicht: die Not hat ihn getilgt, die Folter getötet. Wie so manche starke Verkündung, wuchs auch die seine aus der Verzweiflung empor: als nichts mehr zu hoffen war und ihm die Notwendigkeit kalt gegenüberstand, da begrub er das freie Florenz und ergab sich seinem Herrn; da ergriff er die historische Notwendigkeit, der er fast erlegen war, und machte sie zu seiner eigenen Sache. Und die Macht wurde gut, und was ihr immer diente und sie vermehrte, wurde geadelt; nun sollte es der Eroberer hören, daß nichts natürlicher ist, als Länder zu gewinnen, wenn sich die Gelegenheit bietet; ein Krieg wird nur zum eigenen Nachteil verschoben; versteht sich aber der Eroberer auf seine Zeit und auf die Kunst des Überraschens, so ist er unbesiegbar; es bleibt ihm nur das eine Problem zu lösen: wie er das Gewonnene für immer an sich kettet. Und während der Florentiner ringsum nur Schmach sah und das Vaterland erniedrigt lag vor Fremden, stellte er dem Mächtigen, dem allein noch seine Hoffnung galt, einen Freibrief aus für eine jede Tat, die im Dienste der Macht geschieht: gut ist es, grausam zu sein, wenn die Macht dadurch wächst; gut ist es, listig zu sein, Fuchs und Wolf zu sein; gut ist selbst die Tugend, wenn sie nützt. Aber was liegt am Sein? Der Schein entscheidet vor dem Pöbel, und Pöbel füllt die Welt. Der Ruf der Tugend genügt; der Ruf der Freigebigkeit ist weit mehr wert als sie selbst; der Anschein ist der einzige wahre Wert. Wer aber an die Ruhe auf Erden glaubt, der ist schon gerichtet; denn der Sturm wird kommen, und Sünde begeht allein, wer sich seiner Waffen begibt und durch die Sitte sich wehrlos macht unter wilden Tieren. – Dies ist nicht die Welt eines Träumers, sondern eines Gescheiterten und Verfolgten, der das Foltereisen der Mächtigen am eigenen Leibe gespürt hat und aus seiner Not heraus den kalten Blick auf das Unerbittliche tat. Er ist zu stolz, um fürs Volk zu sprechen. Vielmehr spricht er für den Einen jenseits der Norm; für den Fürsten und Ordner auf Erden, den Reiter mit eisernem Stab.

In dem Schüler der Aufklärung, den selbst ein Thron erwartet, empört sich alles gegen diese Verkündung und ihren Träger. Wie käme es ihm in den Sinn, gerecht zu sein gegen Machiavell und zu fragen, für wen und wann er sprach? Machiavell verführt die Fürsten: wie leicht kann es geschehn, daß »ein junger ehrgeiziger Jüngling« sich von diesen Grundsätzen hinreißen läßt, die seinen Leidenschaften schmeicheln. Nicht genug, daß der Florentiner in mitleiderregender Unfähigkeit irrt und die rechten Schlüsse nicht zu ziehn weiß: Machiavell ist nicht einmal aufrichtig und schon darum kein großer Mann. Wie aber kann er in seiner Bosheit den Eroberungsdrang verteidigen, »jenen Abgott der Politik und des Verbrechens«? »Was kann einen Menschen reizen, sich zu vergrößern?« Wenn Machiavell sich Cäsar Borgia, den Mörder und Räuber, zum Vorbild wählte, so erkor sich Friedrich, der König der neuen Zeit, Mark Aurel. Die Fürsten sind nicht, um zu herrschen, da, sondern allein, um glücklich zu machen: das Glück der Menschen ist der oberste Wert; am Glück ihrer Untertanen müssen die Könige gemessen werden.

Aber das erzene Gesicht des Florentiners verändert sich nicht. Die Forderung, die er stellte, hat ihm erlebte Geschichte vererbt; die Wirklichkeit der Jahrhunderte spricht für sie; ja nicht zuletzt die leidenschaftliche Schrift seines Gegners selbst. Wußte Machiavell nicht schon von der bezwingenden und erhebenden Macht der Vorbilder, nach denen sich die Menschen formen; und ist es nicht wie ein Widerhall, wenn Friedrich bekennt, daß Karl XII. vom Vorbild Alexanders überwältigt worden sei, so wie Cäsar von ihm überwältigt wurde? Ist dies nicht eine erste Bestätigung erprobter, unüberwindlicher Formen, denen das Leben unterliegt? Und seltsam: Machiavell ließ die Tugend gelten, soweit sie nützt; hat die Tugend seines Widersachers einen viel höheren Wert? »Ich hingegen sage, um nicht zugrunde zu gehen, muß man gut und klug sein.« Tugend macht glücklich: sie findet unfehlbar ihren Lohn. Aber um des Lohnes willen empfahl auch Machiavell die Tugend; ihrer selbst wegen gilt sie beiden nicht. Doch der Triumph des florentinischen Staatsmannes wird noch größer: es fällt das rätselhafte, die Tragödie eines Lebens vorausnehmende Wort von den »Fürsten, welche Menschen waren, bevor sie Könige wurden«: ist es ein Abschied von Rheinsberg? Es scheint so zu sein; noch wird gefolgert, daß ein Volk unter einem »wagemutigen Fürsten« schlimmer daran sei als unter einem vorsichtigen: aber schon wird es beiden zugestanden, daß sie große Männer werden könnten: sofern sie nur »zur rechten Zeit die Welt betreten«; und diese Forderung nach der Übereinstimmung mit der Zeit ist eine Forderung Machiavells. Endlich findet auch die List ihren Platz im System des Antimachiavellisten: für Verhandlungen müsse man sich der scharfsinnigen Geister bedienen, solcher, die »verschlagen« genug sind, um »Ränke zu spinnen«; Rechtschaffenheit und Aufrichtigkeit werden immer deutlicher zum Mittel, dem auch die Listigen erliegen; ja der Angriffskrieg ist als Vorbeugungskrieg geboten, solange dem Fürsten »die Wahl zwischen dem Lorbeerkranze und dem Ölzweig noch freisteht«: der Widersacher wird zum Gefolgsmann Machiavells; der Idylliker beugt sich dem Gesetz der Geschichte; er ist schon gerüstet, in ihren Stürmen zu bestehn.

Was bleibt? Auch seinem Gegner hat Machiavell, der große Realist und Fürstenerzieher, gegeben, was er zu geben hatte: das Rüstzeug für die Entscheidungen, die zuletzt der Mensch nicht heraufführt; in denen er sich behaupten muß. Doch wenn der Schatten schwindet und das Gespräch mit seinem Sieg beendet scheint, so bleibt doch mehr als das Vermächtnis Machiavells: Friedrichs Bild eines Fürsten, der weder um seiner selbst willen herrscht, noch um das verzehrende Fieber der Macht zu kühlen; sondern für den einmal unweigerlich die Stunde kommt, da er sein ganzes Leben an seine Untertanen verschenken wird: um sie glücklich zu machen, wie er hofft; zugleich aber ohne seiner selbst noch im geringsten zu achten.

Folgenschwerer noch als der Widerspruch zwischen Idealwelt und Erkenntnis ist der Einspruch, den des Kronprinzen eigene Natur erhebt. In Friedrich, der es nicht verstehn mag, was einen Menschen reizen könnte, sich zu vergrößern; der kein Held sein will und das Leben der Mitte verteidigt gegen die Aufrührer und Verwandler, brennt längst eine Leidenschaft, die ihn zu den Helden und Aufrührern gesellen muß, wenn er sie mit allen ihren Forderungen bejaht: die Begier nach Ruhm. 1734, in dem furchtbaren Jahr, da die Krankheit des Königs ihm von Tag zu Tag die Macht versprach und dieses Versprechen doch nicht erfüllte; da er zwischen Trauer und Gram bereit sein mußte für die Krone und ihren Glanz, für die Pflicht und die Tat, bekannte er diese Leidenschaft: im »tiefsten Herzensschachte«, einem Gotte gleich, wohnt dieses Glühen; es erweckt die Bilder der Vergangenheit vor seinen Augen, die Thermopylenschlacht und die Größe Roms; er sieht, näher noch, unwiderstehlich lockend, das Heldenleben des Prinzen Eugen, dem Friedrich selbst im Rheinischen Feldzug noch begegnen durfte; um des Ruhmes willen allein steigerten Homer, Vergil und Horaz, Voltaire, der größer ist als sie alle, ihr Werk der Vollendung entgegen; dem Ruhm opfert er alle seine Wünsche, die Arbeit seiner Muße: einmal muß der Gott diesen Dienst belohnen und ihm die Tat gewähren, die ihn unsterblich macht. Und endlich, aus seinem Grabe noch, wird dieser eigenste Geist lohen, der in ihm gelebt und ihn getrieben hat: des Ruhmes, für den er sterben will.

Er ist im geheimen bereit. In jenem qualvollen Jahr, da er das Zepter schon fühlte in seiner Hand und ein jeder Bote, der ins Zimmer trat, ihn grüßen konnte mit dem Worte »Majestät«, prüfte er bereits die Staaten Europas auf ihre Möglichkeiten und ihre Macht. Er kennt genau den historischen Augenblick seines Beginns. Er stimmt überein mit der Zeit nach der Forderung Machiavells. Er weiß, daß er handeln muß: nach dem Gebot der Geschichte, der er verfällt; des Staates, den er vertreten und weiterführen muß; endlich nach dem Gebot des Treibers in seiner Brust. Wann wird er berufen? Der König ist krank; kein Arzt glaubt noch an seine Genesung; in Wien ist der letzte Habsburger am Erlöschen. Und die Mächte? Frankreich wird sich Habsburgs nicht annehmen; auch Bayern hofft auf habsburgisches Erbe; wer will nicht gewinnen, wenn der Mächtigste fällt? Welche Sterne treffen zusammen! Wann schlägt die Stunde: heute? Morgen? – Und – wird es nicht zu spät?

Von der Wand lächelt das Bild Voltaires. Wie, wäre es möglich, ihm zu gehorchen und zugleich Machiavell? Das Glück zu begründen, zu befreien, zu dienen im Innern und die Macht zu vollenden nach außen? Mensch unter Menschen zu sein vor den Untertanen; unerbittlicher König in der Geschichte? – Wenn der Tag kommt, der ihn zu handeln zwingt, so wird er »arbeiten mit beiden Händen, mit der einen für die Armee, mit der andern für das Volk und die schönen Künste«. Er wird Maupertuis berufen und zugleich sechzehn neue Bataillone und sechs Schwadronen Husaren errichten; er wird die zwei Dinge sehn wollen, die ihm »am meisten am Herzen liegen«: Voltaire und französische Truppen.

Unten im Park am See gefallen sich die Herren und Damen in Schäferkleidern; sie schreiten zierlich über den Rasen zu tastenden, zögernd verwehenden Klängen; glücklich lacht die Kronprinzessin beim Tanz. Und da für den zukünftigen König längst schon ein anderes Leben begonnen hat, in das keine Frau mehr Zutritt hat, kein Freund und selbst der Meister nicht, dessen Sprache er spricht: das Leben dessen, den die vererbte Forderung außerhalb jeder Gemeinschaft stellt, so kann er sich heute noch einmal unter die Tanzenden mischen.

II. Das Gesetz

Man unterstellt die Politik der Moral, und man wird ihr nicht gerecht; man flüchtet zum Gegensatz und meint, erst seine Verbrechen oder seine Sünde mache die Größe eines Staates aus; aber aus der Geschichte selber spricht eine andere, eine unheimliche Stimme: wer das Feld historischer Entscheidungen betreten will, löse sich von Gut und Böse. Es geht nicht um die Sünde oder ihr Gegenteil; es geht allein um die Notwendigkeit. Groß sind ein Staat und sein Führer nur insofern, als sie unter einer treibenden Notwendigkeit stehn. Haben sie eine solche ererbt; unterliegen sie dem Zwang einer deutlich bestimmten Tradition; gehorchen sie nur den Interessen oder der zufälligen Gunst des Augenblicks? Als August der Starke von Sachsen die polnische Krone erwarb: da genügte er den Ansprüchen seiner eigenen Natur, die den königlichen Nimbus forderte und wohl auch fordern durfte; er vergaß darüber die Interessen seines Landes nicht, dessen Gewerbe nach den östlichen Absatzgebieten verlangte; eine unabweisliche Forderung war das polnische Königtum der sächsischen Kurfürsten jedoch nicht. Sachsen hatte im 18. Jahrhundert keine Notwendigkeit mehr; und damit auch keine geschichtliche Größe mehr zu erwarten. Nur der Auftrag erhält den Einzelnen wie den Staat am Leben; und das eigentliche Leben währt nicht eine Minute über den Augenblick hinaus, in dem sich der Auftrag erfüllt.

Wo aber Notwendigkeit ist, da ist auch die Möglichkeit einer ordnenden Kraft. Auf »einzelner Warte«, auf der Höhe des deutschen Idealismus, sollte es Goethe »abermals auffallen, daß man aus dem moralischen Standpunkt keine Weltgeschichte schreiben kann«. Nicht Gut und Böse schufen die Mittelpunkte, um die sich das Leben sammelte, um geformt zu werden: sondern allein der gerichtete Wille, in dem das Dasein einer Gesamtheit historische Erscheinung wird. Er lebte zu jeder Zeit in den Einzelnen, deren Schicksal es war, zu herrschen; er lebt in den Geschlechtern, die nicht ihre Abstammung adelt, sondern ihre Bestimmung. Solange dieser Wille treibt, ist Leben möglich, das sich nur in einem Sinne erfüllen kann: als Leben in der Geschichte. Nun erst, da er wirksam ist und die Gesamtheit einem fernen, einem unbekannten Ziele unterwirft, kann auch die Sitte das Dasein der Geführten durchdringen; der Träger der Geschichte selbst unterliegt, solange er Träger, nicht Bürger unter Bürgern ist, allein der Notwendigkeit. Er wird der Schuld nicht entgehn, auch dem »Gericht« nicht, wenn man es als ein Gericht betrachten will, daß der führende Vollzieher der Geschichte sein eigenes Leben verliert und die Möglichkeit dessen, was man »Glück« nennen mag unter den Geführten; auch das Volk wird einmal auf seinem Wege an die Zone ewigen Eises gelangen, die alle geschichtliche Entfaltung umschließt und die noch nie durchschritten ward; ein jeder irdische Auftrag enthält, als Innerstes seiner treibenden Gewalt, die Vernichtung, die ja nur das Versprechen des Übergangs in eine andere Sphäre ist: die letzte Erscheinung des Unbedingten, durch das allein das Bedingte besteht. So wird man die Sühne überall finden, wenn man sie sucht; ebenso gewiß wie die Schuld: aber erst das Erlebnis der historischen Notwendigkeit macht uns gerecht.

Friedrich bricht in die Staaten einer »unglücklichen Frau« ein, wie er selbst sagt; er steht dabei im Bunde mit Frankreich, dem Reichsfeind, dessen Rheinpolitik noch bis in das kommende Jahrhundert Unglück auf Unglück, Krieg auf Krieg entfesseln wird; er betrügt in derselben Zeit, da seine Widerlegung Machiavells mit einer stolzen Vorrede Voltaires im Haag erscheint, nicht nur seine Feinde, sondern auch seine Bundesgenossen; ja er scheint eine zynische Freude zu empfinden, da er in Übereinkunft mit dem österreichischen Marschall Neipperg aus der Belagerung und Einnahme der Festung Neiße ein abgekartetes Spiel macht und diesen »Sieg« zugleich triumphierend nach Paris meldet. Wenige Monate, nachdem er den Thron bestiegen, steht er in den schlesischen Lagern als vollendeter Meister der Politik, den englischen, den französischen Gesandten spöttisch verwirrend und täuschend, den bayerischen Kurfürsten sich zum Mittel machend; Maria Theresia, die anfangs arglos genug war, an seine Freundschaft zu glauben, verspottend: dieser junge König, der unermüdlich auf Listen sinnt, während weder er selbst, noch sein Heer den Forderungen des Krieges gerecht werden können; der dem König von England versichert, daß er als mitleidsvoller Verteidiger der furchtbar bedrückten Protestanten nach Schlesien gekommen sei und zugleich dem alten Kardinal Fleury mitteilt, daß er für ihn seine Gebete zum Himmel sende; der stets die Namen des Rechts, der Aufrichtigkeit und des Deutschtums auf den Lippen hat und ihnen täglich widerspricht durch seine Taten: er scheint keinen Anspruch zu haben auf Rechtfertigung. Aber die ihn in diesen Augenblicken sehen und einschätzen, den allzu gewandten, skrupellosen Überlister der Listigen, der dem Marschall Neipperg in einem abgelegenen Hause Ratschläge gibt, wie er die Franzosen, seine eigenen Verbündeten, bekriegen soll; oder blitzschnell den Fuß setzt auf ein Dokument, das dem unbeholfenen französischen Gesandten entglitt: die nur diesen rücksichtslosen, spöttischen Politiker sehen, ohne zu fragen, was er zu vertreten hat, wofür und in welchem Augenblicke er kämpft, sie werden ihm niemals gerecht.

Denn es kommt in der Tat alles auf die Frage an: welcher Auftrag erging an diesen König; mit welchem historischen Bewußtsein zog er ins Feld? Ist es eine Notwendigkeit, für die er auf diese Weise streitet; ist es nur das Abenteuer oder der Ruhm? Er selbst hat einmal die fragwürdige Forderung erhoben, daß man in ihm »den Philosophen vom Fürsten und den Ehrenmann vom Politiker unterscheiden« solle; wenn aber der Politiker sich behaupten soll, so muß er im Dienst eines unerbittlichen Gesetzes gestanden sein.

Daß ein König Mensch sei wie alle Menschen, war eine Lehre des Antimachiavellisten; Friedrich gab ihretwegen den Stolz auf sein Haus und dessen Tradition nicht auf. Die Hohenzollern stehen den Bourbonen an Alter gleich, wenn sie auch weniger regierende Fürsten als jene zu verzeichnen haben; als aber im selben Jahrhundert Ludwig XIV. und der Große Kurfürst einander begegneten: da besiegte in der Schätzung des Enkels der Hohenzoller den Bourbonen. Ludwig soll nichts von dem Glanze verlieren, den die Großen seiner Zeit und seines Landes ihm verliehn; nicht an Glanz übertraf ihn der Kurfürst, denn eben den Glanz hat er, auf deutsche Weise, nicht gesucht; – es ist hier eine der entscheidenden Stellen, wo, innerhalb des Geschichtlichen und Menschlichen, die deutsche Wertsetzung die französische im Urteil Friedrichs überwindet. Statt des Glanzes umgibt den Kurfürsten »Seelengröße«, statt des Aufwandes war die »deutsche Einfachheit« sein Stolz. Der Kurfürst ist unsterblich, »weil er an dem Glücke seines Vaterlandes nicht verzweifelte«; weil er das Land wieder bevölkerte und Vertriebene aufnahm. Er schuf den Maßstab der Größe, an dem nun alle Glieder des Hauses gemessen werden müssen: seit er gelebt hat, sind die Hohenzollern kein Dynastengeschlecht wie andere, sondern verpflichtete Vollzieher großer Geschichte.

Dieses Beispiel eines Mannes, der nur unverstandenes Erbgut fand, als er kam, und seinen Weg sich selber bahnte; dessen Ruhm eigenes Heldentum begründete statt der Minister und Generale, es ist so mächtig, daß es den jungen König hart und ungerecht macht gegen Friedrich I.: er, der Eitle, Verwachsene wird diesem deutschen Bild eines Fürsten gegenübergestellt, das ihn zernichtet. Im Kurfürsten lebte das brandenburgische Temperament: er »flog« zu seinen Taten; der Kurfürst, und dies ist entscheidend, wußte, daß den deutschen Fürsten die schlimmste Tyrannei von Österreich drohte; Friedrich I. verkaufte sich und die Tradition seines Hauses an den Kaiser, um sinnlose Prunksucht zu stillen, nicht anders, wie er vorhatte, seine Halberstädter Domänen zu verpfänden, nur um den »Pitt« zu erwerben. Indessen er seine Gesandtschaften so prächtig ausstattete wie die portugiesischen, verkamen seine Untertanen im Osten. Dennoch, auch er vermehrte die Forderung: den höchsten Besitz. Denn mit der »eiteln Größe« der Krone hatte er seinen Nachkommen »einen Keim von Ehrgeiz« eingepflanzt, der Schicksal für sie werden mußte.

Die Ahnen, die in lebendigster Gegenwart, in ihrer Größe und Schwäche, vor Friedrich stehn; deren noch nicht erfüllter Wille überströmt in den seinen, um ihn zu treiben und ihn nicht mehr freizugeben, bis er sein und ihr Ziel erreicht, sie sind die besten Rechtfertiger seines Tuns. Aber die bestimmende Forderung ergab sich erst aus dem Werk des Vaters, das der Sohn bewundernd anerkennt. Friedrich Wilhelm fand die Form, indem er die ganze Kraft des Landes in der Wehr zu verdichten suchte; er errichtete »sein militärisches System und verknüpfte es so enge mit den übrigen Staatseinrichtungen, daß man es nicht anrühren konnte, ohne Gefahr zu laufen, den Staat selbst umzustürzen«. Von der Zeit dieser Schöpfung an besteht Preußen so lange, als sein Heer besteht; ist der Staat bis in einen jeden Zweig der Verwaltung solange lebendig, als das Heer lebendig ist.

Aber wie lange leben Heere? Mit dem größten Werk, dem größten Glück des Vaters kam auch seine Sorge an den Sohn: der Gründer und Zuchtmeister wußte es längst, die Nahestehenden, der Erbe konnten es nicht übersehn, daß der Dienst zum Spiel, die Waffe zum Spielzeug geworden waren. Es war alles getan. Dieses berühmteste, mit ungeheueren Opfern aufgebrachte Heer konnte nur noch erprobt werden oder zerfallen. Es forderte in seiner unwahrscheinlichen, seiner übertriebenen Ausbildung bereits den Spott heraus: »da aber von der Seite [der Ordnung] nichts mehr zu tun war, hatte man seine Aufmerksamkeit solchen Dingen zugewendet, die nur ins Auge fallen: der Soldat polierte seine Flinte und lackierte sein Zeug; der Kavallerist seinen Zaum, seinen Sattel, ja sogar seine Stiefel; die Mähnen der Pferde waren mit Bändern durchflochten, und zuletzt artete die an sich gewiß höchst nützliche Reinlichkeit in den lächerlichsten Mißbrauch aus«. Preußen, das aus dem Wehrgedanken hervorgewachsen war, konnte im Frieden nicht länger bestehn. Wenn das tragische Leben des Kurfürsten; wenn die Opfer an Heeren, Untertanen, Wohlstand und Gold, die Friedrich I., auch in seiner Schwäche und in seiner Eitelkeit noch ein Verwirklicher, der Krone brachte; wenn das ungeheuere Werk Friedrich Wilhelms einen Sinn bekommen sollten: so blieb nur der Krieg. Dies war der Auftrag; es bedurfte der Kühnheit, stürmischen Dranges zur Tat, auch der Liebe zum Ruhm, um ihn zu erfüllen: wie Friedrich Wilhelm mit seiner »Narrheit« noch dem Amte diente, so dient ihm der Sohn mit seinem Verlangen nach einem glänzenden Namen. Die Geschichte kann im Prozeß der Verwirklichung die Leidenschaften, auch die Schwächen und Verfehlungen, nicht entbehren; ob sie den vorbestimmten Gang der Ereignisse hemmen oder hindern und gefährden: dies allein spricht das Urteil über sie. Der Mensch mit seinem ganzen Menschentum verfällt dem Dienst; und weder die Kälte seiner Erkenntnis und seiner Schlüsse, noch das Feuer seines Herzens kann er dem Dienst entziehn. Nur die Unerbittlichkeit dieses Wissens mit drängender Jugend vereint: Eis und Feuer zugleich, und damit Friedrichs Natur allein, konnten die Erstarrung durchbrechen und Preußen in der Stunde höchster, noch unsichtbarer Gefahren wieder erwecken.

Dies waren die Grenzen Friedrich Wilhelms, seines Lebens und seiner Tat; er starb, als er sie erreichte und der Staat, für den er sich geopfert hatte, einen anderen Mut, eine kühnere und verwegenere Haltung, ein abgründigeres Weltbild, als er sie finden konnte, verlangte. Er war gebunden an Christus, der Sohn nicht mehr. Und so bedeutete es nicht nur eine Rechtfertigung seiner selbst, sondern die Darlegung eines ewigen Gesetzes, als der Sohn nach einigen Jahren schrieb: »Es ist notwendig, daß die menschlichen Leidenschaften als Getriebe dienen, um ohne Unterlaß neue Dekorationen auf dieser großen Weltenbühne vorzuführen und in Bewegung zu setzen; daß die Tollkühnheit des einen das wegnimmt, was die Schwachheit des andern nicht zu behaupten vermag.« Der so sprach, war nicht mehr Schüler der Aufklärung, er war erfüllter Vollzieher der Geschichte.

Dem Drängen des lebendigen Staates von innen begegnete eine Forderung von außen; wie das Heer nach Krieg verlangte, in dem es sich bewähren und erneuern konnte, so mußte die preußische Politik sich Geltung erzwingen in Europa. Denn man hatte nur Spott getrieben mit dem neuen Königreich und seinem Herrn; nachdem Wien und Petersburg mit ihm einig geworden waren, einen portugiesischen Prinzen zum König von Polen zu erheben, gewährten sie August dem Starken den polnischen Thron, ohne Friedrich Wilhelm auch nur ins Einverständnis zu ziehn; Hannover kümmerte sich um ihn nicht; ein kleiner Herr wie der Bischof von Lüttich wagte es sogar, seinen Gesandten nicht zu empfangen. Der Vater erstickte im Zorn und wußte sich nicht zu rächen; im Sohne brennt eine jede dieser Szenen als unerträgliche Schmach; nur eines wird sie tilgen: die Heraufkunft des preußischen Kriegsherrn, der zugleich vollendeter Politiker ist im Sinne der Zeit.

Die Ahnen wie die Bilder nächster Gegenwart; das ganze Bewußtsein der Tradition seines Hauses, seiner Verantwortung als Haupt einer begründeten, noch nicht vollendeten Macht; das Gefühl einer furchtbaren innern Gefahr, des drohenden Verlustes kaum erworbener Kräfte: dies alles drängt den jungen König zur Tat. Wie sie sind ihm auch die Mittel geboten: er wird nicht handeln können wie Ludwig XIV., wie ein Staat auf der Höhe der Macht; er wird Verbündeter bedürfen und noch listiger sein müssen als sie; ein jeder unter ihnen wird ihn nutzen wollen; keiner wird ihn werden lassen wollen, was allein er werden muß: eine frei bestimmende Macht. Das Schicksal des Kurfürsten droht wieder, so wie sein Temperament und sein Mut zur Überraschung wieder eingesetzt werden müssen in dem Entwicklungskampf seines Hauses: der Zusammenbruch darf sich nicht wiederholen; jetzt nicht, da größere, unersetzliche Kräfte auf dem Spiele stehn. Der Weg Friedrich Wilhelms schien sicher, und er führte doch in äußerste Gefahr; noch einmal geht es um das Dasein Preußens, muß das scheinbar Erworbene neu gewonnen werden.

Ein einziges Mal kommt der Augenblick der Tat: ihn zu verstehn und zu ergreifen ist das ganze Geheimnis des Glücks. Habsburg erschlafft; eine Macht weicht, vielleicht nur für Wochen oder Monate, von ihrem Besitze zurück; eine Provinz, groß genug, die Geltung ihres Eroberers entscheidend zu verändern, liegt frei: nur jetzt, in diesem Herbst, da eine junge, vielleicht schwache und ratlose Frau die Erbschaft des vermorschten Reiches antritt. Was ist das »Recht« auf Schlesien? Ein Anlaß, nicht schlechter als die Anlässe so vieler Kriege, die im Innern entbrennen und von außen eine Form begehren; hinter diesem, vielleicht zweifelhaften und doch nicht völlig widerlegbaren Recht der Papiere meldet sich der Anspruch einer Kraft, die stark genug ist, eine Ordnung zu schaffen in einer Zeit der Auflösung aller Formen, und noch einmal auf dem harten Weg ihres Werdens um Sein und Nichtsein kämpft. Nicht erst die Zukunft muß es erweisen; es ist schon in diesem nie wiederkehrenden Augenblick, da der junge König in Rheinsberg fieberkrank auf den Hufschlag eines Boten vom Kaiserhof wartet, nicht zu bezweifeln, daß Preußen Einmaliges zu geben vermag, das ordnende Vorbild der härtesten Form. Und wenn der Bote über die Brücke sprengt mit der Nachricht vom Tode Karls VI., und Friedrich in einem einzigen fieberheißen Anlauf das politische, das militärische Vorspiel beginnt und vollführt; wenn das Heer über die Grenze stößt, ohne daß der Feind oder die Welt begreifen, was geschieht, so wird der jung aufbrechende Staat freilich wieder schuldig, wie er es schon oftmals wurde. Sein Herr, der als Feldherr vorerst völlig versagen wird, ist überzeugt, einen Auftrag zu haben, für den es sich schuldig zu werden lohnt. Er blickt der Schuld ins Antlitz. Er leugnet sie nicht.

Mit der Notwendigkeit ergriff den jungen König die Verlockung, Preußen, das noch immer zu klein ist, um zu führen, und zu groß, um geführt zu werden, diesen »Zwitter eines Kurfürstentums und eines Königreiches« zu entscheiden: es ist der Wunsch, dem Lande nach außen die Gestalt zu geben, die es im Innern schon hatte. Der Anspruch auf Führung begründet sich auf den Gehalt; dieser muß darum verwirklicht werden. Die Wahl stand nur zwischen Schuld und Schuld: zwischen der Schuld vor dem geschriebenen Gesetz und der Schuld vor der Geschichte. Zwischen ihnen beiden allein, im außerchristlichen Bereich, und also auch nicht bedroht von der furchtbarsten Frage, spielt das Drama des Königs.

Da Friedrich über die Grenze Schlesiens zieht unter Trommelschlag und mit wehenden Fahnen, ist er sich, wie er dem Minister schreibt, zweier Forderungen bewußt: »Ich kehre nicht wieder nach Berlin zurück, ohne mich des Standes würdig gezeigt zu haben, in welchem ich geboren bin, und der tapfern Krieger, die zu befehlen ich die Ehre habe.« Die Könige, die ihm vorausgingen, das Heer, das er erbte, gebieten unwidersprechlich. Er selbst hat das unbestimmte Vorgefühl eines »glänzenden Glückes«. Ohne es noch zu wissen, verfügt er in diesem Augenblick geschwellten Lebensgefühls über sein ganzes künftiges Dasein. Er fordert die Mächte heraus, und sie werden es ihm und seinem Staate nie verzeihen; er tut, was er soll, und er wird nichts zu bereuen haben. Er beschwört die strahlendsten Siege seines Jahrhunderts herauf und mit ihnen den Schein der Unsterblichkeit, der ihm vielleicht schon bald nichts mehr geben wird, den er aber nicht entbehren kann; und er zieht jetzt schon, als einer unvermeidlichen Folge seiner Tat, dem Siebenjährigen Kriege entgegen: einem Leiden, das jenes geahnte »glänzende Glück« bis in seine letzte Möglichkeit zerstört. Noch ist er den Forderungen des Krieges, der Schlacht nicht gewachsen: bei Mollwitz erwartet allein seinen Feldherrn Ruhm, ihn selbst nicht zu verbergende Schmach; aber die Aufgabe, der er sich unterstellt, wird ihn über das Menschliche steigern, weil ihr Gebot ebenso hart wie unabänderlich ist.

Aber es ist in diesem Augenblick, da das Neue sein Recht auf die Tat geltend macht und das Recht auf seine Schuld, Zeit, des

Untergehenden zu gedenken: des großen, heiligen Kaiserreiches, das die ehrwürdigste Herrschform des Abendlandes blieb. Der Kaiser, auf dessen Tod der junge König in Rheinsberg fiebernd wartete, war sich der Würde wohl bewußt, die ihm entglitt; was sonst beugte Karl VI. zum Grabe, als das Bewußtsein dieser unvergleichlichen Würde und ihres Verlusts?

Müde, unter der Last niemals überwundener Schwermut, erlöschen die Habsburger in Wien, nachdem das Pantheon im Eskorial längst schon den letzten Sarg des spanischen Stammes empfing. Und ging auch Spanien verloren, so kamen doch seine Kronen an den einzigen Träger des habsburgischen Anspruchs an die Welt: Karl VI., der Kaiser, ist mit dreißig Königskronen geschmückt: zu den Herrschaften, die er noch besitzt, Ungarn, Böhmen, Dalmatien, Kroatien und Slawonien zählt er alle die Reiche, die er verlor: er ist König von Kastilien, Aragon und Leon, noch immer Herr der Kanarischen und Ozeanischen Inseln und der Kontinente jenseits des Ozeans; er legte auch die phantastischen Würden nicht ab: eines Königs von Jerusalem oder eines Herzogs von Athen. Noch steht der Hof unter dem Gesetz, das Karl V. ihm gegeben: im schwarzen Mantel treten die Minister in den Saal, schwarz ist die Kleidung der Diener an den Türen, schwarz die der Hartschiere vor dem Thron. Noch sitzt der Kaiser in spanischer Kleidung mit der Kaiserin an der Tafel, den Hut nur abnehmend beim Tischgebet, oder wenn die Kaiserin das Glas zu seinem Wohle erhebt. An den großen Tagen umwimmeln ihn die Gesandten des Reichs; und die ganze unübersehbare Vielfalt, in die sich Deutschland zerteilte, wird vor ihm lebendig; er soll wachen und richten über all die oft vier- und fünffach gespaltenen fürstlichen Häuser; die Städte, Klöster, Ritterschaften, Grafen und Freiherrn, die Reichsgotteshäuser und Abteien, die Ordensballeien und Stifte, die Reichsdörfer und Bauernschaften; über die gegensätzlichen Wünsche einer einzigen Stadt, die vier, fünf Agenten für Domkapitel, Ritterschaften und Bürgerschaft sendet.

Im unerbittlichen Ernst des Zeremoniells vollzieht er die Belehnung an den Gesandten deutscher Fürsten; dreimal kniet der Abgeordnete nieder auf dem Weg vor den Thron, kniend bringt er sein Gesuch vor; unhörbar, in das Ohr des knienden

Kanzlers, erteilt der Kaiser die Antwort; der Oberst-Hofmeister legt ihm die Bibel auf die Kniee, die der Gesandte beim Eide mit zwei Fingern berührt, nur das Schwert ergreift der Kaiser selbst, dem Abgeordneten seinen Knauf zum Kusse zu reichen. Aber indes er dieser Form genügt: fühlt er nicht immer schmerzlicher den Verfall seines Reichs? Neapel und Sizilien sind verloren; zwar tauschte er Parma und Piacenza ein; doch die Schmach von Belgrad, das der Bevollmächtigte dem Feinde schändlich überlieferte, ist vor aller Augen offenbar. Der Kaiser gibt seine Festung, von deren Mauer das Geschütz der Belagerer kaum den Bewurf geschossen, in die Hände der Ungläubigen; er verzichtet auf Serbien und die ganze Walachei; und er empfindet diese Niederlage in seiner Machtlosigkeit so schwer, daß er in einem Rundschreiben an die befreundeten Höfe sich zu entschuldigen sucht, indem er Neipperg, den Unterhändler, verantwortlich macht. Aber auch ein solches ohne Befehl und Wissen gegebenes Wort, nachdem es einmal ratifiziert worden sei, müsse man halten: obwohl man den Vorfall als »eine Begebenheit ansehen müsse, wovon kein Beispiel in allen Historien zu finden« wäre.

Der Kaiser, der auf diese Weise, nach eigenem Bekenntnis, die Geschicke seines Reichs nicht mehr heraufführt, sondern erleidet, ist gerichtet von einem unverständlichen Spruch; und er fühlt es wohl, daß der Prunk seines Hofs, das eisern verteidigte Ansehen seines Namens ihn nicht erretten werden. Ihn befreit die Jagd nicht mehr wie sonst, ob er auch noch das alte Glück in den Wäldern sucht; vergebens scherzen seine Begleiter: sie erzwingen sein Lachen nicht. Endet es so? Er, der Letzte, unterliegt den Todfeinden: den Türken im Süden, den Franzosen am Rhein? Schützt er die Grenzen nicht mehr, wie es der Auftrag des Hauses ist, seit es sich diese Grenzen selbst, durch Jahrhunderte vordringend, gezogen oder erwählt? Denn dies bleibt dennoch der Stolz des Geschlechts: daß es die Grenzen des Reiches verteidigte, als kein Kurfürst sie kennen wollte; daß es seine Macht immer wieder sammelte für diesen Kampf und über ihm verraten worden ist; daß es das ragende Bild göttlicher Ordnung war, ihres Vollzugs und ihrer Unvollziehbarkeit. In seinen großen Zeiten, und selbst noch in seiner Not, stritt Habsburg für das Reich, weil es mächtig genug geworden war, um eins mit dem Ganzen zu sein: es hätte nicht seine Hausmacht vollendet, sondern das Reich, wenn ihm die Kurfürsten, wie sie fürchteten, unterlegen wären, nach dem Gesetz, das den Einzelnen, je höher er steigt, um so bestimmter zum Dienenden macht. Denn das Größte vollbringen Staat und Mensch nicht für sich selbst, sondern im Dienst; und so ist der Einsatz für das Reich der einzige Maßstab deutscher Größe. Die sich bildende neue Macht, die nicht notwendig endet mit dem Opfer für das Reich, übt Verrat; und es ist über einen jeden Willen das Urteil gesprochen, der nicht bereit ist, für das Reich zu sterben. Darum allein läßt das Reich seine Kinder wachsen: daß sie ihm verfallen, wenn sie stark genug sind, es stärker zu machen durch Opfer und Einsatz.

Doch ist Karls VI. Auftrag erfüllt? Mit einundzwanzig Jahren hatte er den Montserrat erstiegen, seine Waffen aufzuhängen vor dem schwarzen Gnadenbild, wie Ignatius von Loyola und Philipp II., wie die Helden der alten Zeit. Aber Gott gewährte ihm den Sieg nicht mehr, wie ängstlich er ihm auch diente in Messen und Gebeten: er gewährte ihm nur den Anblick des Endes, zu dessen Vollzieher er ihn auserlesen hatte. Wer übernimmt das Amt Habsburgs? Wer führt das Reich? Vielleicht hoffte der Kaiser noch bis in die letzten Jahre auf den Erben, das Aufgrünen seines Stammes; aber Gottes Wille ist auch im Ende, sowie er im Glück des Hauses war; um der Ehre Gottes willen allein erwarb Habsburg seine Länder, häufte es seine Kronen: sie alle, die dem Verzichter von Yuste folgten, ohne ihn zu erreichen, wollten in ihrem Glücke und in ihrem Versagen nicht an der Erde gemessen werden.

An das Bett des Sterbenden tritt Maria Theresia, die Erbin des großen, des furchtbar bedrohten Reichs. Zwar die Erbfolge ist ihr gesichert auf dem Papier und von den Mächten bestätigt: doch wie wird Theresia die Kronen tragen? Sie, die schon vom Anblick des Sterbenden so erschüttert ist, daß man sie aus dem Zimmer führen muß, nachdem sie seinen Segen empfangen? Oder – wäre sie Mutter des Erben, des künftigen großen Kaisers? So stirbt der Letzte, die Gattin zur Seite, er, nur noch dem Namen nach Ordner der Geschicke, deren Knecht er längst geworden war als hilfloser Bewohner der gewaltigen, nicht mehr erfüllten Herrschform seiner Ahnen; und eh noch der Hof versammelt ist, in schwerfälligem Pomp die Gruft zu verschließen, rüstet sich die Welt zum Streit um das Erbe.

Aber die junge Königin von Ungarn und Böhmen empfängt noch am Todestage des Kaisers die obersten Beamten, ihren Treueid entgegenzunehmen; zum erstenmal übt sie, unter dem Thronhimmel stehend und in freier Rede sprechend, die Wirkung aus, die ihr treu bleiben wird, solange sie herrscht. Sie verbirgt den Schmerz um den Toten nicht und nicht die Sorge um ihr Land; sie scheint der Hilfe ihrer Diener zu bedürfen und ist doch ganz Königin; schon liegt der furchtbare Ernst des Amtes auf ihren Zügen; aber die Jugend schimmert in den hellen Augen, im Glanz des vollen Haares, der Gestalt. Und wunderbarer noch als diese jugendliche Majestät ist die Liebe der gekrönten Frau: sie, die sich mit nicht geringerem Stolz ihrer Ahnen bewußt ist als der verstorbene Kaiser, wünscht doch nichts sehnlicher als den Mann, den sie sich erwählte, teilhaben zu lassen an ihrem Rang: sie will nur gebieten an seiner Seite, Herrscherin sein und zugleich nur liebende Frau des Gatten, den sie zu sich erhöht.

So bringt sie die Liebe zu einer Bitte an den König von Preußen: Friedrich möge die Wahl ihres Gatten zum deutschen Kaiser unterstützen; nie werde sie es an ihrem Dank dafür fehlen lassen; so wie sie auch »ausnehmende Freundschaft« für den König empfinde. Als sich dann die Pläne Preußens enthüllen, die Absicht, an die sie nicht glauben will, schroff zutage tritt, zugleich Frankreich, Bayern und Sachsen sich gegen sie erheben, während das Heer aus zerstreuten Quartieren unter schlechtem Kommando sich kaum zusammenfindet, die Festungen im Schutt langer Verwahrlosung liegen: da hat Maria Theresia als einzige, unüberwindliche Helfer den Glauben an ihr Recht und ihr Gewissen. Der Kampf, der nun entbrennt, die schönsten Tage einer zum Glück geborenen Frau furchtbar verdüsternd, langsam auch das Leben des raschen Eroberers überschattend, zwei Völker verbrauchend, die einig sind in dem Einzigen, das Völker bindet und trennt: in der Sprache, was wäre dieser Kampf, wenn in ihm nicht Recht gegen Recht sich empörte und der Glaube an sein Gesetz nicht einen jeden der beiden Gegner entflammte? Nie wird Maria Theresia das papierne Recht gelten lassen, auf das sich Friedrich beruft, nie das größere Recht achten, das ihn treibt; endlich aber kämpft sie nicht mehr um ihre reichste Provinz: es ist ihr Gewissen selbst, das sie zwingt, Opfer um Opfer für Schlesien zu bringen. Denn nicht aus Menschenhänden, nicht dank ihrer eigenen Kraft hat sie ihre Länder empfangen: Gott hat sie ihr gegeben, sie zu verwalten, und keine Macht der Erde kann sie ihrer Pflicht entbinden. Die Worte des Großherzogs, ihres Gatten, an den preußischen Gesandten Gotter, die am Vorabend des ersten Krieges fallen, die bald vor dem englischen Gesandten wiederholt werden: daß es die Königin vor ihrem Gewissen nicht verantworten könne, auf Schlesien zu verzichten: sie gelten für den ganzen, mehr als zwanzigjährigen Kampf. Mag Friedrich für die Abtretung Schlesiens seine Hilfe bieten: kein Zwang, keine Not der Erde berechtigen die Königin, diesen Preis zu bezahlen. Mögen die Heere von allen Seiten einbrechen in ihr Land: ihr gilt die Krone nur, solange ein reines Gewissen sie trägt. Und es wird einmal auch für sie, im Alter, der Tag kommen, da sie dieses Wort einlösen muß und einlösen wird: da die Teilung Polens, die ihr Sohn gegen ihren Willen gemeinsam mit Rußland und Preußen vollzieht, ihr Gewissen verletzt, so verliert sie die Freude an ihren Pflichten für immer.

So macht sie, nach dem Verlust der ersten Schlacht, dem König das Angebot Gelderns, vielleicht noch Limburgs, ja Glogaus. Sie selbst hat den Entwurf über und über mit Korrekturen bedeckt; nun aber, da der Vorschlag seinen Weg nimmt, wäre sie »untröstlich«, wenn Friedrich annehmen würde; sie kämpft leidenschaftlich; doch mit welchen Waffen? Die Palisaden Glogaus sind so verfault, daß sie »der morschen Umzäunung eines Gartens gleichen«; den Kanonen fehlen die Lafetten, die Kugeln, die Artilleristen; man befürchtet überdies, daß von der Erschütterung des Abfeuerns die Wälle einstürzen werden. Neipperg, der Wien nicht verlassen wollte, bis er mit gesammelter Heereskraft den vernichtenden Schlag gegen Preußen führen kann, legt endlich in einem Tage knapp eine Meile zurück. Immer wird dieses Heer überrascht, auch wenn es selbst überraschen will; langsam, im Rhythmus des Exerzierplatzes, auf dem Friedrich Wilhelm und Leopold sie gebildet, schließen sich die preußischen Regimenter zusammen; die österreichischen sind noch nicht geordnet, während der Feind schon die Vorhut wirft. In dem ganzen mühsam arbeitenden Apparat der erschöpften Kaisermacht scheint nur das eine Herz der Königin stürmisch zu schlagen: sie treibt die

Feldherrn an; sie verlernt es endlich, auf den Rat der Minister zu hören, die ihr der Vater gelasen: Greise, deren jüngster schon die siebzig überschritt. Nur durch Verträge suchte ihr der Vater die Krone zu sichern; er dachte nicht daran, Theresia auch das Tragen der Krone zu lehren: so muß sie sich alles erwerben in Monaten furchtbarster Not. Sie muß dem zaghaften, allzu erfahrenen Alter mißtrauen, vor dem sie bisher Ehrfurcht empfand; sie muß erkennen, daß auch der Mann an ihrer Seite nicht zu den wenigen gehört, die geboren werden zu verantworten und zu führen. Franz vergißt den böhmischen Feldzug über der Jagd in den böhmischen Wäldern; lächelnd, scherzend, ein wenig vorgebeugt, das Gesicht in spaßhafte Fratzen verziehend, um auch den letzten Anschein der verhaßten Würde zu vertilgen, schreitet er zu dem abseits stehenden Sessel, während in der Mitte des Saales seine Gattin und seine Kinder, der »Hof«, wie er sagt, den Staat verkörpern. Er gewöhnt sich daran, seine Frau von frühester Morgenstunde bis zum Abend im Audienzsaal oder über den Depeschen zu wissen, indessen er seine Münzen beschaut oder einen Augenblick abpaßt, da er unbemerkt zu einem Spaziergang auf dem Stadtwall der Hofburg entrinnen kann.

So wird sie bewußt und herrisch; leidenschaftlich durchlebt sie die Geschicke des Landes, mit dem sie bestehen, mit dem sie verderben will; und oft genug bricht die Heftigkeit ihres Empfindens in die Kühle diplomatischer Gepflogenheit ein. Aber über aller Entschiedenheit ihres Kämpfens vergeht doch ihre Anmut nicht; noch und immer ist es das Herz, ist es der feuchte Schimmer ihrer Augen, ist es ihr Lächeln, die nicht minder bezwingen als ihre Majestät, und durch die furchtbaren ersten Jahre der Kriege, der Enttäuschung und Verzweiflung, trägt sie unversehrt die Möglichkeit einer beschwingten, heiteren Zeit. Kaum ist der zweite Friede geschlossen, so blüht die Fröhlichkeit ihrer unzerstörbaren Jugend auf; dann wird sie die beglückteste sein unter den Masken in der Burg, weil sie ganz Königin ist im Kreise der Pflicht, und ganz Gattin und Mutter, wenn die Pflicht sie einmal freiläßt; und fast bis in die letzten Jahre, da ihren großen Feind eisige Einsamkeit umschließt, bewahrt sie sich neben der Forderung ihres Amtes dieses rettende Glück eines rein menschlichen Lebens.

Einander ähnlich allein in der heroischen Verteidigung ihres

Gesetzes, sind Friedrich und Maria Theresia Gegner in der ganzen Form, im ganzen Raum ihres Daseins. Rasch vereinsamt der König; noch im Jahre seines Regierungsantritts stirbt Suhm, der vertraute Camas in dem folgenden, Jordan und Keyserlingk wenige Jahre später; ihnen folgen Duhan, Rothenburg und Knobelsdorff: ehe noch der Siebenjährige Krieg beginnt, hat Friedrich fast alle verloren, vor denen er nicht nur König war; es ist, als ob endlich doch keiner zu atmen vermöchte in seiner Nähe. Indessen scheint Maria Theresia niemals einsam zu sein; in Wien, in Schönbrunn, auf den Schlössern der Adligen, die sie besucht, umflutet sie das Leben des Hofs, der Familie. Aber schon die Tradition bestimmte über beide: Habsburg repräsentiert die Macht, auch zu einer Zeit noch, da es die Macht nicht mehr besitzt; Hohenzollern strebt ihr rastlos entgegen; hier entscheidet der Wille, der sich bildet unterm Verzicht; dort kommt es auf die Darstellung und Entfaltung der verliehenen Würde an; und das einmal Getane und Gewesene überwiegt alle Werte der Gegenwart. Die beiden Häuser sind uneins im Temperament wie in der Rechtfertigung, die ein jedes für sich erhofft; Habsburg sind die Formen heilig, die es ererbt, weil in ihnen Gottes Auftrag wohnt; Hohenzollern gilt nur die Forderung, durch die es lebt. Da aber Geschichte nicht gemacht wird von den Namenlosen, sondern von dem Einzelnen: so ist es ein Gebot der Geschichte, daß die beiden Häuser und ihre Häupter unversöhnliche Gegner sind.

Der innerste Zwiespalt, der die Macht der Deutschen teilt und ihre Geschichte endgültig zur Tragödie macht, ist nicht ein Zwiespalt der Interessen, sondern der Zwiespalt des Glaubens. Nur weil ihnen ein Reich nichts galt ohne den Segen Gottes und eine Kaiserkrone nichts ohne die Weihe Roms: so konnte der Glaubensstreit ihr Reich zerstören; so konnten die verfeindeten Stämme und Führer den einzigen Antrieb fühlen, der nicht stirbt und weder die gebrachten Opfer, noch das Dasein achtet: den Antrieb der Idee. Die letzte Bestätigung ihrer Macht und ihres ordnenden Berufs wollten die Deutschen sich nicht geben, sondern sie wollten sie empfangen: ein Einziger, meinten sie, müsse auf Erden sein, der nicht mehr der Macht dient, sondern dem Herrn: und er sollte ihre Krone weihen. Was ist eine Herrschaft, und dehnte sie sich auch über die ganze Erde, wenn sie nicht gewollt ist von Gott; was ist ein

Reich, das mit seiner höchsten Spitze nicht in das Unvergängliche greift und dessen Haupt das Bild Gottes auf Erden ist?

Da Habsburg und Hohenzollern endlich die Waffen gegeneinander erheben, erleben die Deutschen das Schicksal dieses ihres Glaubens, der das Reich dem Unendlichen unterstellte, wieder: die letzte Unvereinbarkeit der beiden sich bekämpfenden Traditionen ist die Unvereinbarkeit ihrer Bekenntnisse: dieselbe, die, aller Toleranz, aller scheinbaren Versöhnung zum Trotz, die deutsche Gemeinschaft bis in die fernste Zukunft zerreißt. Die Kaiserin, die keinen Tag vergehn läßt, ohne eine Kirche oder ein Kloster ihrer Hauptstadt zu besuchen, der König, der frei und zweifelnd, in einem ewigen Widerspruch, mit einem ewig unstillbaren Verlangen gen Himmel blickt: sie treffen nicht anders zusammen als die großen Feindespaare des Dreißigjährigen Krieges. Und wenn auch der Glaube der Väter nicht mehr lebendig ist in Friedrich: so verdankt er doch Luthers Protest viel mehr als der formenden Doktrin Calvins die Möglichkeit seiner Macht, seines Anstiegs: so wie Maria Theresia Ansehn und Weihe ihrer Krone dem alten Glauben verdankt. Der Widerspruch gegen das Bestehende ist die Größe Hohenzollerns: die Erhaltung das Schicksal Habsburgs. Und da seit des Kurfürsten Tagen in Berlin die Hoffnung auf die Führung des Reichs nicht mehr erlischt, während Wien die Führung nicht aufgibt; da eine jede Hälfte des Reichs im geheimen den Führer ihres Glaubens wünscht: so kann kein Sieger mehr aus den Kämpfen hervorgehn, dem das ganze Reich mit ganzem Herzen gehört. Ginge es nur um die Macht, so würde endlich die eine Kraft die andere überwinden, es würde Sieger und Besiegte, Führer und Geführte geben; aber es bleibt ein letzter Widerstand auch im Geschlagenen und Erschöpften, eine Unmöglichkeit, sich zu ergeben, deren er nicht Meister wird: das Gebot des anderen Glaubens, die Bindung an das Bekenntnis, das Heil.

Die beiden Führermächte reißen bald die deutschen Stämme nach in den Kampf; im Siebenjährigen Kriege begleitet der Streit der Welt, der von Kanada bis nach Indien entbrennt, diese deutsche Entscheidung, die noch nicht zur endgültigen Entscheidung wird; über den Meeren werden Reiche erworben und verloren; die Deutschen kämpfen um eine Provinz und die Führung innerhalb ihrer Grenzen; und es geht doch keiner aus diesem Kriege hervor, der nun wahrhaft zum Führer Deutschlands wird. Sie erwecken einander aus totem Dasein zum Heldentum, erwerben Ruhm voneinander und vollbringen Übermenschliches, indem sie einander vernichten: die Kaiserin im Dienste ihres reinen Gewissens, das ihr nicht erlaubt, auf Ererbtes zu verzichten; der König im Dienste eines Auftrags, den er als preußische Notwendigkeit versteht und bejaht. Auch im Frieden verlernen sie ihr Mißtrauen nicht: am Altare, erklärt Friedrich im Jahre 1751, könne ihm Maria Theresia schwören, seine Freundin sein zu wollen; er würde ihr doch nur so lange glauben, wie sie keine Gelegenheit fände, um ihm zu schaden; denn er weiß: was er tat, kann nicht verziehen, nicht überwunden werden. Wie aber könnte Maria Theresia jemals den Worten eines Königs glauben, der vorgab, allein das Haus Habsburg schützen zu wollen, als er ihm seine beste Provinz nahm und in Wort und Schrift sich zum Verteidiger des Rechtes machte, indessen er offenbares Unrecht tat?

Die Gegner werden einander ebenbürtig; sie lernen sich die Listen des Krieges wie des Friedens ab, stellen die Heere aufeinander ein und suchen Mannschaft und Offiziere sich abzugewinnen; um so härter wird der Kampf. Sie wissen nur von dem einen wahren Feind: dem, der die eigene Sprache spricht; der demselben Reiche angehört. Denn das Reich besteht, oft kaum beachtet, noch immer fort: zuweilen nur ein Mittel in der Hand der Streitenden und dann wieder ein Heiligtum, zu dessen Schutz sie sich berufen fühlen; endlich, wenn die Führer einmal gegangen sind, zersprengt der alte Zwiespalt auch das Reich, und es scheint nun völlig Vergangenheit und zugleich auch wieder Hoffnung zu sein. Denn zum mindesten können die Gegensätze, die sich in ihm bekämpften, einander nie entbehren; und wenn auch Grenzen die Gemeinschaft zerschneiden, so ist doch, was stärker ist als sie: das Bewußtsein des tragischen Auftrags, des Heldentums und des Leidens in beiden Teilen nicht erloschen. Nicht um Recht und Unrecht ging der Krieg: in ihm vollzog sich Geschichte, die sich nicht mehr begründen und erklären läßt, weil das Wesen, die Art selbst in ihr erscheinen. In der Achtung vor dieser unerforschlich-unabänderlichen Schickung liegt die Hoffnung auf das Reich, auf seinen geheimnisvollen Fortbestand im Wandel der Gestalt.

III. Der tragische Sieger

Das eine ist das Wissen vom Krieg; das andre das Erlebnis seines Gehalts. Die Schlachten vergangener Jahrhunderte wird der nur verstehn, der ihren Boden beschritt und Straße, Fluß und Hügel, Dorf und Teich, Gehölz und Bodenwelle in lebendiger Gegenwart auch des geringsten Zuges vor sich sieht und doch des großen Blickes über das Feld der Entscheidung und über ihre historische Stunde fähig ist; nichts ist törichter, als auf dem Papier nach den Fehlern der Feldherrn zu suchen; nichts leichter, als sie auf dem Papier zu beweisen. Geschichte und Landschaft wirkten zusammen; was blieb dem Menschen? Ihm blieb die »erzene Seele«; nicht unverwundbare Starrheit, sondern die Kraft, die an jeder Wunde genest und sich stärkt; ihm blieb als einziges Geheimnis des Siegs die Fähigkeit, stärker zu werden auch durch die Niederlage. Leicht wird der Sieg überschätzt; leicht das Glück zum Verdienst erhoben; doch die Entscheidung fällt in der Tiefe, in die der Jubel und Dankchoral der Sieger nicht mehr dringt und die Verzweiflung nur Zutritt hat, um unerbittlicher zu machen durch das Leiden: hier, in der Seele des Feldherrn, begibt sich noch einmal der Krieg, dem Zufall besser entzogen als der Streit der Waffen. Der Krieg hat, wie alles geschichtliche Geschehn, seine doppelte Wirklichkeit. In der einen entscheidet ein Sumpf, den der Befehlende übersah; ein Eichengehölz, in dem sich ein paar Panduren bargen; ein Proviantzug, der sich verspätet oder geraubt wird; ein falsch verstandener Befehl; die Ungeduld eines ehrgeizigen Offiziers, der seinem Rivalen den Lorbeer nicht gönnt und sich blind in den Kampf wirft. Aber während der Sturm, über den der Mensch nicht gebietet, mit des Menschen höchsten Gütern spielt und die Ehre fortträgt, wohin er will, vollzieht sich ein zweites Mal das Schicksal im Bereiche menschlicher Macht: und nun gilt das Glück der Waffen nicht soviel wie der Glaube des Gebieters und der Geführten an sich selbst. Wird das Heer nur geschlagen im Hin und Her der Schlacht: wird die Seele vernichtet? Wird ein Sieg ohne Glaube gewonnen; wird in der Niederlage der Glaube vermehrt?

So hat der Krieg zweifaches zu geben: Das Ereignis und

seinen Gehalt; den Kampf der Heere und den Kampf der Seele; Wissen, das wohl nie zur letzten Klarheit sich entwickelt, nachdem sich längst kein Mund mehr öffnet, der die stummen Zeugen noch einmal bezeugt; und die Haltung des Einzelnen, die unbezweifelbar überliefert ist als des Krieges und der Geschichte innerste Wirklichkeit. Ehrlich wie ein jedes große Schicksal ist endlich der Krieg: die Glaubenskraft der Streiter muß in ihm erscheinen. Neben der ersten Wirklichkeit des Geschehens, die uns nicht sättigen wird, auch wenn wir sie ganz ergriffen haben, erwartet uns die zweite, die heute und morgen leuchten wird über den Feldern, die längst das Korn überwogt, und den Gräbern, von denen keine Inschrift mehr weiß: es ist die Wirklichkeit des kämpfenden Menschen. Sie allein trifft uns unmittelbar; sie überdauert die Zeit. Sie *erschien* nur im Krieg; sie ist nicht an ihn gebunden. Und durch den Krieg, die Unheimlichkeit und das Grauen, den Druck seiner Not, die doch die Seele nicht erdrückt, die Buntheit und Unwahrscheinlichkeit seiner Zufälle, spricht diese Wirklichkeit zu uns: gekleidet in symbolisches Gewand, wie alles Unvergängliche.

Eine jede einzelne Schlacht des Siebenjährigen Krieges spiegelt in ihrem Vorspiel, ihrem Verlauf und ihren Folgen den großen Inhalt jener furchtbaren Zeit: die Tragödie des Königs, der, ständig in sich selbst bedroht, doch nur in sich selbst die letzte Möglichkeit und Bestätigung seines Widerstandes finden kann und finden muß. Sein Dasein scheint unmöglich zu sein: es wird möglich, indem er es lebt. Und indem es immer wieder vernichtender Gefahr entgegendrängt; indem es zerstört ist und unzerstörbar zugleich, ist es feste, unerschütterliche Mitte eines Heeres, eines Volkes, eines Staats. Im Tragischen wurzelt diese Kraft, die, im Widerstreit mit der Welt, ein neues Beispiel, eine neue Form errichtet und damit die Geschichte bestimmt. Friedrich kann nicht leben während des Siebenjährigen Krieges. Aber er muß es.

Der Einzelne führt: dieses völlige Alleinsein des Befehlenden und Verantwortlichen ist der Ursprung größter Leistung, furchtbarster Gefahr. Ein einziges Mal hielt Friedrich Kriegsrat, und er gelobte sich, es niemals wieder zu tun; denn er hat für immer die Erfahrung gemacht, daß »Leute, die einzeln ganz vernünftig denken, in corpore faseln«. Daun, sein Gegner, ist immer vom Kriegsrat umgeben; aber auch die Generale seiner Armee genügen ihm nicht, um ihm das Für und Wider eines Schrittes zu erläutern: vor großen Unternehmungen sendet er nach Wien, sich von dort das letzte Wort zu erbitten oder auch einen Befehl zu empfangen. Wie die Führer bewegen sich die Heere; rasch, in blitzhaften Wendungen, ewig überraschend das eine; gelassen, abwartend, oft zu spät kommend, in schwerfälliger Sicherheit das andre. Bald scheinen den Preußen die Täler und Ebenen zu gehören, in denen sie eilig ziehen, vor sich, hinter sich den Feind, aber immer bereit, sich zu wenden, zu schlagen und anzugreifen; den Österreichern gehören die Höhen, auf denen sie, von Verschanzung zu Verschanzung wechselnd, den Marsch des Gegners bedrohn oder hindern.

Einmal aber widerfährt dem König das einzige, das, nach einem Worte Bossuets, das Friedrich anerkennt, dem großen Feldherrn nicht begegnen darf: er wird überrascht; und es ist die Überraschung, nicht die Niederlage, die ihn am bittersten schmerzt. Ihm selbst wie seinen Verteidigern fehlt es nicht an Gründen, sein Verhalten bei Hochkirch [14. Oktober 1758] zu rechtfertigen; aber er gesteht es doch zu, daß von diesem Ereignis ein Makel an ihm haftet; in dem Feuerschein dieser grauenvollen Nacht erschien die Tragik seiner Gestalt und seines Orts in ihrer ganzen verhängnisvollen und überwindenden Größe.

Der furchtbare Absturz des Siegesgespanns bei Kolin ist bei Roßbach und Leuthen überwunden; nach dem schweren Fehlschlag von Olmütz erhoben sich das Heer und sein Führer zu der Russenschlacht bei Zorndorf, der blutigsten, die sie bisher schlugen; aber entschieden wird der Krieg doch nur im Kampf mit dem ersten der Gegner, mit Daun. An der Elbe bedrohen einander die feindlichen Heere: Prinz Heinrich liegt der Reichsarmee auf dem linken Ufer gegenüber; der König dem Feldmarschall auf dem rechten; Daun weicht von den Höhen bei Stolpen nicht; der Krieg steht still, da die größten Kräfte zusammenstoßen müssen. In dem alten Wasserschloß zu Schönfeld auf den Höhen bei Dresden wartet der König, die verzweifelte Sorge um die kranke Schwester im Herzen: Wilhelmine soll ihn nur jetzt nicht verlassen, jetzt nicht, da das Leben längst schon elend geworden ist und nichts mehr blieb als ein einziges verstehendes Herz. »Ich falle Dir zu Füßen und flehe Dich an; ich beschwöre Dich . . .« Inzwischen ist Neisse eingeschlossen, wird Kosel berannt; nur viertausend Mann unter Fouqué stehn, fast machtlos, in Landeshut zur Verteidigung Schlesiens. Kann Österreich noch hoffen auf die Zeit: Preußen kann es nicht; hat Daun schon viel getan, wenn er den König hindert, nach Schlesien zu ziehen; so ist Friedrich nur zu retten durch die Tat. So bricht er auf, in der Richtung nach Bautzen, um Daun von seinen Zittauer Magazinen abzuschneiden und ihn nach Böhmen zurückzudrängen; auch der Feldmarschall gibt sein Lager auf. Unterwegs, im Schlosse zu Rammenau, liest der König bis in die Nacht die Tragödien Racines; im Lager ist es still, Friedrich selbst trägt de Catt, dem Vorleser, die Kerze voraus in das andere Zimmer, in Augenblicken nicht mehr scheinend als der liebenswürdige Gesellschafter seines Freundes. Aber es ist lange schon das tragische Pathos allein, das seine Seele erfüllt: in den fließenden Versen Racines, deren Heroismus der Wohllaut dämpft, glaubt er den Ausdruck seines eigenen Daseins und Kämpfens zu finden. Gäbe es nicht doch einen Augenblick, da es zu sterben erlaubt ist; da der Tod zur Pflicht wird wie jetzt das Leben? Könnte nicht einmal die höhere Pflicht des Untergangs alle Pflichten des Daseins brechen? Denn eine Pflicht allein wird erretten; kein Wunsch macht frei; auch der Wunsch nach Vergessen nicht; nur ein Muß hält im Leben, und nur ein Muß wird befrein. Wenn auch jeder Verzicht, jeder Schmerz mit Recht gefordert wird vom Menschen, so doch das eine nicht: zu leben in Schmach. Wo die Entwürdigung droht, die Ehre verlorengeht, da brechen alle Bande, da verliert auch das Amt seine zwingende Gewalt, und der Tod wird Pflicht. Hat es nicht Voltaire selbst gesagt: er, der so wenig von Ehre weiß, so wenig vom Tod und der Notwendigkeit und nicht mehr als das schlechte, selbst verächtliche Werkzeug des Göttlichen ist:

> Quand on a tout perdu, quand on n'a plus d'espoir,
> La vie est un opprobre, et la mort un devoir.

Dies ist die letzte Hoffnung: der Tod als Pflicht; denn lange schon hat das Leben, so unerschöpflich es an Leiden ist, keinen Trost zu vergeben; aber diese Hoffnung macht stark genug für eine jede Tat. – Wieder zieht das Heer; schon glaubt man Daun zum Rückzug nach Böhmen entschlossen; doch da über Hochkirch drohn Geschütze und Zelte in langer Kette, von steiler, bewaldeter Höhe: unangreifbar, wie bei Stolpen, erwartet auch jetzt der österreichische Feldherr den Entschluß des Gegners. Der Weg ist versperrt, die Sperre kann nicht durchbrochen, nur umgangen werden; Friedrich lagert das Heer im Angesicht des Feindes auf den Höhen um Hochkirch. Ein tief eingesenktes Tal schützt die Front; der linke Flügel überschreitet es und stellt seine Batterien in rechtem Winkel auf den anschließenden Höhen auf; weit vorgestreckt, zu Füßen des Strombergs, der das ganze Gewelle überragt, in dem Dorfe Weißenberg, liegt die Vorhut des Generals Retzow. An diesen geht Befehl um Befehl, den Stromberg zu nehmen, der die Stellung beherrscht; aber Daun, der selten eine Vorsichtsmaßregel vergißt, hat die schwachen preußischen Posten längst von dem Berge vertrieben und sein Grenadierkorps dorthin geworfen. Vergebens beteuert Retzow dem Adjutanten Götz, daß er mit seinen geringen Streitkräften nicht Weißenberg halten und zugleich den Stromberg erobern könne; der König, der die Bedeutung des Berges erkennt, beharrt; Retzow beharrt auch. Er ist grau geworden im Dienste zu Potsdam und kennt die Gehorsamspflicht des Soldaten; aber die Pflicht ist in dieser großen Zeit des preußischen Heeres noch kein toter Begriff: der alte General weiß, daß ihn der Gehorsam niemals von der Verantwortung entbindet, und er glaubt jetzt in dem Falle zu sein, da er seinem Gewissen gehorchen muß statt seinem Herrn. Denn es scheint ihm Wahnsinn zu sein, die ihm anvertrauten Soldaten dieser von den besten österreichischen Truppen verteidigten Höhe entgegenzuführen, die sie niemals nehmen können; so antwortet er denn: er lege den Kopf zu Füßen seiner Majestät; aber nicht vor Gott noch der Welt könne er das nutzlose Opfer so vieler braver Leute verantworten; er greife nicht an. Der Adjutant fordert Retzows Degen und arrestiert ihn; doch der Stromberg bleibt in der Hand des Feindes.

Aber die Gefahr, die von dort droht, ist nicht die einzige. Denn auf dem rechten Flügel umfaßt der Wald, der sich von den Höhen des Feindes herabsenkt, Hochkirch und seine Batterien; am Abend konnte es scheinen, daß die heranziehenden Wipfel und Kronen feindliche Reiter wären, die sich dem ragenden Kirchturm und seinen Häusern, zwischen denen die Feuer flackern, in den Rücken schleichen wollen. Und sie haben ihr Ziel schon erreicht, denn die Bäume gelangen im Bogen bis an das Dorf; und weithin, in der ganzen Länge der von Tälern durchbrochenen Front, scheint der Wald in Bewegung: Waldflecken liegen, wie Dörfer verstreut, auf dem absinkenden Land: zahllose Schlupfwinkel und Ausfallnester für Kroaten und Grenadiere.

Der Quartiermeister von Marwitz protestiert gegen den Lagerplatz; Friedrich schickt ihn wegen Ungehorsams in Arrest. Des Königs Entschluß ist gefaßt: hier, im Angesicht des Gegners, ja unter seinen Kanonen wird er den Brottransport abwarten, den Prinz Heinrich, der bei Dresden blieb, absenden soll. Friedrich will keinen Rat, keinen Einspruch. Vergebens warnen die Generale; der König kennt Daun, den ewig Zögernden, niemals Entschlossenen; er wird auch jetzt nicht den Mut finden zur Tat. Und wenn Daun sie wagte? Wenn die Verwegenheit des Lagerplatzes ihn reizte? Gut. So soll er empfangen werden. Nimmt er aber die Herausforderung hin, so kommt sie einer Niederlage gleich.

Aber Friedrich kennt Dauns Pläne: ein geheimer Kundschafter verrät ihm die Entschlüsse des österreichischen Stabs; Daun wird nicht angreifen; jetzt nicht. Doch wird eine Redoute gebaut und mit Geschützen besetzt: in der Flanke des Dorfs, dort, wo der umfassende Waldstreifen herandrängt. Patrouillen versichern, daß der Waldboden nicht gangbar sei. Aber die Stämme reihen sich weithin, der Posten sind wenige; und wer durchdringt erst die Schatten des Waldes bei Nacht?

Da Keith, der Feldmarschall, der in allen Ländern zwischen Finnland und Spanien gekämpft, das Lager von Hochkirch betritt, ist er bestürzt: niemals noch habe er ein solches Lager gesehn. Auch er bewirkt bei dem Könige nichts, ob er ihn gleich seinen Freund nennen darf: Friedrich steht jetzt wie immer mit seinem Schicksal allein. Die Welt stellte sich ihm entgegen, und er behauptete sich, nun schon im dritten Jahr: er allein, fast ohne Hilfe, dank seines Willens und der gefährdeten, dennoch unzerstörbaren Sicherheit seines Innern, die ihn vertrauen ließ, als schon keine Hoffnung mehr war, und ihn auch jetzt nicht zweifeln läßt. Er blickt zu den Höhen hinüber, von denen, in einer Entfernung von kaum fünfhundert Schritt, die Geschütze des Feindes starren: mögen die Österreicher, wie Keith sagt, es verdienen, gehangen zu werden, wenn sie das

Lager zu ihren Füßen nicht angreifen, so bleibt nur zu hoffen, daß sie die Preußen mehr als den Galgen fürchten. – Im vergangenen Jahre, bei Prag, schien nach einem unerhörten Siege der Krieg schon gewonnen, und gleich darauf begrub das Unglück von Kolin alle Hoffnung; das Verlorene wurde wieder gerettet, längst schon geschah das Unwahrscheinlichste: Vorsicht und Berechnung werden über Nacht zuschanden; behaupten wird sich auf dem Vernichtungsfelde dieses Krieges nur der Einzelne, der an sein Schicksal glaubt: an die Kraft, dieses Schicksal zu machen.

Aber dieser Glaube an das Herrentum über alle Wirklichkeit, den der König aussprach, als er sich aus der Tiefe von Kolin nach furchtbarem Leiden emporriß zu der Höhe von Roßbach: dieser Glaube, in dem die letzte Größe und die schwerste, unüberwindliche Bedrohung des Menschen liegen, macht ihn nicht blind; auch er verbirgt sich die Gefahr des Lagers nicht, ob er es auch längst gewohnt ist, zu atmen in der Nähe des Todes, in der Bruderschaft mit ihm. Der Aufbruch ist beschlossen, und er soll geschehn auf preußische Weise: durch einen Angriff, und zwar vom linken Flügel her, dem das Korps des Prinzen von Baden-Durlach gegenüberliegt. Die Preußen werden das Lager verlassen, sobald der erwartete Transport eintrifft; aber dieser Transport kommt um 24 Stunden zu spät.

Während unten in den Dörfern, die sich an Hochkirch reihen, das Schicksal der Tausende beschlossen ist in der Kühnheit, dem Mut und dem Glauben des Einen, ist Daun nicht allein: um ihn sind seine Generale, Laudon und Lacy vor allen, die ihm raten, ihn drängen. Mit der schwerfälligen Besonnenheit des Feldherrn aus altem, der Eifel entstammendem Geschlecht, das in langem Dienste zu Wien sich der habsburgischen Gangart bequemte, verbindet sich das rasche, stoßende Temperament der südlichen Völker der Monarchie; die Fehler des Führers gleichen die Helfer aus, und so wird das vielgestaltige Heer der Kaiserin einmal zum vollkommenen Werkzeug. Während die Generale treiben, die Soldaten selbst es als eine Schmach empfinden, die Herausforderung des preußischen Königs nicht erwidern zu können, durchreitet der Feldmarschall im Gefühl der Verantwortung, die ihn oft allzu schwer bedrückt, von frühester Stunde an das Lager auf der Höhe. Der Plan, zu dem er sich entschließt, ist vernichtender Art:

Reiter, in zwei Kolonnen geteilt, stoßen aus dem umfassenden Wald hervor in den Rücken des Dorfes; ein kleineres Korps überwältigt die Vorpostenstellung in der Flanke von Hochkirch; der Feldmarschall selbst führt, gleichfalls aus dem Walde hervorbrechend, die Infanterie zum Hauptangriff gegen das Dorf; ist es genommen, so wirft sich der Herzog von Aremberg nach einem Scheinangriff, der den Gegner verwirren soll, auf den linken Flügel, fällt Baden-Durlach die Vorhut Retzows an. Nicht nur Friedrich, auch Daun kennt seinen Gegner, und er weiß: des Königs gefährlichster Feind ist seine Sicherheit. Sie muß er steigern bis zu dem Übermaß, das die Vorsicht vergißt und den Kämpfer, den der Gegner nur selten bezwingt, durch den eigenen Irrtum in den Abgrund stürzt. Und das Glück schenkt dem Feldmarschall dieses Mal nicht nur die Gelegenheit zum Siege: es spielt ihm großmütig auch die Mittel in die Hand. Man hat einen Mann ergriffen, der einen Korb Eier in das preußische Lager tragen wollte; da man die Eier untersucht, findet man in einigen die Berichte eines Spions für den König von Preußen. Daun schenkt dem Verräter, einem Major, das Leben für den zu leistenden Dienst; mit seiner eigenen List soll der König gefangen werden. So bringt der Kundschafter auf gewohntem Wege falsche Nachricht: Daun wird nicht angreifen, berichtet der Spion; aber im österreichischen Lager bereitet man fieberhaft den Überfall vor.

Sie machen sich singend und schreiend im Walde zu schaffen, als fällten sie Bäume für die Verschanzung des Lagers; und in der Tat errichten sie auch Verhaue wie in der Furcht vor einem preußischen Angriff; in Wahrheit aber bauen sie Wege für Reiter und Fußtruppen, selbst für Artillerie. Der Feldmarschall zeichnet die Disposition auf. Das zum Überfall aufbrechende Heer läßt die Zelte stehn, die Lagerfeuer werden weiter unterhalten, und das fortdauernde Lärmen der Holzfäller im Walde deckt den Anmarsch. Beim fünften Schlage der Glocke von Hochkirch beginnt der Sturm; die Regimenter der Vorhut lassen Kanonen und Fahnen zurück; sie stürzen sich mit Säbel und Bajonett auf den schlafenden Feind; erst nachdem sie ihr Werk getan haben, folgt die Artillerie, die Verwirrung zu vollenden. So ist die Kraft des Heeres um den Feldherrn geballt, geordnet; nie schlug ihm eine günstigere Stunde, und er wird sie nutzen mit dem Einsatz des sorgfältig bewahrten

Ruhms von Kolin. Der Sieg ist sicher; aber hinter dem Siege wartet schon eine Frage: was muß dann geschehen? Welche Forderung stellt der Sieg?

Unten im preußischen Lager arbeiten die Feldbäckereien ohne Pause: Proviant für das Heer zu schaffen, das am andern Tage abziehn wird. Aber da es zu dunkeln beginnt und die Lichter zucken in der Dörferkette von Hochkirch herab, dessen Turm sich noch im Dämmern behauptet, in Pommritz und Rodewitz, drüben in Lauske und in der Ferne in Weißenberg: da sind es nur wenige, die das drohende Unheil der kommenden Nacht nicht spüren. Ein General blickt sinnend zu den Höhen hinauf, von denen die Feuer grüßen, das Dröhnen der Äxte und stürzender Stämme, das Singen der Männer herabschallen: die Gefahr rückt heran mit der Nacht, unausweichlich wie sie; er wird ihr begegnen. Sie sprechen in den engen Bauernstuben von dem Lager, das der nur wählen konnte, der mit unzerbrechlicher Sicherheit an sich glaubt: der Mann, der die Mächte Europas herausforderte und diesen Kampf allein besteht. Die Posten wechseln, langsam ziehn die Stunden. Offizier, Feldprediger und Soldat wissen es wohl, daß sie in dieser Nacht in der Gewalt des Todes schlafen; aber sie sind ihm nicht näher als der Feldherr auch.

Husaren berichten dem König von der verdächtigen Arbeit im feindlichen Lager, von dem Schaffen im Walde, das vielleicht nicht vor einem Angriff schützen, sondern den eigenen vorbereiten soll. Zieten und Seydlitz sind zugegen; sie bekräftigen den Verdacht. Aber Friedrich weiß mit Bestimmtheit, daß nichts geschehn wird. Er kennt die Beschlüsse Dauns. Vergebens rät Zieten wenigstens zur Vorsicht: nur einige Brigaden gesattelt, so könnten die übrigen Truppen mit größerer Sicherheit ruhn. Aber der König will, daß die ganze Armee ruht in dieser Nacht: morgen muß sie marschieren, vielleicht kämpfen. Die Warner berufen sich auf Vermutungen, auf Beobachtungen, die vielfacher Deutung unterliegen; er allein, der Feldherr, beruft sich auf eine Gewißheit.

Allein der Husarengeneral hat auf dem Rückweg zu seinem Regiment den schwersten Kampf des Offiziers zu bestehn, den auch Retzow kämpfte: er muß entscheiden zwischen Gehorsam und Verantwortung; zwischen der Pflicht gegen seinen Herrn und der Pflicht gegen sein Gewissen. Wie, wenn seine

Husaren wehrlos, im Schlafe, den Säbeln der Kroaten verfielen? Wenn sie das Lager nicht schützten, wie es ihr Auftrag, ihre Ehre ist? Der Vorwurf muß und wird haften auf dem Führer der Brigade: auch sein Gehorsam spricht ihn nicht davon frei; niemand, selbst sein König nicht, kann ihm die Verantwortung abnehmen, die er vor sich selber trägt. Wie fest der Einzelne auch eingefügt ist in den Organismus des Heeres, der Gemeinschaft: so kann er doch niemals blindes Werkzeug werden; er kann es nicht, gerade weil er dienen soll; denn den Dienst, der gefordert wird, erfüllt er nur als Mensch, der vor sich selbst besteht. Die letzte Entscheidung fällt unabwendbar auf ihn zurück: auf ihn, der nicht verrichten, sondern vertreten und verantworten soll. Und der General im Lager zu Hochkirch fühlt auch in dieser Stunde den Bundesgenossen, den sein König längst verlor: vor Gott kann er den Gehorsam brechen, um wahrhaft gehorsam zu sein; und vielleicht ist es Gott auch, der ihm die rettende List eingibt: Zieten wird seine Husaren ruhn und nach einer halben Stunde wieder satteln lassen; dann hat er beiden Herren genügt.

Ehe die sternenlose Nacht sich noch lichtet, fallen Schüsse im Birkengebüsch zur Seite von Hochkirch, dort wo die preußischen Vorposten liegen; und während im Lager nur wenige das Geknatter hören, noch wenigere sich darum kümmern, weil sie das gewohnte Geplänkel mit Panduren vermuten, ist der Wald ringsum schon von Männern und Pferden erfüllt. Vor der Redoute melden sich Überläufer, und der Hauptmann vom Dienst läßt sie ein; doch es werden ihrer mehr und mehr: will ein ganzes Bataillon die Fahnen Dauns verlassen? An die zweihundert stehn am schwelenden Feuer; da ergreift der eine das nächste Gewehr und schießt den Preußen nieder, der neben ihm steht; nun prasseln die Schüsse aus dem Wald, Stürmende drängen sich schreiend ein, die Deserteure stoßen die Bemannung nieder, ehe sie ihre Waffen gebrauchen kann: so ist das Vorwerk überwältigt, indessen das Lager noch schläft. Die Angreifer durchdringen die letzten Waldflecken, die sie von dem Dorfe trennen; sie stehn dichter als Stämme gedrängt unter den Häusern; wieder ist es still; da bebt oben im Turme die Glocke fünfmal, und nun bricht es über die Schlafenden nieder mit Säbeln und Bajonetten. Drei Grenadierbataillone raffen sich zusammen und werfen sich den Anstürmenden entgegen; aber schon hören sie den Schrei der Feinde von allen Seiten, trifft den Einzelnen, der sich auf den Angreifer stürzt, die Waffe des Gegners im Rücken; sie sind umgangen und lassen ab. Da bilden sich Reihen in der Verwirrung: das Regiment Forcade tritt als erstes in den Kampf. Doch es ist schon umklammert wie die Grenadiere; indessen es den Häusern entgegenflutet, steigt die Kraft der Vorstoßenden rasch; Wald, Wiesen und Ackerland sind von Heraneilenden überschwemmt. Da bebt der Grund, Blitze schießen über das Gemenge der gelben Mützen und weißen Röcke, der Turm ist erhellt, die Häuser scheinen auf, und eine furchtbare Stimme bricht sich an den Höhen: die große Batterie. Dauns Fußvolk wälzt sich den Schlünden entgegen, zorniger wird die Stimme, rascher folgen einander die Blitze, Salven krachen dazwischen; doch der Ansturm stockt nicht. Und das Dröhnen wird matter, es verstummt, wieder beherrschen Befehle, Rufe und Flintengeknatter die Nacht, dann, indessen die aus dem Walde niederrauschende Heeresmacht noch immer anschwillt, erhebt sich die Stimme der Geschütze aufs neue. Aber Blitz und Geschoß zischen nicht mehr nach dem Walde hinüber: in die Häuser, die noch der Schlaf umfängt, auf die Lagerplätze fallen die ersten Granaten. Die Batterie ist erobert.

Wie Fußvolk und Artillerie, so werden die Reiter überrannt, die zur Seite des Dorfes hielten; auch sie bestehn den doppelten Angriff nicht. Doch das Lager erwacht: durch die Straßen, auf denen schon Fliehende jagen, wo Reihen sich formen, während noch immer Offiziere und Mannschaften ohne Stiefel und Tornister aus den Häusern stürzen, andere sich erst taumelnd befreien vom Schlaf unter Flüchen und erregten Signalen: sprengt der Feldmarschall Keith. Er reißt die Flüchtigen zusammen und treibt sie dem Ausgang des Dorfes, der Batterie entgegen; doch die Flut hastet zurück, vergeblich widersetzt sich der Marschall; eine Kugel schlägt ihm in den Leib; er steigt nicht vom Pferde. Sein Adjutant bringt ein neues Regiment heran: auch dessen Kraft bricht im Feuer der Batterie zusammen; wieder sammelt der Befehl des Führers die Geschlagenen, zieht die Verstärkung unter Trommelschlag in festgeschlossenen Reihen die von Geschossen durchrasten Straßen hinauf; sie werfen den Feind und erreichen die Batterie. Aber nur heftiger gießt sich der Feuerregen von den Schanzen herab: eine zweite Kugel trifft Keith in die Brust, eine dritte reißt ihn vom Pferd. Über den Gefallenen hinweg stürmt die Flucht seiner Regimenter, indessen die Flammen durch die Dächer des verlorenen Dorfes brechen und auf dem hochummauerten Kirchhof allein eine Schar Todgeweihter die letzte Pflicht erfüllt.

Da führt der König, der bisher den linken Flügel geschützt, in der Meinung, daß ihm der Hauptangriff drohte, die ganze Kraft heran. Über Flammen und Rauch graut der Tag; die in der Nacht Überraschten sind in eiserner Ordnung geeint. Glaubt Daun nicht mehr an seinen Sieg; sind die Sieger müde? Das Dorf, eine einzige Brandstätte nur, wird wiedererobert und mit dem Fall der Führer bezahlt: der wilde Moritz von Dessau, der bei Leuthen siegte, der General Geist, der seinen Tod am Abend ahnte, der junge Franz von Braunschweig sinken dem Feldmarschall nach; Fußvolk und Reiterei, die letzten Verteidiger, fliehn verwirrt. Aber wieder brandet das Feuer auf im Rücken der Sieger; zwischen Tod und Tod erlahmt ihr Vorstoß; sie weichen zurück. Da, ein letztes Mal, da fast keine Hoffnung mehr ist, die besten Führer fielen, der Freund selbst tot unter den Flüchtenden liegt: in diesem furchtbarsten Augenblick, da die Vergeblichkeit unabwendbar aufsteigt über Trümmern und Menschenhaufen, kommt des Königs helle, treibende Stimme aus dem Feuer; mit sieben Bataillonen dringt er zur Rechten des Dorfes vor, das Unmögliche zu erzwingen.

Er siegt; er erliegt; da sie zurückstrudeln, Tausende von Toten unter den qualmenden Häusern lassend und unter ihnen das verstummte Geschütz, wird auch der linke Flügel am Stromberg geschlagen, wirft Retzow, der sich selbst aus dem Arrest befreite, ohne Säbel befehlend, noch dreimal den Feind; das Dorf, die Schlacht ist verloren; aber dem zermalmenden Gewicht der Niederlage widersteht die Seele von Erz. Sie wird daran zerbrechen, verzweifeln; am Abend, am kommenden Tag; jetzt darf sie es nicht. Unerbittliche Ordnung deckt den Rückzug; hat Friedrich nicht über den Schmerz Gewalt, so doch über die Stunden des Schmerzes; ist auch die Schlacht verloren, so doch nicht die Möglichkeit letzter Entscheidung; sie will auch jetzt ergriffen werden. Auf einem Hügel neben dem Schlachtfeld stehend, gibt der König die ordnenden Befehle; das

Heer wird zusammengezogen, eine neue Stellung in unmittelbarer Nähe der alten auf den beherrschenden Höhen gebildet. Der Flammenschein von neun Dörfern fällt auf den Platz, wo das preußische Heer neuntausend Männer zurückließ; aber an dem Hügel ziehen die Überlebenden vorüber, die unsterblich sind, solange ihr Feldherr lebt. Er blickt auf das Bataillon, das kaum hundert Mann noch zählt; für einen Augenblick scheint es, als wolle der Schmerz hervorbrechen aus der Tiefe, alles niederzureißen, was übermenschliche Kraft ihm entgegensetzte; aber der Wille siegt auch jetzt. Er sieht die Kanoniere an, die, alle Spuren der Schlacht im Gesicht und an den zerrissenen Kleidern, ohne Kanonen marschieren vor dem Bataillon; der Zwang weicht aus seinen Zügen, er wird vollkommen heiter; in seiner Stimme ist kein Schwanken; sie hat ihren vollen, unwiderstehlichen Klang: »Kanoniers, wo habt Ihr Eure Kanonen gelassen?« Prinz Heinrich ist mit Proviant und Geschütz zur Verstärkung beordert; er wird den Weg finden, auch wenn ihn Laudon versperren will; aus dem Abgrund der Niederlage zuckt der Blitz der neuen Tat. Was allein dem Sieger erlaubt scheint, die schlesischen Festungen zu entsetzen und damit Schlesien zu retten: der Besiegte wird es tun; er mag irren und unterliegen, aber er kann nicht vernichtet werden; da er den Tod erlebt, gesucht, erfleht hat, wie eine Gnade, so steht er jenseits des Todes: bei dem Werk, bei der Pflicht.

Die Reiter fliegen, dem Hilfsheer die Befehle drei- und vierfach zu überbringen; Patrouillen erkunden den Feind, indessen die Wagen mit der stöhnenden Last der Verwundeten nach Bautzen schwanken, und der Rauch steigt aus den Kochstellen des neuen Lagers; erschöpft und verbraucht, der Waffen und Munition beraubt, scheint das Heer, wie in der vergangenen Nacht, in der Gewalt des Feindes zu sein; aber Daun rührt sich nicht. Er feiert den 15. Oktober, den Tag der Theresia von Avila, das Namensfest seiner Kaiserin und seinen Sieg; vor dem Zelte, aus dem das Hochamt erklingt, stehen in langer Reihe die eroberten Geschütze, wehen die erbeuteten Fahnen. Doch wer mag es sagen, ob dieser Jubel auch ist in der Brust des Marschalls? Er fühlt zu deutlich den ewigen Schatten des Sieges: die Forderung. So läßt er den Feind ziehn, langsam nimmt er nach ihm Bautzen in Besitz. Was aber soll geschehn, wenn der König das Unwahrscheinliche wagt und sich mit seiner Armee auf das belagerte Neiße wirft, es zu retten? Der Feldherr, der seinen Sieg nicht allein gewann, will sich auch vor dieser Frage nicht allein entscheiden: der Kriegsrat soll ihm zur Seite stehn.

Vor den Generalen und Feldzeugmeistern seines Heeres stellt Daun gemessen die Lage dar. Das Erwünschteste wäre es, Neiße zu erobern; aber um die Belagerung zu sichern, müsse man dem König zuvorkommen, und es lasse sich nicht verbergen, daß man nur geringe Aussichten darauf habe. Der Feldmarschall häuft die Gründe; es ist anerkannt und unbestreitbar, daß die Preußen rascher marschieren; überdies haben sie den Vorteil guter Straßen, während den Kaiserlichen nur waldige und gebirgige bleiben; auch kann der Feind auf den Beistand der Bevölkerung rechnen, der dem eigenen Heere versagt wird. Möglich ist es freilich, den Grafen Harsch, der die Belagerung leitet, eine günstige Stellung wählen und verteidigen zu lassen bis zum Eintreffen der Hilfsmacht; doch ist es immer zweifelhaft, ob er sich dem ganzen preußischen Heere gegenüber behaupten wird. Und endlich sein schwerstes Bedenken enthüllend, kommt der Feldmarschall auf die Möglichkeit einer neuen Schlacht zu sprechen: wird der König besiegt, so kann er sich leicht in seine Festungen zurückziehn; dann mag wohl Neiße gewonnen werden: wie aber, wenn die Kaiserlichen geschlagen werden? Was gilt der Gewinn dieser Festung schon vor der Möglichkeit einer solchen Niederlage? Die kaiserliche Armee wird keine Rückzugstraße haben, ohne Proviant der Not der schlimmsten Jahreszeit ausgeliefert sein, und es könnte, nach Jahresfrist, die furchtbarste ihrer Katastrophen sich wiederholen: die Schlacht von Leuthen.

Aber der so spricht nach einem der glänzendsten Siege über den größten Feldherrn der Zeit; der General, der im Anblick der erbeuteten Fahnen und Kanonen die lähmende Vision der größten Niederlage seines Heeres hat: er glaubt schwerlich an seine Armee; gewiß nicht an sich selbst. Und so ist er in der Tat ein Geschlagener, selbst im Siege: Daun ist, bei allem Verdienst, nicht zum Überwinder, nicht zum Herrn des Schlachtfeldes und Schicksals geboren; es fehlt ihm die letzte, unversiegliche Kraft des Innern, die nicht mehr den Geschicken erliegt, sondern die Geschicke nutzt und bestimmt; es fehlt ihm die erzene Seele.

So beschließt der Kriegsrat, das Heer auf Dresden zu werfen und wenigstens Sachsen zu erobern, während Friedrich Schlesien gewinnt; aber es geschieht, was Maria Theresia, die dem König verwandt ist in der Raschheit des Temperamentes, befürchtet: Harsch hebt die Belagerung Neißes vor dem herannahenden König auf; kaum hat dieser von dem Rückmarsch Dauns nach Sachsen erfahren, so wendet er sich ebenso schnell nach Sachsen, als er sich nach Schlesien wandte; und eh er noch etwas gegen Dresden unternahm, ebenso leicht, wie er auf Neiße verzichtete, gibt der Sieger von Hochkirch, nun ein völlig Geschlagener, die Eroberung der sächsischen Hauptstadt auf.

Wieder wird Sieg aus der Niederlage; es geschähe nicht, wenn das Heer nicht schon an dem Ort seines Unglücks in seine Form sich fügte, Retzow, trotz seiner sichtbaren Schmach, als Waffenloser sich einsetzte für seinen König, den Rückzug zu decken; wenn nicht Heinrich, ob auch unüberwindlicher Groll auf den Bruder an ihm zehrt, in überraschender Schnelligkeit die Verstärkung heranführte; endlich gewonnen aber wird dieser Sieg doch nur von der inneren Stärke des Einen. Es ist den Klugen, den Generalen um Heinrich, den Freunden August Wilhelms, leicht, die Fehler des Königs zu erkennen und zu richten: sie haben seine Höhe nicht und darum auch nicht seine Tiefe; keiner unter ihnen allen wird der völligen Hoffnungslosigkeit gegenüber die Feldzeichen erheben und dann noch Führer sein, wenn keine äußere Wirklichkeit seinen Anspruch bestätigt. Sie können, über die Karten gebeugt in ihren Quartieren, spotten und zweifeln oder die nagende Erbitterung derer fühlen, denen der Ruhm sich weigert, weil er dem König anhaften wird selbst im Versagen: keinem unter ihnen würde es gelingen, dem Heere jenes innere Leben zu geben, das sich nicht erschöpft und sich nicht zerstören läßt. Sie würden schützen vor vielen Gefahren und manches Unglück meiden; in diesem Kriege aber gewinnt die Vorsicht nicht: denn er ist zu furchtbar dazu, und unwahrscheinlicher ist nichts, als die Behauptung Preußens; wenn hier eine Kraft noch zugunsten der scheinbar Verlorenen entscheidet: so ist es die unberechenbare und unbesiegbare Gewalt inneren Lebens, innerer Wiedergeburt. Denn der Zwang der Dinge und Mittel macht die Geschichte nicht, so wenig wie der Mensch allein; aber im

Menschen unter dem Gesetz erkämpft sie sich ihre Wirklichkeit.

Doch der Triumph, der sich wieder über die erstaunte Welt verbreitet, ist lange nicht mehr die Melodie dieser Seele; die Schicksale gehn fort, wie sie müssen, rettend und stürzend; die Seele aber sucht nur immer tiefere Nacht. Wunderbarer Trost des Todes! Einziges Gefühl der Verbundenheit mit allem Ende, aller Stille, so Schritt für Schritt mit ihm zu gehn; ihn rufen zu können, von ihm umschattet zu sein in jedem Augenblick! Mitten im Zwang, der eisigen Kälte des Tages, spürt der König das Geheimnis, das ihn erlösen wird: eine ovale goldene Dose auf seiner Brust. Er öffnet einmal, eines Abends, seine Kleidung, Catt das Geheimnis zu zeigen; er ist still, seine Stimme, seine Worte verraten nichts mehr von der Leidenschaft des Schmerzes, der ihn dieses Heilmittel finden ließ: Dies ist alles, was nötig ist, um die Tragödie zu beenden. Sie zählen die Pillen, es sind achtzehn, und sie werden völlig genügen für die Reise zu jenen düstern Küsten, von denen niemand wiederkehrt. Der König verwahrt sie wieder, er läßt die kühle Dose auf die Brust fallen: was ist die Wirklichkeit draußen? Was sind die Signale und Feuer, die Märsche des Tages in Regen und Schnee; was ist selbst das Dröhnen und die dämonische Gegenwart der Schlacht? Was die Niederlage und der Sieg? Es ist, und es ist doch nicht. Der Befehlende selbst, dessen scharfes Wort die Tausende durchzuckt und dem Tod entgegenreißt: er steht schon an der Grenze des Nichtmehrseins. Tag für Tag fühlt er diese Möglichkeit, durch einen einzigen Entschluß, eine leise Wendung seines Willens allem Zwang zu entgleiten; diese Welt erbarmungsloser Gesetze, in der er im ersten Jahr seiner Freiheit sein ganzes Dasein in Ketten schlug, indem er die Macht begehrte: sie ist kaum ein Schemen; härteste Notwendigkeit ist ein Nichts. Die Erde besteht in das Unbegrenzte fort; ein wenig mehr Glück, ein wenig mehr Unglück unter den Menschen: was liegt daran? Was liegt an ihm selbst und der Minute unendlicher Zeit, in die sein Dasein fiel? Was am Ruhm? Es will ihm nun scheinen, daß er seine Jugend dem Glanz des Namens opferte, als er den ersten Krieg begann; doch wo ist der Lohn? Die Palmen sind dahin, die »Kränze verwelkt«; sein Glück, sein Glanz waren Zufall, wie es jetzt sein Unglück ist. Noch ist die Macht der Bataillone und Schwadronen um ihn gesammelt, des ersten Heeres seines Jahrhunderts; aber der Schatten des Nichts liegt auf Geschützen und ziehenden Reihen; auf den Fahnen, die der Sieg umflicht. Und das Untragbare wird leicht; wenn auch der Wille die Welt nicht formt, wie er es erträumt, wie er sollte: so macht er sie doch im Augenblick zunichte. Der Tod macht das Atmen leicht; und in der entschwerten Wirklichkeit, die auf eine Bewegung der Hand schon verdämmert, zwischen Sein und Schwinden, läßt es sich endlich leben.

Aber ist der Tod nur ein Helfer; ist er nicht mehr? Er zieht und lockt, Erfüller des letzten Wunsches, Verwahrer des höchsten Gutes: ewigen Schlafs. Schatten erscheinen auf den Lagerplätzen, in den elenden Bauernhäusern Sachsens und Schlesiens, wo der König seine gramvollen Nächte verbringt: Cato, den die Freunde hindern wollten, den Weg ins Dunkel zu gehn, und der doch, als die Schmach ihn traf, frei genug war, sich für immer zu befrein; der Kaiser Otho, der nach seiner Niederlage ein letztes Wort zu den Freunden spricht und, vom Ende umwittert, »schon fast nicht mehr ist«. Sie winken herüber. Und er soll zögern? Nicht endlich den Wechsel von sich abtun, das törichte Auf und Ab der Erde lassen, um gefühllos für immer zu ruhn in gnädigem Dunkel?

Und in der Nacht dieser Sehnsucht zittert, unsäglich zaghaft, ein Licht: Unsterblichkeit. Wie, wenn nicht nur steinerner Schlaf in der Gruft ihn erwartete, die er sich erbaut auf der Höhe von Sanssouci: wenn ein anderes Leben begänne, ein Unbegreifliches, jenseits dieser unbegreiflichen Welt? Aber ist dies nicht der törichteste, der eitelste Gedanke? Mit dem Körper sinkt auch die Seele ins Nichts: sie sind des einen vergänglichen Stoffes, wie könnten sie sonst aufeinander wirken? Zwar Catt, der Vorleser, der dem Lande Calvins entstammt, ist dieser Meinung nicht: er widerspricht mit Überzeugung: er, wie es scheint, noch immer ein Glied jener abergläubischen Sekte, die vor 1700 Jahren ein Jude in Palästina gegründet hat. Aber ein Etwas scheint hilflos zu werden in dem König, da er die Gründe des Vorlesers hört: dieses selbe Etwas, das immer wieder die Frage nach Unsterblichkeit heraufbringt, obgleich er diesen Wahn doch längst mit wenigen Schlüssen vernichtet hat. Und da die Gründe nicht mehr ganz genügen, so verbirgt er sich, wie so oft, hinter Scherz und Spott: »Monsieur, Monsieur, votre imagination vous égare, vous avez une sainte horreur de la matérialité de votre âme, et c'est l'imagination qui vous fait parler.« Endlich gibt er es doch zu, daß Körper und Seele verschiedenen Stoffes sein könnten; doch warum folgte daraus Unsterblichkeit?

Nicht mehr zu sein: dies ist der einzige Wunsch dessen, der über alle Vorstellung litt. Er ist gebeugt und grau, ein Greis mit noch nicht fünfzig Jahren; man wird ihn nicht mehr erkennen in Berlin, wenn er doch einmal zurückkehren sollte. Ist die Zerstörung alles Seienden und Gewesenen, dieses ganzen überbürdeten, ja unmöglichen Daseins nicht der schönste Trost? Und wie könnte ein Mensch sich der Zerstörung widersetzen, diesem alles beherrschenden Gesetz, in das die Natur stumm sich ergibt? Unsterblichkeit dieser einen, vereinzelten Seele, dieses Atoms im All; – welch ein Wahn! Unsterblichkeit, welche tiefe, tiefe, unergründliche Frage! Er streitet erbittert gegen diesen Glauben und doch um diesen Glauben vielleicht, einen Krieg ohne Ende führend während seines Siebenjährigen Krieges; er widerlegt, was er beweisen möchte; er verneint, was seine heimliche, kommende, schwindende Sehnsucht bejaht. Der Verstand zerstört, die Seele baut wieder auf; ruhelos arbeiten beide, ohne je zu vollenden: beide in tödlicher Not.

Er empört sich, er beugt sich wieder; er will selbst Gott nicht mehr gelten lassen in dem Bewußtsein des furchtbaren Schicksals, das ihn allem Bestehenden gegenüberstellt: wie die Erde, so ist auch der Himmel gegen ihn gewendet; und er erwidert die Feindschaft; hier erwartet ihn keine Hilfe mehr, von dort kein Trost: mag das Schicksal ihn als Aufrechten treffen, einen Hoffnungslosen, der sich nicht unterwirft auf die Art der andern. Mögen sie um ihn beten unter den Schrecken der Verheerung und sich auf die Knie werfen, wenn die Städte aufflammen und die Russen wie Tiere wüten unter den Bauern des Oderlandes: er hat das Gebet dieses Krieges gefunden, in dem kein Gefühl, kein einzelnes Dasein mehr gelten vor den entfesselten Gewalten der Zerstörung: »Mein Gott, wenn es einen gibt, rette meine Seele, wenn ich eine habe.«

In der Nacht von Hochkirch stirbt Wilhelmine in Bayreuth. Vier Tage lang sind die Zimmer des Königs so verdunkelt, daß die wenigen Eintretenden ihn kaum erkennen. Das einzige

Band der Liebe zerriß; sie waren nicht Freunde, nicht Geschwister: sie waren verbunden von Anbeginn auf eine rätselhafte Weise. Was er in Rheinsberg schrieb, in der fernen, nun völlig umstrahlten Zeit, da er begann, seine Welt zu erschaffen: dies galt noch immer; kein Gleichnis des Altertums drückte die Freundschaft, die Zärtlichkeiten aus, die er für Wilhelmine empfand: »Meine Seele liebte die Deine schon, bevor sie mit ihrem Körper vereint ward, und sie wird sie noch lieben, wenn sie von den irdischen Banden gelöst ist.« Wilhelmine könnte ihm den Glauben an Unsterblichkeit einflößen: nur damit er sie in Ewigkeit lieben kann. Sie aber »liebte ihn leidenschaftlich«; ihr Ruhm war, ihm ähnlich zu sein: »eine sehr schlechte Kopie eines vortrefflichen Originals zu sein«. Glücklich war sie das eine Mal in ihrem Leben, da sie den Bruder für zwei Wochen in Berlin überraschte. – Es ist, als hätten sie einander jenes unerreichbare Bild der Sehnsucht ins Herz gesenkt, das dem Menschen ein einziges Mal begegnet; oder das er sich erschafft, wenn er das Glück nicht hatte, es zu sehn; dieses Bild, in dem sich sein ganzes Wesen, was sich erfüllte und was sich nie erfüllen wird, verdichtet als Wunsch; Friedrich ist der einzige Mann, den Wilhelmine lieben kann: sie, die kein Verdienst mehr sehn will in ihrer Tugend, weil ihre Sehnsucht bestimmt ist und nun für immer die Versuchung fehlt; Wilhelmine ist die einzige Frau, die von dem überreichen, nie gesättigten Herzen des Königs weiß. Ihrer beider unendliche Fähigkeit zu lieben: sie ahnen sie als Getrennte, als Wissende, die einander tödlich verwundet haben; die ganze Fülle ungelebten, unlebbaren Lebens erdämmert hinter ihren Worten. Sie, die Frau mit dem »butterweichen Herzen« ist »von Steinen umgeben«; der König versteint, weil er ebenso verwundbar ist wie sie. Als die Geschwister, überempfindlich, allzu leicht gereizt, sich verfeindeten in der Mitte ihrer Jahre, da wurde doch nur die Liebe zu Eis, die sich wieder verwandeln konnte in Glut; als sie einander wieder begegneten, da war die Liebe noch inniger, noch zärtlicher geworden über ihren Schmerzen. Es war ja gerade die unheilbare Wunde des Daseins, die sie verbunden hielt; der fürstliche Verzicht, der sie zu gleicher Zeit die Reiche ihrer Einsamkeit bauen ließ, Rheinsberg und Sanssouci und die Eremitage zu Bayreuth.

Da sie gegangen ist, wird die Verlockung des Todes noch

mächtiger; der Winter nach ihrem Hinscheiden ist ein einziger Kampf um die Erlösung. Und der seltsamste Glaube jener »Sekte«, die unsinnigste Vorstellung der Abergläubigen, gewinnen über ihn die Gewalt des Versuchers: wie, wenn er sich dort, im unnennbaren Reich, vereinigen dürfte mit der Verlorenen? Ja dieser glückselige Augenblick scheint schon Gewißheit zu sein, und er will ihm entgegeneilen, da fällt das kalte »Licht der Wahrheit« auf ihn und macht alles, was das Herz sich erschafft, zum leeren Traum. Denn ewig zerstört »die Vernunft mit hellen Blicken die holden Bilder der Unsterblichkeit«. Er ist gefangen in der Kälte seiner skeptischen Zeit; kein Weg führt in die unwahrscheinlichste Landschaft hinüber, an der zu bauen und zu dichten das Herz nicht müde wird. So bleibt nur bilderloser Schlaf, Vergessen ohne Ufer, das höchste, das einzige Glück.

Aber vor den Fenstern, hinter denen er diesem dunkelsten Traum sich hingibt, geht die Wache, von Schnee überschüttet, flackern die Feuer im Ringe frierender Soldaten, tönen die Signale die Nacht hindurch; gegen das Nichts, das so nahe war, erhebt sich übergewaltig die Wirklichkeit. Glück wäre das Vergessen, doch dem König ist kein Glück erlaubt, auch dieses steinerne des Schlafes nicht: härter als der Befehl von seinen Lippen, dem das Heer unterworfen ist, gebietet die Pflicht über ihn selbst. Noch hat ihn jene Schmach nicht getroffen, die unabweislich den Tod verlangt: und so muß er leben. Die Pflicht, dieses »höchste Leid«, reißt ihn zurück in das Sein. Der Tod ist Helfer, nicht Herr.

Die Entscheidung ist gefallen und muß doch immer wieder fallen; von Tag zu Tag fast erneuert sich sein Dasein, muß er die Möglichkeit zu leben wieder erkämpfen. Er hat der Erde nichts mehr zu danken und wird nichts von ihr empfangen, wenn er zu ihr zurückkehrt. Das einzige Gut, dessen Besitz er sich noch ersehnt, »ein reines Herz im allertiefsten Frieden«: er wird es nie gewinnen; denn der Krieg vor seinen Augen zeugt sich fort von Jahr zu Jahr; der Kampf seines Innern um die Heimat seiner Seele wird nie zur Ruhe kommen.

Ein Widerspruch klafft fort und fort in dir:
Du fluchst dem Schicksal und verlangst nach Dauer.

Einst wollte er den Krieg, lange schon wünscht er den Frieden; aber der Krieg, den er entzündete, brennt in sich selber fort und fordert sein Leben ein.

Eine größere Liebe wird in ihm mächtig, die nicht mehr den Einzelnen gehört und nicht mehr den Toten, die für immer verloren sind: sie gehört dem Vaterland. Und ob die furchtbaren Widersprüche seines Wesens auch mitten durch diese Liebe gehn; ob er die Sprache seines Landes nicht achtet, die Soldaten, die er »Helden« nennt in seinen Gedichten, im Kriege als »canaille« beschimpft; ob er lieber, seinen Lehrern gleich, in den Bezirken der Menschheit zu Hause wäre, die keine Grenze kennt: so erhofft er doch den Sinn aller seiner Opfer und Leiden allein vom Vaterland. Mitten in Brand und Zerstörung lebt vor seinen Augen das Bild des beglückenden Fürsten; er liest »Britannicus« und kommt über die Verse nicht hinweg, die den vom Volke geliebten, vom Volke gesegneten König schildern: »Er konnte nicht enden vor Tränen.« »Dieser Racine zerreißt mir das Herz.« Fremde Sprache weckt seine Liebe, fremde Sprache drückt sie aus; aber in dieser schlimmsten aller Einsamkeiten, die ihn die Sprache derer nicht finden läßt, für die er lebt und leben muß, erschüttert ihn doch die Not des Volkes unmittelbar. Er sieht das Land verwüstet, das er, das der Vater in rastloser Sorge bebauten, und gelobt leidenschaftlich, dieser Erde und ihrem Schicksal zu dienen, ihr sich zu opfern, ihretwegen mit einem neuen, verzweifelten Mut in den Kampf zu treten. Wenn er ihn besteht, so wird er aus ihm hervorgehen mit einem Volke; denn mit Scharen, die noch nicht einmal einen verbindenden Namen hatten, trat er einst in ihn ein: langsam mußten es Soldaten und Offiziere lernen, daß sie als Preußen fochten, siegten und starben; doch die höchste Not erst wird sie vereinen, ihnen eine Geschichte und einen Namen schenken. Der Untergang der Städte und Dörfer, der Heere; der verzweifelte Streit des Innern, den die Pflicht zu leben nicht löst, aber täglich neu überwindet: sie werden endlich gerechtfertigt von der geschichtlichen Tat, von der Geburt des Vaterlandes, die sich im König wie im Volk vollzieht und zuletzt sich Geltung erzwingen muß vor der Welt.

So ist er gefesselt, während er nicht aufhört, sich nach Freiheit zu sehnen; so dient er einem Werk, dessen Forderungen ihm tödlich sind. Dieselben Lippen, auf deren Befehl Regimenter sich ordnen zum Angriff oder bis auf den letzten Mann im Feuer beharren: sie können sich am Abend nicht genug tun mit Klagen; dieselben Augen, deren eisige Kälte einen General unheilbar verwundet, sie sind so oft mit Tränen gefüllt. Die Klarheit und unfehlbare Entschlußkraft des Feldherrn, die oftmals zynische Sicherheit des Diplomaten: sie sind doch nur Waffen in der Hand eines Menschen, den das Gefühl allgewaltig durchschäumt; das letzte Geheimnis der Größe, wenn es je zu ergründen wäre, liegt nicht in den Fähigkeiten, sondern in der Mächtigkeit des Empfindens, des Herzens. Dies erst macht sein Leben aus: daß seine Natur unendlicher Vielfalt bedarf, während ihr die Notwendigkeit ein Einziges gebietet.

Er sitzt im Schloßpark zu Elsterwerda und zeichnet mit dem Stock leichte Umrisse in den Sand: eine Höhe, zu der Terrassen steigen, oben zwischen Statuen ein zierlicher Bau mit kuppelförmigem Mitteldach, Sanssouci. Er träumt sich in den Park zurück und nimmt die Pläne hervor, auf denen die Wege und Lauben, die unzähligen Götterbilder verzeichnet sind; oder er sucht sich zurückzufinden nach Potsdam, vor die Paläste und Häuserzeilen, die er errichtet hat. Aber wieder zieht es ihn zu dem Schlößchen auf der Höhe und zu dem Platz zur Rechten, wo Flora spielend über dem Rasen ruht: heiter, wie es sich ziemt, über der verborgenen Zelle des Todes. Denn dort will er begraben werden neben seinen Hunden. Schatten verblaßter Zeit dringen in seine Träume ein, mit ihnen das Schicksal, von dem ihn auch der Schlaf nicht befreit. Er ist in Straßburg zusammen mit dem Feldmarschall Daun, aber plötzlich wechselt das Bild, und er steht in Charlottenburg dem Vater und dem alten Dessauer gegenüber. »Habe ich mich gut gehalten?« – »Ja«, erwidert der König – »So bin ich zufrieden. Euer Beifall gilt mir mehr als der der ganzen Welt.« Ein Husar kommt dazwischen und meldet den Anmarsch der Franzosen. »Soll ich angreifen?« fragt er den alten Feldmarschall, da zerreißt der Traum, doch der Krieg geht fort. Wieder erscheint ihm der Vater: der Einzige, der berufen ist, ihn zu richten, ihn zu lohnen. Aber auch die Schuld ist noch nicht überwunden. Er wird im Traume verhaftet und nach Magdeburg gebracht. Warum? fragt er die Schwester. Weil er seinen Vater nicht genug geliebt hat. Vergebens sucht er sich zu verteidigen: der Wagen reißt ihn fort. Die Mutter, die Geschwister steigen die Treppe empor aus dem Gruftgewölbe des Berliner Doms, doch nicht nur im Traume dringen sie zu ihm ein. Er weint über seinen Erinnerungen, den glücklichen Stunden, die er halb nur gelebt. Tiefer sich versenkend in das Wesen des großen Königs, der sein Heer geschaffen, seine Tat zur Notwendigkeit gemacht, entdeckt er Zeichen einer staunenswerten Güte, einer überempfindlichen Seele in Friedrich Wilhelm. Der Krieg scheint verloren, der Sturz unabwendbar, und noch näher treten die Toten; er lebt mit ihnen, oben in einem elenden Hause in Pretzschendorf, das der Schnee fast begräbt, und im Winterquartier zu Freiberg, wie er nie mit ihnen gelebt, da sie noch das Licht mit ihm teilten. Dunkler wird die Trauer. Der Adler, der nach dem Gebot Friedrich Wilhelms der Sonne nicht weichen sollte, stürzt für immer: wie wird der Sohn vor dem großen Richter bestehn?

Die Kraft ist erschöpft. Ostpreußen ist seit Beginn des Krieges in Feindeshand; nach sechsjährigem Kampf ist ein großer Teil Pommerns, sind Glatz und Schweidnitz verloren, vermag auch das härteste Gesetz aus Sachsen nichts mehr zu erpressen, fällt England ab. Vor dem Quartier des Königs treiben die jungen Offiziere seiner Armee, Knaben, die dem furchtbarsten Schrecken entgegengehn sollen, kindische Spiele. Er sieht ihnen zu vom Fenster aus, den Untergang vor Augen. Unmöglich ist alles geworden: sein eigenes Leben, das längst nichts mehr gilt; Preußens Dasein, das den Weg doch gehen mußte, den er es geführt: diesen einen harten Weg zur Größe, zum Abgrund. Hatte diese Kraft kein Recht zu sein? Er zweifelt auch jetzt nicht an ihrem Wert: Preußen ist berufen, zu führen, zu ordnen, Macht zu sein; aber das Schicksal läßt es nicht werden, was es werden muß. Unwahrscheinlich ist dieser Kampf des Einen gegen alles Bestehende geworden; phantastisch werden endlich die Mittel, deren sich dieser große Realist bedient. Mustapha Aga, der Gesandte und Barbier des Tatarenkhans, kommt in östlichem Putz in das Lager des Preußenkönigs, ein Hilfsheer von zehntausend Tataren zu versprechen; der Sultan schließt mit ihm einen Vertrag und verpflichtet sich, ein Heer vor Belgrad zu sammeln. Sind das nicht Träume? Und begann er nicht dennoch in nüchternster Wirklichkeit?

Aber da dem so ist, da er nichts zu erwarten hat von der Gnade des Himmels und der Erde, so besteht nur das eine unumstößliche Gesetz in ihm selbst: die Ehre. Er wird fallen, nicht knien; je größer das Leiden, die Opfer, um so unmöglicher die Aufgabe seines Ziels. Was er immer erhoffen konnte für sich selbst: dies ist endgültig verloren; Geschwister und Freunde sind dahin, die Kraft seines eigenen Körpers scheint verbraucht: es ist allein der Wille, nicht ehrlos zu sterben, der ihn noch atmen und handeln läßt. Nacht und Schweigen ist um ihn im weitesten Umkreis; Nacht und Schweigen erfüllen die Höhe, in der das Unfaßbare, der Menschen nicht achtend, webt: hier aber, auf der Stelle, die ihm gewiesen wurde, steht ein Einzelner und bleibt sich treu. Kein Band hält ihn mehr; keine Furcht schreckt ihn vor dem Letzten, denn er hat es hundertmal durchlebt; von einer gewissen Tiefe des Leidens an versagen die Gesetze und Pflichten der Welt; nur das eine Gesetz dauert fort, das ihm zu sein befiehlt, was er ist. Beugte er sich, um sich zu retten: so würde er von innen her zerbrechen; flüchtete er zur Schmach, um sein Leben zu erhalten, so müßte er sterben: denn er kann kein anderer sein. Vor dieser letzten Entscheidung wiegt das Dasein des Volkes, des Landes nicht mehr als das eigene: kein Dasein hat noch Gewicht; es kam an einen Einzelnen die Forderung, sich selbst ohne jede Rücksicht zu gehorchen und bis zur vernichtenden Folge zu bleiben, was er ist. Was sind Eide und Kronen; was wäre der Rat der Erfahrenen? In die höchste Not dringt kein Rat: der Eine hält Zwiesprache mit seinem Gesetz, seinem innersten adligen Selbst; er hat keine Möglichkeit mehr, nur die Notwendigkeit. Unfehlbar muß sichtbar werden, was er ist: sein innerstes Wesen, mit dem er nicht brechen kann, schafft eine historische Entscheidung; Untergang ist der Verrat des Wesens, Sieg dessen Behauptung. Herr ist der allein, dessen Menschentum besteht. Und das Alleinsein, das oftmals ihn und sein Heer bedrohte, ist nun der Boden seines Widerstands.

Muß er sich selbst nicht verachten, so ist alles gewonnen, was zu gewinnen war.

Die Wendung des Krieges scheint ein Wunder zu sein: sie ist es nicht, denn Friedrich hat nicht nur mit seinem Heere, er hat vor sich selbst gesiegt. Da dann das Unwahrscheinliche geschieht und die Geschichte diesen inneren Sieg bestätigt, findet man kein Zeichen des Triumphes auf seinem Antlitz. Der Tod der Zarin, der die Koalition zerbricht, Preußen rettet, ruft nur einen »leichten Eindruck« auf ihn hervor. Vergebens wartet die Menge bis zum späten Abend auf den Einzug des Siegers in Berlin; während die Hauptstadt sich ungeduldig für ihn schmückt, steht er auf dem Schlachtfeld von Kunersdorf, der Toten gedenkend. Auf den Glückwunsch zu dem glorreichen Friedensschluß, »diesem schönsten Tag seines Lebens«, antwortet er kurz: Der schönste Tag meines Lebens ist der, da ich es verlasse. Der Sieg, den er errang, steht jenseits des Lohns; das Opfer, das er gebracht, jenseits einer jeden Möglichkeit der Wiedervergeltung; er kämpfte, er litt nicht für irdische Güter, für den Ruhm nicht und endlich nicht einmal mehr für sein Land: er verwandelte sich in den Auftrag, an den er glaubte, in sein dunkles Wort.

Aus dem Siebenjährigen Krieg geht der tragische Sieger hervor: der Mensch, den das Schicksal aus jeder helfenden Gemeinschaft riß und dem eignen Ich als letztem Richter gegenüberstellte; dem das Jenseits leer, die Sterne verhüllt waren und der sich zuzeiten in übermenschlichem Schmerz selbst gegen die himmlische Macht empörte, die er wohl anerkannte, von der er aber niemals Hilfe erwartete. Er bestand diesen Krieg nicht mehr im Bunde mit den Kräften des Lebens, sondern im Bund mit dem Tode; Seite an Seite mit ihm ging er den siebenjährigen Weg durch die Nacht, seinen Trost findend im furchtbarsten Schrecken: im Nichts. Er ging diesen Weg nicht kalt, sondern mit lebendigem Herzen; den Schimmer ewigen Bewegtseins im Auge, auf den Lippen Befehl. Keine Rücksicht, keine Nachsicht hielt ihn auf; aber das Adagio seiner Flöte allein enthüllte, ohne Widerhall erklingend, die innerste Wirklichkeit seiner Seele. Wieder tönt sie dem Einsamen an trüben Tagen in der Galerie; in den folgenden Jahren verstummt sie bald: dann ist kein Gesang mehr in seinem Leben, und immer schwerer deutbar werden die Zeichen seiner Sehnsucht. Es ist, als sei sein Inneres verbrannt in dem Kampf, der in seiner ganzen doppelten Furchtbarkeit kaum seinesgleichen hat; nicht mehr als Mensch geht er aus ihm hervor, der wieder menschlich zu wünschen beginnt: nur als Soldat, der sein Leben gab für seine Ehre, als König von Gnaden der Notwendigkeit.

Ihn erwartet ein Werk; und es kann ihn nichts anderes mehr erwarten.

IV. Der König und sein Land

Wie in den Tagen Friedrich Wilhelms rollt der eilige Wagen des Königs durch das Land. Es ist die Landschaft, die der Vater liebte: das Luch, wo Friedrich Wilhelm seinen erbitterten Kampf gegen Sumpf und Sand und die Unfruchtbarkeit der vererbten Erde geführt hatte; dieselbe Landschaft, mit deren Geheimnissen und Gefahren der Kurfürst einst im Bunde gewesen, als er den ersten brandenburgischen Sieg erfocht. Nah, wie ihr die Väter waren, ist ihr auch Friedrich; nichts in seinen Worten bezeichnet die Ferne, die er durchmessen mußte; nichts die Leiden des Siebenjährigen Kriegs. Auch er ist nur Wirt auf seiner großen Domäne, Verwalter anvertrauten Guts; das Heldentum, die unüberwindlichen Schatten seines inneren Lebens, verraten sich nicht. Es ist hier im Gegenständlichen und Nächsten, auf seinem angestammten Boden; es scheint, als habe sich sein ganzes Dasein in diesem selben Kreise abgespielt, in dem die Bauern und Amtsleute, die Adligen und auf die Dörfer verteilten Offiziere und Soldaten leben.

Der Amtmann erklärt ihm die Gräben zur Seite der Straße, die den Boden trocken erhalten; das ist gut: aber läßt sich nicht *mehr* verbessern? Ein See liegt vor ihnen, trocknete man ihn aus, so gewänne man achtzehnhundert Morgen Land: Heimat für sechsunddreißig Familien. Man könnte auch eine Wasserstraße bauen, die Ruppin und Fehrbellin mit Berlin verbindet. Doch vielleicht rät der Amtmann nur zu, um seinen eigenen Vorteil zu finden; der Plan soll geprüft, Gewinn und Nachteil müssen veranschlagt werden. Der Ruppiner See schimmert zur Rechten des Wegs: einem breiten, stehengebliebenen Strome gleich; liegt dort nicht Wustrau, Zietens Besitz? Sie sehn das Dorf, wo sich der General auf dem alten Familiengut sein Schloß gebaut; ist Zieten zu Hause? Weiß man es auch gewiß? Und hat er gewonnen bei der Trockenlegung des Luchs? Im Weiterfahren stört ein Bild aus längst vergangener Zeit die Gedanken des Königs: eine Straße geht die Höhe hinauf, sie führt nach Ruppin; die andere westliche zieht nach Hamburg. Vor dreiundvierzig Jahren kam er das letztemal hier vorüber:

als Kronprinz, da er nach Ruppin, nach Rheinsberg ritt; doch er kennt noch die Straßen.

Vor dem Edelhof in Protzen, unter den Adligen und Offizieren, steht der General Zieten, der Herr auf Wustrau. Er ist Wirt geworden wie sein König: stolzer Besitzer und Verwalter seiner Erde. Zwar, man schüttelte den Kopf über den General, der zu bauen begann ohne Geld: seine eigene Frau durfte es nicht wagen, ihm Vorhaltungen zu machen; »Les Choux étaient bons«, erwiderte er kurz; oder: »Mit deinem Zweifel wirst du das Land Kanaan nicht erblicken.« Schweigsam wie immer vollendete er sein Werk. Auch das Dorf erwarb er hinzu, das seiner Familie nur zu geringem Teil gehört hatte: so konnte er endlich die Erinnerung an die trübe Zeit überwinden, da sein Vater, von stärkeren Nachbarn bedrückt, rechtlos auf seinem verfallenen Hofe saß. Zieten wollte geachteter Herr sein auf der Erde der Väter. Der Weg führte durch Verfolgung und Gefahr, Neid, Feindschaft und Verleumdung, endlich über die Felder großer Taten, des Ruhms; er führte zurück in das Land am Ruppiner See, dem der Feldherr zugehörte durch seine Geburt.

Der Amtmann macht auf den General aufmerksam. Wo, wo? fragt der König; er läßt sofort halten und eilt auf Zieten zu. Sie sprechen nicht von Krieg und Siegen, nur von der Erde und dem Dienst an ihr. Ob auch auf Zietens Gut die Viehseuche gewesen sei? Man muß dem Vieh Steinsalz geben, nicht Kochsalz: und dieses nicht kleinschlagen, sondern in Brocken aufhängen, damit das Vieh daran lecken kann. – Die Pferde sind angespannt; zärtlich umarmt der König den alten General, dann rollt der Wagen in die Ferne fort, den Kolonistendörfern zu; Friedrichs Blicke durchforschen das Land, wie es die Art des Vaters war; und er fragt wie der Vater: wie war es vordem? Wieviel Menschen wohnen hier? Wieviel mehr Kühe werden gehalten? Nur ungefähr: wieviel mehr sind es im ganzen? Von einer Höhe aus überblickt er, ein Fernglas haltend, hinter sich den stehenden Wagen, das Land: wo Morast war, ist nun fester Boden; die Wagen fahren, die Menschen arbeiten an Stellen, die einst nur harter Frost betretbar machte; weithin dehnt sich dem Sumpfe abgerungene Erde, auf der sich die neuen sauberen Häuser scharen; es ist einer der glücklichsten Augenblicke, die auch Friedrich Wilhelm auf seinen Reisen genoß. »Das ist über meine Erwartung! Das ist schön! Ich muß euch das sagen, alle, die ihr daran gearbeitet habt! Ihr seid ehrliche Leute gewesen!«

Seine Reisen führen ihn zum Volke; er kennt die Bürgermeister der kleinen Städte, die vor dem Wagen stehn, indessen die Pferde gewechselt werden; es sind Lieblinge unter ihnen und solche, die seinen Spott herausfordern; vertraute Freunde, die mit ihm altern, in demselben Dienst an der Gemeinschaft, und Neulinge, die nur schwer sein Vertrauen erwerben. Denn er, der gebückt im Wagen sitzt, über seine Jahre hinaus gealtert, ist längst mißtrauisch gegen das Neue geworden; trifft er aber einen Alten im silbernen Haar, der einfach und würdig unter den Seinen steht, so leuchtet die Freude aus den Augen des Königs. Er legt dem Verwalter des kleinen städtischen Reiches die Hand auf die Schulter, ihn nach seiner Gesundheit zu fragen und ihm, aus dem Wissen seines eigenen, ewig experimentierenden und doch nie geheilten Leidens heraus, medizinische Ratschläge zu geben; ja er findet einmal, abschweifend in die Epoche, die ihm die liebste ist, für den schlichten Bürgermeister ein Lob, das dieser wohl kaum versteht: »Tu es consul Romanus«, sagt der König bewegt. Da er wiederkommt, sieht er den Alten nicht mehr; er fragt und hört von dem Tode seines Freundes. Rasch schließt der König das Fenster; er wirft sich auf seinen Sitz zurück und hat kein Wort und keinen Blick mehr für die Draußenstehenden.

Aber es stehn auch andere Bürgermeister vor seinem Wagen: solche, die statt des Haares, das nur das Alter und die Sorge bleichen, einen gepuderten Lockenschwall tragen und auf höfische Art herausgeputzt sind. Der König blickt erheitert auf die tiefgeneigte Perücke; der Spott funkelt in seinen Augen, da das würdige Oberhaupt der Gemeinde, Silbe für Silbe betonend, »gleichsam abzählend«, seine wohlvorbereitete, von kunstreichen Ausdrücken durchwirkte Ansprache beginnt; sofort fällt Friedrich in denselben Ton, das herzliche Er und Du aufgebend, das er sonst gebraucht: »Wer sind Sie?« – »Und sind hier Bürgermeister? – Also sind Sie der Atlas von A. Wieviel Seelen sind hier?« Der Bürgermeister ist genau: »Eintausendneunhundertunddreizehn.« – »Und die werden alle durch Ihre Providenz regiert?« – »Ich regiere nur unter den Auspiciis Ew. Majestät.« – Allein, das Ende der Unterhaltung ist nicht ganz so höflich: der König bemerkt das Fabrikgebäude, für dessen Errichtung er das Geld gegeben; er ist erstaunt, daß man darin leichte Zeuge statt schwerer herstellt. Warum? – Eine Walkmühle fehlt. – Sie muß gebaut werden. – Das geht nicht an. – Warum? – Es fehlt an Wasser. »Ach! gehorsamer Diener! Ich bin da dicht an der Stadt bei einem großen Wasser vorbeigekommen, worin man einen ganzen hochedlen Magistrat ersäufen könnte. Fahr zu!«

Der Siebenjährige Krieg war die Tragödie des Einen, der in sich selbst schwerste Gefährdung, stärksten Widerstand fand: nun hat ein anderes Dasein begonnen, dessen Inhalt es ist, zu geben und sich zu verschenken. Es ist friedliche Zeit, und es soll so bleiben; ruhmreicher als eine gewonnene Schlacht ist die Gründung eines Dorfs auf abgedämmtem Land; wenn es auch nicht wahr sein mag, daß der König einmal beim Exerzieren auf einem Felde bei Bornstädt auf den energischen Einspruch des Amtsschreibers ein Bataillon umkehren ließ, damit es die Erbsensaat nicht zertrete, so bezeichnet die Anekdote doch seine Haltung. Freilich, wenn er in spöttischem Ernst den Hut lüftet vor dem Herrn Amtsschreiber und dann hinüberreitet nach Sanssouci: was erwartet ihn dort? Pflicht und Stille; ein kühles Gespräch; Schatten des eigenen Daseins oder nie geschauter Zeiten, mit denen er lebt. Friedrich Wilhelm kehrte noch in die Wärme zurück; oben in Sanssouci schauert es kalt von heitern Wänden, und nur die Windspiele erwarten ihren Herrn.

Nichts von alldem, vom Innern; zu Füßen dehnt sich das Land in riesigem Kreis, der breite träge Strom, Äcker und blaue Wälder, die, leise steigend und fallend, in das Unendliche ziehn: dort ist die Wirklichkeit der Tat, des Gebens, das nie danach fragt, ob es empfängt. Es ist das einzige, das endlich vom Wirken bleibt: Hingabe, die nicht auf Dank und Widerhall hofft, weil sie nicht einhalten kann im Verschenken; aber dieses Einzige ist das Höchste zugleich, das Opfer und Leiden vergessen läßt. So rollt der Wagen wieder hinab durch die Stadt und dem Lande zu; vor dem Tore links an der Straße hat ein Kossäte sein Haus gebaut; pflegt der Mann seinen Garten, wie er es soll? welche Bäume hat er gepflanzt? was für Kirschen? und was hat er gesät? Aber der Wind kommt über die Ebene und wirbelt den Sand auf; er schüttet Wolken von

Körnern in den Wagen: Sand, noch immer, gegen den die Väter schon kämpften, ohne seiner Herr zu werden – Sand, der ewig nur Dienst und Arbeit gebot, ohne zu lohnen. Aber er wird endlich verdrängt werden: Birken, Espen und Buschwerk sollen gegen ihn kämpfen; diese Straße, die unter der Sonne glüht, wird sich verwandeln in eine Allee, und irgendwann einmal wird der Wagen eines andern, des künftigen Herrn, im Schatten ziehn, und Wälder werden grünen zu beiden Seiten.

Die gelben Flecken der Unfruchtbarkeit zwischen Wiesen und Wald sollen getilgt werden aus dem Bilde der Landschaft; gelingt es nicht, sie in Ackerland zu verwandeln, so mag man wenigstens Krummholz darauf pflanzen, das die Öfen heizt in den Hütten der Siedler; kein Fleck Erde darf sich dem alles umfassenden Dienst entziehn. Stehn auch Maulbeerbäume in den Gärten, Bienenstöcke hinter den Häusern? Da die Kühe endlich zahlreicher werden auf den Wiesen, so wäre es gut, noch einige Familien aus Holland kommen zu lassen, die den Leuten das Buttern lehren. Bei Fahrland könnte eine Familie wohnen und eine zwischen Potsdam und Brandenburg, am Rhin und an der Dosse; es darf kein Geld über die Grenze gehn für fremde Butter. Die Kraft des Landes soll sich sammeln, in den Grenzen verdichten, in der Enge wachsen; die Armut, die das Rad der Arbeit rastlos treibt, macht Preußen groß.

Die Edikte des Königs überschütten die Minister mit Fragen, Aufträgen, Gedanken: ein Beamter des Lagerhauses reist nach England, die dortige Tuchfabrikation und die Konstruktion der Spinnmaschinen zu studieren: Tuch-, Taft- und Bandfabriken sind noch nicht genug im Lande, oder sie leisten nur unzulängliche Arbeit; die heimische Wolle genügt nicht: es sollen Schafe eingeführt werden aus Spanien. Was immer aus fremden Ländern gekauft wurde, dies muß von nun an erzeugt werden in Preußen, bis zu den Schachteln aus Tannenholz, der Seife für die Färbereien; die Putzmacher sollen so weit kommen, daß sie ihre Erzeugnisse nach Leipzig auf die Messe schicken können; ein fleißiger Fabrikant in Potsdam fertigt die reichen Zeuge für Westen und Beinkleider billig an: wie weit läßt sich dieses Gewerbe entwickeln? In Nowawes wird der König fünftausend Maulbeerbäume pflanzen lassen, sie den Leuten zu schenken, nachdem sie den Seidenbau richtig erlernt haben. Wieviel Papier wird im Lande gebraucht? Sind genug

Lumpen da für die Fabrikation? Zur Gründung einer Uhrenfabrik fehlt es noch an Mechanikern; wie viele sind schon zur Verfügung? Wie vieler bedarf es im ganzen? Tabellen werden gefordert, Berichte, Vorschläge, Gedanken vor allem, die weiter treiben, Neues schaffen, Boden gewinnen, Menschen heranziehn und die gewonnene Macht von innen stärken und bewegen.

Aber endlich: was sind die Dinge ohne den Menschen? Die Schulreglements setzen umständliche Lehrpläne auf, ausgehend von der Wahrheit, daß »unter die Hauptgegenstände des Erziehungswesens nicht allein die Aufklärung des Verstandes, sondern auch die Verbesserung des Herzens gehöre« und »alle wahrhaftig guten und großen Handlungen ihren alleinigen Grund in der Rechtschaffenheit des Herzens haben.« Denn das Herz überwiegt auch das Genie in der Schätzung des Gealterten; vielleicht entschied erst die Erfahrung mit Voltaire über diesen Maßstab; vielleicht bedurfte es des Siebenjährigen Krieges, in dem allein der Charakter standhielt, um dieses Urteil zu besiegeln. »Wäre Voltaire aus der Welt verschwunden, es wäre nicht viel verloren. Ich wiederhole es, die glänzendsten Talente selbst sind nichts im Vergleich mit einem aufrichtigen Herzen.«

Vierhundert Familien will der König im ersten Jahre im Oderbruch ansiedeln; sechshundert im zweiten; achthundert im dritten; zwölfhundert vielleicht im vierten Jahr; und so fort; wo wäre die Grenze? Das eigene Leben freilich wird kaum noch zwei Jahre dauern, aber »in meiner Lage muß man handeln, als wenn man niemals stürbe«. Er selbst wird nicht ernten, so wie sein Vater nicht geerntet hat; so wie er die Arbeit des Vaters einsetzen mußte, ohne ihren Ertrag genießen zu dürfen; wann wäre Erntezeit im Staate, der nur dauert, solange er strebt? Zwar das Volk wird reicher und sicherer werden: wenn es sich einsetzt, ohne zu ermüden, und selbst die Kinder auf den Dörfern schon beim Arbeitsgebote verfallen [wie die armen Waisen in den Fabriken]; der Eine aber, der zu lenken geboren ist, gibt den Antrieb, der nicht stirbt. Ihn lähmt das Bewußtsein der Zeit, des Alterns nicht; denn er soll nicht nur eine Wirklichkeit schaffen, sondern die Triebkraft künftiger Wirklichkeit entzünden; er soll den Willen vorleben, der sich nie erschöpft. Wenn sich alles mächtig um ihn bewegt, einem

Ziele zudrängend, das sich fort und fort entfernt, einer Wohlfahrt, die nur immer erstrebt, nie genossen wird, so hat er das Unentbehrliche gegeben: die Lebenskraft selbst; und er darf hoffen, daß sein Vermächtnis ihn überdauern wird. Das Vermächtnis ist nicht die Leistung, sondern der Wille, das Beispiel; nicht das Werk, sonden das Streben, dessen Flamme hervorschlägt aus dem Werk, um die Späteren zu ergreifen und zu verzehren, wie sie den Schöpfer verzehrt hat.

Der Ausdehnung der Macht auf Westpreußen folgt die eigentliche innere Eroberung des Landes: es wird preußisch, indem es den preußischen Antrieb empfängt. Der König findet die Leute »gar zu träge und zu faul«; nicht einmal zum Geldverdienen haben sie Lust; beim Bau der Festung Graudenz sollen sie verdienen, vor allem aber die Lust am Arbeiten erlernen. Sie wissen aus ihrem Lande nichts zu machen; Seen haben sie, doch sie verstehn nichts von der Fischerei: russische Fischer mögen ihnen zeigen, wie man den Fischbestand pflegt und verwertet und wie man Netze strickt. Dann werden die Arbeiter billiger leben können, muß die Ware wohlfeiler werden, und ein Anfang der großen, rastlosen Arbeit des Produzierens, Verkaufens und Vergrößerns ist gemacht.

Seit der König im Siebenjährigen Krieg Anlaß gefunden hatte, sich über ostpreußische Regimenter und über die Haltung der Provinz selbst zu beklagen, betritt er das Lieblingsland seines Vaters nicht mehr; wie aber Friedrich Wilhelm für das Land um Königsberg und Insterburg, so sorgt Friedrich leidenschaftlich für das Weichselland; schon vor der öffentlichen Besitzergreifung ist die Verbindung der Netze mit der Weichsel beschlossen; bald wandern Kolonisten in das neue Preußen hinüber; »es müssen gleich ganze Dörfer und Kolonien mitten unter dem groben und butten Zeuge angelegt werden, die ganz allein wohnen und ihre Nahrung und Gewerbe vor sich treiben«: so werden die Neusiedler zu Lehrern der Einheimischen werden, wie es die Salzburger geworden sind im Nordosten. Kirchen und Bethäuser werden gebaut, Gasthäuser für die Reisenden errichtet, Brüche urbar gemacht; selten ist der König zufrieden. 1780, nach dreijähriger Abwesenheit, findet er die verhaßte alte Wirtschaft noch immer vor. Das Getreide steht dünn auf riesigen Flächen, statt daß die Aussaat beschränkt wird auf gutgedüngtes Feld; »ein

Haufen Sachen« ward befohlen, aber nichts ist getan. Noch sind keine Obstbäume gepflanzt, und doch könnten die armen Leute das Obst trocknen und verkaufen, auch davon leben. An Stelle schlechter Getreidefelder sollten sie Wiesen anlegen, um Vieh darauf zu halten und Dünger zu bekommen; aber sie werfen in den Niederungen den Dünger in die Weichsel, statt ihn hinüberzuschaffen ins Kulmer Land, wo er nötig ist; in manchen Gegenden sind Weidenbäume in den Gärten gepflanzt: »Das ist ja ganz verkehrt, was sollen die Weidenbäume in den Gärten tun?« Wieviel Geld wird in diesem Jahre für Bauten und Reparaturen gebraucht; wieviel Getreide produziert die ganze Provinz; was bleibt übrig? Es sollen einige Leute aus der Gegend von Bromberg und Marienwerder in das Amt Könighorst in der Mark, wo Friedrich Wilhelm die holländische Molkerei begründete: dort mögen sie das Buttern lernen und »auch die Geschirre sehen, die dazu gebraucht werden.«

Nur mit großen Schmerzen hält sich der König auf dem Pferd; seine Uniform ist zerschlissen, beschmutzt; die Stiefel zeigen Risse, die Troddel seines Säbels ist abgescheuert bis auf das blanke Holz, das Silber des Ordenssternes fast schwarz, die Weste mit Tabakflecken übersät und unter der schlechtsitzenden Perücke sieht die schwarz-samtne Einfassung hervor: was liegt an dem allen? Nur der Wille gilt; die suchende Schärfe des Blicks, die sich niemals lösende Spannung des von Falten überdeckten Gesichts, die dämonisch treibende Arbeit der Gedanken bekunden den Herrn. In seinem Taschenbuch hat er sich vor dem Antritt der Reise die entscheidenden Fragen notiert, vielleicht nicht ohne die Schwäche des Alters zu verspotten, das sich auf Papier und Tinte verlassen muß und dem Verlöschen der Kraft nur noch eine Hilfsmacht entgegensetzen kann: zähesten Fleiß. Auf dem Wege zur schlesischen Revue, auf der Rückkehr durchforscht er das Land: was wäre ein Heer ohne Landeskultur; was fruchtbarer Boden ohne Armee? Sie sind untrennbar verbunden; das Heer muß hervorwachsen aus der Erde, die es bewahren soll: Ausdruck und Schutz schwer erkämpften Reichtums. Dort, zwischen Schlawenitz und der Kolonie Derschau und dem Hammer zu ist das Land am schlechtesten; was ist zu tun? Unablässig gehn die Gedanken dieser einen Frage nach: wie läßt sich das Erbe verbessern? Der

König, der ungestüm eine neue Provinz eroberte, ist glücklich über eine jede Quadratmeile, die er den alten Beherrschern seines Landes, dem Sumpf und dem Sande, abgewann.

Um ihn regt sich ein unübersehbares Werk. Der Oder ward ein neues Bett gegraben, das eroberte Erdreich ausgetrocknet und besiedelt; noch immer ist die Kirche im Bruchland nicht vollendet – und der Oberstleutnant Petri, der sie bauen soll, mag sich hüten vor dem Zorn seines Königs –: da sind die Arbeiter schon in der Wildnis an der Warthe am Werk. Sie dringen in einen Urwald ein, den labyrinthische Ströme durchfließen; sie müssen Bären und Wölfen, Ottern und Ebern, Vogelschwärmen, die seit uralter Zeit hier ungestört hausten, ihr Reich abgewinnen; aber auch die wenigen Bewohner, die vom Fischfang lebten, verfolgen wie an der Oder die fortschreitende Arbeit mit ihrem Groll. Die veranschlagten Gelder reichen nicht aus; der Plan muß geändert werden, schlimme Erfahrungen werden gemacht; endlich erheben sich auf den Höhen und Hügeln über langsam abtrocknendem Land die Gehöfte der Siedler. Da beginnt der Kanalbau an der Netze, wird am Rhyn, an der Dosse gegraben, ein See in Pommern gesenkt: schon eine halbe Quadratmeile ist Lohnes genug. In der Nauener Gegend befiehlt der König die Entwässerung eines Bruches, aber auch an der Straße von Berlin nach Potsdam, zwischen dem Botanischen Garten und Charlottenburg, wird Friedrich auf einen bewachsenen Bruch aufmerksam, der zur Viehweide umgewandelt werden soll. In Golm, in der Nähe des neuen Palais, überwacht der König die Arbeiten selbst; es wird im Gebiete der Nuthe trockengelegt und in der Mittelmark, bei Ziesar im Magdeburgischen und in den schlesischen Brüchen; das Sumpfland des Drömling in der Altmark öffnet sich nach schwerer Arbeit dem Menschen. Überschwemmungen zerstören die Dämme, kaum ausgeworfene Saat; doch der Wille gibt das einmal Ergriffene nicht mehr frei. Manches Begonnene wird vollendet, so wie Friedrich Wilhelm schon die Pläne des Oder- und Warthewerks mit der Aufschrift »für meinen Sohn Friedrich« versah; nicht immer mochten die Ratgeber, mochte der König selbst im Rechte sein, nicht immer das Angemessene befehlen; der alles durchdringende, umgestaltende Wille ist höheren Wertes als der Nutzen der Tat; das Beispiel rastlosen Strebens überwiegt die Vollendung.

Denn es ist kein Stück der Erde zu gering, um den Blick des Königs nicht auf sich zu ziehn; längst sind die Spuren großer Mühen wieder vergangen, ist das Einzelne vergessen: nur noch das drängende Leben, die unvernichtbare Energie, die in ihrem Ursprung die »Energie des Herzschlags« eines Einzigen oder eines Geschlechtes war, wirken fort. Auf dem Lande und in den Städten wird die Lust der Arbeit, die der König erweckt, nicht vergehn; sie wird um so tiefer wurzeln, je schwerer der Druck war, der auf dem Wachstum lastete, je karger der Boden; und so ist es nicht Zufall, sondern ein Gesetz des Wachstums selbst, daß das ärmste Land des Reichs das mächtigste ist an Energie. Im Sand, der nichts gewährt, entspringt der Quell unversieglicher Kraft, unzerbrechlichen Mutes. Libyen ausgenommen, meinte der König, dürften wenige Staaten sich rühmen, es der Mark gleichzutun an Sand: diese Verweigerung aber, die ergriffen wurde als ein Gebot zu überwinden, ist das ganze Geheimnis der märkischen Kraft. In der Üppigkeit verfallen die Formen, zerbröckeln die Heere: die Araber, die die Wüste gebildet, wurden schwach in Andalusien; die Normannen, die der Norden erzog, fanden ihr Grab in Sizilien; im kastilischen Fels wurzelte die spanische Macht; solange den Völkern die Heimat, dem Einzelnen seine eigene Seele die schwerste Forderung stellt, werden sie leben.

Der König im Soldatenrock, im Gewand steter Bereitschaft, der in schlechtem Fahrzeug die gelbe, von Kiefern umsäumte Sandfläche durchquert, ist völlig eins geworden mit seinem Land: nie hat er das Licht des Südens genossen, nach dem er sich sehnte in seiner Jugend; nie hat er die Urbilder der Formen erblickt, die er sich zum Spiele wiederholen ließ in seiner Stadt; die fremde Sprache und ihre Meister bildeten allein seine Werkzeuge: funkelnde Waffen des Geistes, mit denen er oft genug seine Freunde, oft genug sich selbst verletzt; das Innerste aber, das in ihm handelt und schafft, ging aus dieser unerbittlichen, feindlichen Fläche hervor; in ihr ist er allein zu Hause; in ihr allein zu verstehn; und in ihr allein, die ewig die Überwindung fordert und das Schwerste zu tun befiehlt, wird er unsterblich sein. Der Himmel ist nicht gnädig über diesem Land: er ist von unbarmherzigem Blau, oder er neigt sich in trostloser Schwere herab; kein Hügel versöhnt und besänftigt den Blick; und jedes Geschenk der Erde will erworben sein:

nichts bleibt als der Mensch, der seinen Weg sich bahnt, seinem Werke dient und im Werke seinem Gesetz.

Freilich, eine andere Sehnsucht blieb wach, die nicht diesem Werke gehört, nicht den kargen Äckern und neuen Dörfern und den Kanälen, auf denen die ersten trägen Segel schwanken; ungestillt ist die Seele auch jetzt, die der Krieg und Ruhm, das Feuer verrauschter Gespräche nicht sättigen konnten. Die »Imagination erlischt«, der Abend dunkelt herauf. Und dieses Glück, andere zu beglücken: was ist es zuletzt? Es ist gelungen, künstliche Wiesen in der Art der Engländer anzulegen; zehntausend Pfund Seide wurden in einem Jahre gewonnen und die Bienenstöcke um ein Drittel vermehrt; eine Frage, eine Wehmut lassen sich nicht verbergen hinter solchem Tun: »Das sind meine Kinderklappern im Alter.« Voltaire wird es verstehn, der endlich selbst zum Grundherrn wurde und, nach allen Spielen des Geistes, nach diesem selben Glücke griff: auch er baut und gründet und verlangt, indessen es in ihm selbst nicht still werden will, den Menschen zu sehn, der seinen Frieden findet in seiner Heimat, in seinem Tun. Es ist auch jetzt gut, sich einer jeden Tücke von ihm zu versehen: er bleibt der boshafte Papagei, der in seinem Käfig Geheimnisse verrät. Aber ob es der Friedlosen bedarf auf Erden, damit der Friede errichtet werde? Der Herr von Ferney sendet seinem königlichen Freund Samen, den er erprobt; er hört von den verheerten Städten, die wieder erbaut, den Manufakturen, die gegründet werden, während um ihn selbst sein kleines Reich gedeiht und er, leidenschaftlicher als je, am Schreibtisch seinem Werke dient: oft achtzehn und zwanzig Stunden des Tags.

Und bis in die letzten Wochen und Tage sucht der Herr von Sanssouci das tausendfältige Werk zu lenken, das in seinem Lande auf sein Geheiß erstand. Er dekretiert über die Schafzucht in Schlesien, die Ausrottung der Wölfe in Preußen, die Tuchfabriken in der Mark; er fordert, sechs Tage, ehe die Stille über ihn kommt, die Erklärung eines Holzhändlers ein, der mit einer Lieferung für den Oderbruch beauftragt ist. So hört er das Dröhnen und Schaffen noch im niedersinkenden Dunkel; wieder brach der sorgsam umdämmte Strom über das Land, das er ihm abgekämpft, kaum erbaute Häuser niederreißend und Äcker verwüstend; aber endlich einmal müssen dort draußen doch Menschen wohnen auf gesicherter Erde: Zufriedene, deren stillen Fleiß die Gewalt nicht mehr stört. Bis dahin klirren die Hacken und Spaten, knirschen die Sägen im Holz, türmen sich Wälle auf: noch ist die Unrast des Werkes im ganzen weitgedehnten Land, und niemals ruhender Wille greift tief in die Erde, sie zu verwandeln und zu gestalten; und doch, in der Höhe, zu der sich ein letzter Wunsch erhebt, ist es schon rätselhaft still.

V. Der Einzige

Seine Sorge, seine Liebe mögen die Ferneren spüren; um ihn selbst ist kälteste Nacht; schlimmeres noch: Vernichtung. Verwandte und Freunde weichen aus seiner Nähe; es ist ein Verhängnis, vielleicht eine grausame Nötigung seiner Natur, daß er die in tiefster Seele verwunden muß, denen sein Herz gehört; furchtbarer haben sich nie ein übermächtiger, keine Schranken erkennender Geist und starkes Gefühl in einem Menschen bekämpft; mag das Gefühl noch so laut widersprechen: der Geist, seiner unbegrenzten Freiheit bewußt, sieht in überdeutlicher Schärfe die Schwäche des Freundes und schlägt Wunden, die kein Wort mehr heilt. Die Liebe des Königs ist ebenso beglückend wie verletzend; so oft ihm die Träne der Erschütterung ins Auge tritt, so oft kommt auch der Spott über seine Lippen; tief reichen die Worte der Empfindung; bis ins Innerste, verzehrend und zerstörend, dringt sein Spott. Er selbst ist gespalten bis in die Wurzeln seines Wesens, der Wille allein, das Amt, das er mit widerstrebenden Kräften ergriff, einen seine Natur; weicht die Spannung, so befehdet er sich selbst, und der Feind aus der Tiefe verheert all die stillen Gärten des Glücks, in denen er wohnen wollte.

Jordan, der Freund, den man den »sanften« nannte, spürte das Verletzende in den Scherzen wohl, die wie spielende Lichter beginnen und endlich brennen wie Flammen; zwischen Hohn und Herzlichkeit schwankt die Freundschaft mit Algarotti; Knobelsdorff, der nicht scherzend zu erwidern weiß wie Franzosen und Italiener und in der Kunst dem Ernste dient, den der König nur gelten läßt im Amte und im Leben, überwindet die Kälte des Freundes nicht: er ist ein gebrochener Mann, da er nach einer letzten Aussprache eilig heimfährt aus Sanssouci und sich auch von dem Jäger, der ihm nachgesandt wurde, nicht mehr zurückrufen läßt; mit Voltaire verbindet das Zerstörende des freien Geistes fester als das gemeinsame Ideal: er und der König sind einig in einem Triebe, der sie trennen muß; denn der Spott kennt keinen Zügel, er wendet sich gegen die Spottenden selbst und braucht nun seine geschliffensten, giftigsten Waffen: sie kennen einander bis in den

Grund, wo kein Freundeswort mehr gilt und der ewige Haß der Geistigen flackert; denn endlich ist es der Geist, der trennt, und das Herz allein, das verbindet. Seydlitz weiß zu erwidern und wird darum gemieden. Der Marquis d'Argens, den der König während des Siebenjährigen Krieges in die geheimste Not seiner Seele blicken läßt, muß die Bitterkeit dieser Freundschaft immer aufs neue überwinden: er bleibt tagelang gekränkt in seinem Zimmer, ungeachtet der Briefe, die ihm der König schickt; dann erscheint er wieder vor Friedrich, wird besiegt, beglückt, in Bewunderung fortgerissen – und verletzt; er verläßt Potsdam, aber unterwegs schon, auf der Reise nach Frankreich, fühlt er Reue; er schreibt, und bereits auf der nächsten Poststation wird er einen jener Briefe erhalten, die er in Ehrfurcht, bei geschlossener Tür, mit entblößtem Haupte liest. Im Garten von Sanssouci wollte er begraben werden; doch er stirbt auf seiner dritten und letzten Flucht in der Provence; ihm wie Algarotti, der in Pisa starb, setzt der Freund einen Denkstein. Inniger ward wohl nie die Freundschaft ersehnt als von Friedrich; kälter wohl nie getötet als von ihm; und beides erst, Sehnsucht wie Zerstörung, der schaffende Widerspruch, bestimmt sein Bild.

August Wilhelm, der Thronfolger und Bruder des Königs, fühlte in unmittelbarem Sinne den »Schreckensblick«, von dem die Generale sprechen. Vergebens bat er zu Anfang des Siebenjährigen Krieges um ein Kommando; Kolin wurde geschlagen, und auch der Prinz von Preußen gehörte zu den Offizieren im Kreise des Prinzen Heinrich, die harte, spöttische und vielleicht auch schadenfrohe Kritik an dem königlichen Feldherrn übten. Auf dem Rückmarsch erhält der Prinz ein Kommando: er soll mit zwanzigtausend Mann das Magazin in Zittau und den Weg nach Schlesien decken. Während der König der Elbe folgt, zieht der Thronfolger über Jungbunzlau, das er aufgeben muß, nach Böhmisch-Leipa zurück; drei Wochen lang hält er sich hier, der Armee des Prinzen Karl, vierfacher feindlicher Macht gegenüber. Der König, der in Leitmeritz steht, will Böhmen noch nicht aufgeben, der Prinz soll bereit sein, ihm zu Hilfe zu kommen, falls die Hauptarmee des Feindes sich gegen ihn wendet; inzwischen aber greifen die Österreicher Gabel an, das den Weg nach Zittau beherrscht. Was soll August Wilhelm tun? Soll er die geringe Besatzung von Gabel verstärken und auf jeden Fall Zittau retten; soll er sich in der Nähe des Königs halten, der Böhmen nicht verlassen will? Es ist der Augenblick, da aus dem Vollstrecker empfangener Befehle ein General, aus dem Gehorchenden ein Gebieter werden soll; da der verantwortende Einzelne entscheidet. Der König erwartet die Initiative dessen, der aus der Mitte der Situation sich vor sich selbst entschließt; aber August Wilhelm vermag nicht zu handeln. Er fragt den Bruder um Rat und bekommt keine Antwort; er beruft den Kriegsrat ein und muß ihn verschieben, da der General Winterfeldt, den ihm der König beigeordnet hat, nach einem Erkundigungsritt sich wegen Müdigkeit entschuldigt; die vier Bataillone, die Gabel gegen unüberwindliche Übermacht verteidigen sollen, ergeben sich; August Wilhelm, der den Spott des Königs schon bitter fühlte, als er Jungbunzlau aufgab, entschließt sich nun doch, Zittau zu verteidigen. Er wählt einen Umweg, um dem Feinde auszubiegen, der ihn umgangen hat; in fünf Tagen legt er nur fünf Meilen zurück: da ein Heer unfehlbar die innere Kraft seines Feldherrn spürt und von ihm allein sein einigendes Leben erhält, wirkt sich die Unsicherheit des Prinzen vernichtend aus: Tausende desertieren, die Bagage muß verbrannt werden; Flammenschein verkündet, daß der Feind Zittau genommen, die Magazine zerstört hat und der Marsch vergeblich ist.

Bei Bautzen kommt der König in das Lager der unglücklichen Armee, Prinzen und Generäle zittern; der Thronfolger reitet, geleitet von seinem Stabe, auf den Bruder zu. Aber Friedrich wendet sich ab und den Fourierschützen zu, denen er Anweisung gibt, sein Lager abzustecken; eine gute Viertelstunde wartet der Prinz, dann gelingt es ihm, seine Meldung vorzutragen, der König hört sie schweigend, kaum lüftete er seinen Hut. Da er sich abkehrt, schickt er seinen Adjutanten zu den Generälen des Prinzen hinüber: sie alle hätten verdient, daß ihnen der König den Kopf vor die Füße legen ließe. In August Wilhelm brennt die Schmach; er legt sein Kommando nieder und reitet nach Bautzen; dort trifft ihn der vernichtende Brief des Bruders: »Ihr unschickliches Betragen hat meine Umstände zerrüttet. Nicht die Feinde, sondern Ihre übel gewählten Maßregeln sind es, die mir alles dieses Unglück zuziehen.« Ob der Prinz, da er nach Berlin wolle, die Absicht habe, den Feiglingen im Heere ein Beispiel zu geben oder demnächst mit den Frauen in eine Festung zu fliehn? August Wilhelm geht nach Dresden; noch zehn Tage nach der Begegnung kann er keinen Schlaf finden; er ist »niedergedrückt und schwach«; die furchtbaren Worte des Bruders, die das Heer durchdringen, verhallen in ihm nicht: »Wenn ich mich nicht beeile, werde ich meinen Bruder nicht mehr treffen; ich glaube, sie werden bis Berlin laufen.« »Kommandieren Sie einen Harem, wohlan; aber solange ich lebe, werde ich Ihnen nicht das Kommando über zehn Mann anvertrauen.«

Über Torgau und Leipzig kommt der Gebrochene nach Berlin, wo der Hof sich von den Erregungen seiner Flucht wieder erholt; die Kunde seines Unglücks ging dem Prinzen voraus; inzwischen sind die Schlachten von Roßbach und Leuthen geschlagen: andere gewinnen Ruhm. Vergebens bemühen sich die Schwestern, den Thronfolger zu trösten: Wilhelmine, die, schon von unheilbarer Krankheit gebeugt, sich den Tod wünschte nach der Schlacht von Kolin, und Ulrike, die in Schweden das Ende des Vaterlandes kommen sah: Worte und Ratschläge vermögen nichts mehr über den Geschlagenen; er sucht zurückzukehren in sein einstiges Leben, wieder erscheint er unter Menschen in den hellen Sälen, blaß und schweigsam, liebenswürdiger und sanftmütiger noch als früher, aber rasch wieder zurücksinkend in seinen Gram. Dann liegt er tagelang fiebernd in seinem Zimmer, Schmerzen zerrütten seinen Körper, gegen die es kein Heilmittel gibt. Denn dies »ist kein Streit unter Brüdern«: seine Ehre ist angegriffen; die Armee kennt seine Schmach. Vielleicht stellen die Waffen sein Ansehen wieder her, vielleicht wünscht er sich auch nur seinen Tod: er versucht in Pommern als Freiwilliger ohne Kommando zu dienen, aber der König läßt es nicht zu; Gerüchte gehen am Hofe um, daß Friedrich seinem Bruder für den Fall seines Ungehorsams mit der Festung Spandau gedroht habe. Freilich, August Wilhelm hat auch jetzt seine Verteidiger, und er selbst bricht, aus stummem Kummer erwachend, in leidenschaftliche Vorwürfe aus gegen den »großen Mann«, der so von sich eingenommen sei, daß er sich nicht raten lasse und, sobald das Glück umschlägt, seine Finger aus dem Spiele ziehe und die Schuld werfe auf Unschuldige; ja des Königs Feinde aus dem Kreise des Prinzen Heinrich wollen wissen, daß Friedrich aus Haß auf den Bruder, der ihm folgen soll, diesen mit Absicht in die Zittauer Katastrophe getrieben habe.

August Wilhelm wird nicht schweigen; er wird schreiben und sich rechtfertigen, sobald seine Gesundheit nur wiederkehrt; aber das Gift des Hohnes sitzt ihm im Herzen; er hat in die »tödlichen Augen« gesehn; keine Rechtfertigung, kein Widerspruch nehmen die Worte aus der Welt, die einmal gesprochen wurden. Er geht nach Oranienburg, das weite melancholische Schloß, wo zu Friedrichs I. Zeiten die Fontäne sprang im Treppenhaus, bis Friedrich Wilhelm in wenigen Tagen die Pracht vertrieb; dort sucht er mit seinen Büchern und mit nichtigen Geschäften zu leben, Handwerker mit kleinen Arbeiten beauftragend in Schloß und Garten, während draußen der Krieg forttobt um das Dasein des Staates, den er einmal beherrschen soll. Er glaubt hier als Weiser seine Tage verbringen zu können; aber schon ein Brief Ulrikes, die ihm vorstellt, daß sein Ruf durch seine Untätigkeit leide, und ihn bittet, die »Lebhaftigkeit« seines Bruders zu vergessen, erhitzt ihn so, daß er sich zu Bett legen muß. Friedrich liebe ihn, meint die Schwester; ach, sie kennt den Charakter dessen nicht, von dem sie spricht; sie weiß nicht, daß August Wilhelm seine Ehre eingebüßt hat und keine Möglichkeit haben wird, sie wiederzugewinnen – solange Friedrich lebt. Er wünscht nichts, als dem König nie mehr vor Augen zu kommen; er und Friedrich können nicht zu gleicher Zeit leben; August Wilhelm hat keinen Wunsch mehr, als sich »zu verzehren«. Warum noch darüber sprechen? Andere werden es nicht verstehn, und er selbst »kann nichts anderes denken«.

Amalie, die Schwester, kommt an das Sterbebett des Geschlagenen; aber das Geschlecht, dessen Bestimmung es ist, die Macht zu tragen, ist gänzlich zerteilt; in ihm finden auch die Sterbenden keinen Trost. So kommt es zum letztenmal zum Streit; dann, in dem kleinen dunkeln Zimmer, umgeben allein von Menschen, »die er nicht sehen mochte«, stirbt der Thronfolger: kein König, kein Feldherr, aber ein Mensch doch, dem das Leben nichts galt ohne seine Ehre. Er hat sich verzehrt, wie er wollte, nachdem ihn im Lager von Bautzen die Worte getroffen, die, furchtbarer als die Zornausbrüche und derben Scheltworte Friedrich Wilhelms, mit ätzender Schärfe in das Mark des Lebens drangen, es zu vergiften.

Während der unglücklichen Belagerung von Olmütz, die ihn um den Gewinn seiner letzten Siege bringt, empfängt der König die Nachricht vom Tode des Thronfolgers. »An welcher Krankheit ist denn mein Bruder eigentlich gestorben?« fragt er den Überbringer, den Major von Hagen. Dieser, der Adjutant des Verstorbenen, ist kühn: »Der Gram hat dem Prinzen das Leben verkürzt«, erwidert er hart. Friedrich kehrt dem Major den Rücken, ohne zu antworten; bei der Beförderung, auf die Hagen als Adjutant eines verstorbenen Generals Anrecht hat, wird er übergangen; er muß in sein Regiment zurück und fällt vier Jahre später bei Burkersdorf.

Aber wenige Stunden darauf findet Catt, der Vorleser, den König, wie er, den Kopf in die Hand gestützt, mit tränenüberströmtem Gesicht sich seinem Schmerze überläßt. Friedrich kann nicht enden mit Klagen, mit der Beteuerung, wie sehr er seinen Bruder geliebt. Ach, alle Verluste sind zu verschmerzen: nur diese des Herzens nicht; was vermag nun die Philosophie, was die Vernunft: sie sind machtlos vor dem Gefühl. Der König eilt endlich ins Freie, draußen auf einem einsamen Ritt sich seinen Gedanken zu überlassen; am Abend und an den folgenden Tagen kämpft er vergeblich gegen seinen Gram: er sieht im Traume den Vater, August Wilhelm und die Markgräfin an der Hand, über die schon nach wenigen Monaten der Schatten des Todes kommen wird; er sucht sich aus den Briefen und den Meinungen der Ärzte davon zu überzeugen, daß August Wilhelm an einem Blutsturz starb; er gibt Auftrag, ihn mit allen Ehren zu bestatten. Er beschwört endlich den Rückzug auf Zittau und die Begegnung vor Bautzen herauf; leidenschaftlich verwahrt er sich gegen das Gerücht, daß der harte Verweis, den er an die Generäle gerichtet, auch dem Bruder gegolten habe; er gibt der Umgebung des Prinzen die Schuld, ihm durch Verleumdung das Dasein verbittert zu haben: die Feindschaft der Neider, der Höflinge habe sie entzweit; doch der Schmerz verstummt nicht. Auf dem Rückzug noch, da der Sieger von Leuthen wieder zum Geschlagenen wird, tritt ihm der Tote vor die Seele: warum hat August Wilhelm ihm nicht vertraut an Stelle der andern; warum konnten nicht Friede und Herzlichkeit sein zwischen ihm und diesem Bruder, den er mit ganzer Seele geliebt?

Während der Thronfolger wehrlos erliegt, behauptet sich

Heinrich, der kühlste unter den Brüdern, in der Sphäre der Vernichtung. Er sah den König nach Kolin weinend im Zelte liegen, einen Feldherrn, der nicht nur sein Heer geschlagen wußte, sondern sich selbst; und er genoß, wenigstens in einem Briefe, diesen Triumph: »Endlich ist Phaeton gestürzt, und wir wissen nicht, was aus uns werden soll. Der 18. wird auf ewig für Brandenburg verhängnisvoll sein. Phaeton hat für seine Person Sorge getragen und sich zurückgezogen, bevor noch der Verlust der Schlacht ganz entschieden war.« Aber dem Vorsichtigen, der sich einmal herauswagt mit seinem Haß, begegnet ein Mißgeschick: der Brief, der an Amalie gerichtet war, wird von den Österreichern aufgegriffen und veröffentlicht; es kann keine Täuschung mehr aufkommen zwischen den Brüdern: Heinrich sah den König in seiner Schwäche; dieser weiß von Heinrichs Triumph.

Seine Freunde und einige unter seinen Generälen halten den Prinzen für den Helden des Siebenjährigen Krieges; die Vorwürfe, die in immer stärkerem Maße die Kriegführung des Königs treffen und von den folgenden Jahrhunderten noch wiederholt werden: hier, im Lager des Bruders, haben sie ihren Ursprung. Phaeton fliegt den Siegen zu, ohne auf sein Land zu achten; Ehrgeiz seiner Ratgeber, sein eigener Ehrgeiz entzündeten diesen furchtbaren Krieg, den man wohl hätte vermeiden können. Aber der Verwegene stürzt, der Kühne wird geschlagen und vernichtet; nur der Vorsichtige hält stand. Heinrichs »Stellungen sind Bastionen, seine Märsche Schußlinien«. Die Grundsätze der Befestigungskunde werden zu Grundsätzen seiner Strategie und Taktik. Friedrichs ist der Angriff, die Überraschung, die Unruhe der Wagnisse, das Feuer plötzlicher Entschlüsse; Heinrich unterwirft die Initiative unerbittlicher Berechnung. Mag Friedrich die Hoffnung auf sein Glück noch in die Schale werfen: Heinrich erwartet nichts von seiner Gunst, aber er wird sie zu nutzen versuchen, wenn sie ihm doch zuteil wird. Er sieht allein das mögliche Unglück voraus; das Glück mag dann kommen, wenn es will.

Bis tief in die Nacht kniet der kleine General, die Kerze haltend, auf den Karten, die er in seinem Zimmer ausbreiten läßt. Er kennt Straßen und Dörfer, Wege und Pässe, ein jedes Gehölz und einen jeden Sumpf, den die Karten verzeichnen, er wird nicht müde zu horchen und zu fragen; tritt er den Marsch an, so zieht er durch schon bekanntes Gelände, dessen geringsten Vorteil er sich dienstbar macht. So führt er nach der Schlacht bei Hochkirch in überraschender Schnelligkeit die Verstärkung am österreichischen Lager vorüber; so behauptet er Dresden gegen furchtbare Übermacht, gewinnt er, in engstem Bunde mit dem Gelände, die Schlacht von Freiberg.

Er ist ein Meister des Krieges, den er verabscheut. Fremde sind betroffen von der »humanité«, die Heinrich selbst für die Feinde zeigt. Auf dem Schlachtfeld fordert er die Soldaten auf, ihre Gegner zu entwaffnen, nicht zu töten. In dem feindlichen Sachsen ist er so beliebt, daß er daran denken könnte, dort im Falle eines Umsturzes eine Zuflucht zu suchen. Denn er traut Friedrichs Kraft wie seinem Glücke nicht; er hat die schwersten Bedenken gegen Friedrichs Politik. Die Allianz mit Frankreich allein kann Preußen retten; der Krieg mit Frankreich ist Preußens Ende.

Ist er selbst zum Führer geboren? Einmal, nach der Schlacht von Kunersdorf, scheint an ihn die höchste Forderung zu kommen. Er steht mit seiner Armee im Lager von Dürings-Vorwerk; Tage, Wochen vergehn, ohne daß sie eine Nachricht vom König bringen. Durch das Lager laufen die schlimmsten Gerüchte: Friedrich sei geschlagen, er selbst gefallen; der Feind auf dem Marsch nach Berlin. Der Prinz zeigt unerschütterte Ruhe; aber diese Ruhe macht nur noch unruhiger, ein jeder hält sich für verloren, wenn Friedrich nicht mehr ist. Wie? Es sind die Generale um den Prinzen, die in ihm den Helden des Krieges verehren: und doch fühlen sie sich nicht gesichert unter seinem Befehl? Hat er keine Verdienste, sein Leben nicht eingesetzt? Sprang er nicht in der Schlacht bei Prag seinen Leuten voraus in den Graben? Und doch scheint niemand bereit, den Führer in ihm zu erkennen.

All seine Klugheit, seine Menschlichkeit, die vermittelnde Liebenswürdigkeit; seine Strategie selbst, wenn sie auch der des Königs überlegen wäre: sie vermögen es nicht, dem Heere das innere Leben zu geben, dessen es bedarf. Sein Wort zündet nicht; seine Geste bezwingt nicht; sein Anblick reißt nicht fort; er versteht es nicht, einsam und dennoch allen nah zu sein; am Feuer noch, vor einem kochenden Soldatenweib, Majestät zu sein, allgegenwärtig im Heere, unerreichbar und doch Alle entflammend. Von ihm geht das Letzte, Unaussprechliche nicht aus, das den Menschen zur Gefolgschaft ohne Besinnen überwindet; er verfügt über den Befehl nicht, der kein Warum und Wozu mehr aufkommen läßt, weil der Mensch Unwidersprechliches fühlt in einer menschlichen Stimme. Heinrich erlebt keine Katastrophen, da er auch den höchsten Sieg des Einzigen über die Umwelt nicht erlebt; er mag seine Regimenter besser erhalten als der König und bleibt ihnen doch das Feuer schuldig, das die Scharen erst zum Heere, den Einzelnen zum Überwinder macht und alle Sorgen um Erhaltung und Untergang, um Glück und Leiden vergessen läßt.

Der Kritiker wird diesen Unterschied nicht ergreifen, der Neider nicht anerkennen; es ist keine Gemeinschaft zwischen den Brüdern. Im Frieden lebt der Prinz in Rheinsberg jenen langen Abend, der sich über des Bruders Tod hinauserstreckt bis gegen das Ende des preußischen Staates. Seltsames Dasein zwischen Idyll und Macht! Wieder klingen die Instrumente in den Sälen verglühter Jugend: der kleine ergraute Mann mit den starren Augen übt pedantische Kunst. Er malt; er bemüht sich, aus einem Drama Voltaires eine Oper zu machen; obgleich er nur eine einzige Sprache, die französische, spricht und versteht, so ist er doch nicht sicher genug: wie in Sanssouci muß auch hier ein Franzose die Verse des Schloßherrn korrigieren. Da es ein Besucher einmal wagt, von schönen deutschen Versen zu sprechen, erregt er die höchste Verwunderung des Prinzen: »Schöne deutsche Verse? Hat man jemals deutsche Verse gemacht?«

Von Liebe freilich tönen die seinen nicht, so wenig wie die des Bruders: er feiert die Freundschaft. In Berlin lebt die Prinzessin, die für hübsch galt in ihrer Jugend; kommt er selbst nach der Hauptstadt in das große Palais, so wohnt er unter demselben Dache, ohne sie zu sprechen; 35 Jahre vergehn den Gatten im Schweigen. Auch er sucht nach nichtigen Dingen, die Zeit zu erfüllen, die doch ohne Inhalt bleibt: er baut ein Theater, er gründet Fabriken in Rheinsberg, er schmückt seinen Park mit Urnen und Denkmälern. Wie der Bruder liebt er das Gespräch, und wie in Sanssouci, so will auch hier die eine große Frage des Seins nicht schweigen: nach Unsterblichkeit. Zwar der Prinz ist überzeugter Materialist, nichts ist gewisser als die Nacht, sobald der Stoff zerfällt; und überdies darf der freie Schloßherr von Rheinsberg das Christentum verachten, da er kein Beispiel geben muß, wie der König es – sollte; aber welch ein sonderbarer Gedanke: die Unsterblichkeit! Klug ist es, das Leben zu genießen und mit allen Künsten zu verlängern: aber welch ein unergründliches Thema, die Seele und das andere Reich!

Indessen: was ist das alles! Phaeton schreibt; er holt »modestement« einen Ratschlag ein: doch nur, um ihn zu verlangen und nicht zu befolgen. Ein Bote bringt Früchte aus den Treibhäusern zu Sanssouci mit einigen freundlichen Zeilen; auch verlautet es, daß man dort noch immer den Geburtstag des Prinzen Heinrich feiere als einzigen großen Festtag des Jahres, da auch Friedrich dem Zeremoniell sich fügt; steht nicht eine vom König gestiftete und unterhaltene Ehrenwache von vierundzwanzig Husaren vor dem Schloß; spricht man die Worte nicht nach von dem Feldherrn ohne Tadel?

Und doch: der Ruhm ist nichts; alles die Macht. Als man in Polen daran dachte, den Prinzen zum König zu wählen und einen Gesandten nach Preußen schickte, gelangte dieser nicht bis nach Rheinsberg. »Sind Sie bei meinem Bruder gewesen?« fragt der König den Woywoden. – »Nein.« – »Nun, so befehle ich Ihnen, sogleich wieder abzureisen, ohne ihn zu sehen.« – Phaeton gehört keineswegs zu den Menschen, welche die Welt beglücken. Schlimmer noch ist, daß er durch seine falsche Politik den Staat zerstört, den die Väter geschaffen; daß er Unrecht auf sich lädt, das sich rächen muß. Preußen wird untergehn, die Familie alles verlieren: wohl dem, der sich retten kann! Heinrich wird sich ein Haus kaufen in Paris.

Aber auch er weiß sich zu rächen. Er ersinnt ein Denkmal zu Ehren der wahren Helden des Siebenjährigen Krieges: es soll sich erheben am andern Ufer des Sees, dem heitern Schloß gegenüber, in dem Friedrich zu herrschen und zu irren begann. Den Namen des Unglücklichen von Oranienburg, den der Ehrgeiz der Günstlinge verdarb, die Kälte des Bruders tötete, soll es an erster Stelle tragen; dann die Namen derer, die sich echtes Verdienst erwarben, ob nun königliche Huld sie lohnte oder nicht. Friedrichs Name wird nicht auf dem Obelisken stehn.

Doch wird die Zeit sich nicht ändern? Muß nicht endlich einmal das Zepter aus den Händen sinken, die es vierzig Jahre hielten? Dann, wenn August Wilhelms Sohn den Thron besteigt, wird man sich Rat holen müssen in Rheinsberg, und nach Jahrzehnten des Wartens kommt spät, und doch niemals zu spät, die Zeit der Tat. Der König ist krank; sein Wille, der mit beispielloser Härte die Nächsten und Besten verdrängte, um die Macht allein zu umklammern, muß endlich brechen; dann gilt es zu retten, was noch zu retten ist. Die Pläne sind tausendmal durchdacht; es bedarf nur wieder des Hufschlags auf der Brücke von Rheinsberg.

So sind die Freunde, die Brüder von ihm getrennt; halb ist es Schuld, halb Schicksal; zur Hälfte fordert er selbst die Trennung heraus, zur Hälfte fordert sie das Amt, das ihn auch von der Schwester Ulrike, der schwedischen Königin scheidet, kurz nachdem er sie seit fünfundzwanzig Jahren zum erstenmal wiedergesehn; der Umsturz in Schweden, dessen Plan sie ihm nicht verriet, macht sie zu Gegnern, doch die Königin ist zu dem Kampfe entschlossen, den sie nicht gewollt: »Ich werde überall sein, wo Deine Schläge fallen; Du wirst den Platz [Stralsund] einnehmen, ich zweifle nicht daran, aber nur um den Preis meines Blutes.«

Aber endlich werden Schuld und Schicksal eins im Wesen des Menschen; ein jeder hat nur eine einzige Möglichkeit zu sein: weicht er von ihr ab, muß er sterben; gehorcht er seinem Gesetz, so findet er wenigstens seinen eigenen Tod. Denn auch das Gesetz treibt den zum Ende, der, als der einzige, nicht in die Gemeinschaft geboren ist, sondern aus aller Gemeinschaft herausgestellt wurde unter seinen Dienst; unter sein Ich, das er vollendet in seinem Königtum. Wie er sich nicht selbst gehört, so auch das Geschlecht nicht, das die Macht lebendig vertritt und Einheit und Gedeihen darüber verliert; alle seine Glieder sind im geheimen gegeneinander empört: der furchtbare Auftrag der Macht zehrt alles Menschentum auf. Und doch: sie können nur noch Könige und Prinzen, Mächtige und solche sein, die nach der Macht verlangen; darüber bleibt ihnen allein das Nichts, und all das Glück, das sie sich sorgsam erbauen in Oranienburg und Rheinsberg, in den Eremitagen bei Bayreuth, Braunschweig und in Schweden: es ist nur Trug, wenn es nicht beglänzt wird von der Macht.

In weitester Ferne von dem Einzigen lebt die Frau, die das Schicksal einstmals an seine Seite riß: Elisabeth Christine.

Einmal, während des Siebenjährigen Krieges, wagte sie es, nach Sanssouci zu fahren: sie sah den Park mit den unzähligen Hermen und Figuren, und oben das kleine Schloß, in dem die Tage und Jahre des ersehntesten Lebens verrinnen sollten: unerreichbar für sie. Lange schon gelangt zu ihr kein Wort, kein Brief des Königs mehr; als ihre Brüder fielen, in seinem Heere, für seine Sache, gedachte er ihrer kaum; sie wünscht sich noch einmal nach Braunschweig zurück, in die Stadt ihrer Kindheit; aber sie wagt nicht zu bitten. Ewiger Herbst in Schönhausen, dem kleinen, armen Schloß, das der König nie betritt! Sie findet sich nicht leicht darein: auch in ihr wallt die rasche Hitze ihres Geschlechtes auf; niemals wird sie ganz, was ihr Name ihr zu sein gebietet, eine Königin. Freilich wurde ihr der Rang lange verweigert, den sie beanspruchen durfte; erst der Tod der Königin-Mutter erhob sie zur ersten Frau des Hofes, aber auch jetzt fügt sie sich nicht in ihr Amt. Schon bei den Trauerfeiern verriet sie ein seltsames Ungeschick; sie fühlte ihre Schwäche und brauste auf, und nun, da ihr ein Kammerherr mit dürren Worten ihre Heftigkeit vorwarf, wußte sie nichts zu erwidern. »Es ist nicht schön von Ihnen, sich so zu benehmen, wenn Sie Befehle erteilen, um so weniger, wenn Sie es mit Leuten von Stande zu tun haben, mit denen man gewöhnlich in vornehmerer Art verkehrt.« Sie hörte es; sie schwieg; ja sie mochte schon in kurzem bereit sein, sich zu entschuldigen.

Aber hinter diesem Mißgeschick einer Frau, die in schwierigster, gefährlichster Stellung versagt und rasch und ohne daß sie sich wehren könnte, vom Leben abgedrängt wird in ein Dasein ohne Wirkung, fast ohne äußeres Ansehen, verbirgt sich der Adel einer Seele, die ihren Weg findet und ihn unbeirrbar geht. Sie sitzt mit ihren Büchern in dem kleinen Gehölz im Park, sich an ihrer Einsamkeit, an dem stillfließenden Wasser und den Nachtigallen zu erfreuen; immer inniger wird die Versenkung; je mehr ihr die Welt versagt, um so reicher wird ihre Seele. Die Frau des zweifelnden, spottenden Königs glaubt aus tiefstem Herzen; und so versucht sie auf ihre, auf die edelste Weise, ihre Untertanen zu beschenken, für die sie so wenig tun darf [kaum daß sie einmal im Garten ein Fest zurichten kann für ein junges Paar oder ein wenig sorgen für die Armen ihres Gutsbezirks]. Aber sie übersetzt, nicht ohne

Mühe, ein Buch in das Französische, dessen Titel schon ihr ganzes Leben und ihren Trost enthält: »Der Christ in der Einsamkeit«. Sie wagt sich mit kleinen helfenden Schriften hervor; denn etwas hat sie vielleicht zu sagen, was der König mit all dem bewunderten Glanz seines Gedankenspiels nicht zu sagen vermochte: eine Wahrheit, die von unendlichem Leiden erprobt wurde; ein gerade jetzt notwendiges Wort. Sie weiß es, daß die Vorsehung regiert über die Geschicke der Welt und nicht nur über sie, sondern über das Geschick eines jeden, wie gering es auch sein mag; nein, der Zufall vermag nichts auf Erden; allmächtige Güte lenkt das kleinste Dasein: der Gang ihres eigenen Lebens hat ihr diese Wahrheit gelehrt. Es ist alles gut, was geschieht; von allen möglichen Losen wurde ihr, wie einem jeden, von ewiger Weisheit das beste zugeteilt; es war nicht möglich, ein besseres zu finden; und was immer kommen mag: es geschieht ganz unfehlbar zu ihrem Heil. Ein jedes Ereignis deutet hinüber auf die Ewigkeit; auf dunkeln und wunderbaren Wegen wird der Mensch geleitet zu seiner Bestimmung, über die Erde hinaus; wer aber diese Entdeckung nicht gemacht hat und im Zeitlichen nicht schon in der Ewigkeit lebt, der wird das unseligste, unruhigste Wesen auf Erden sein. Ob sie hoffen darf, daß diese stillen Betrachtungen zum Beginn des neuen Jahres 1777 in die Hände dessen gelangen, für den ihre Gebete am innigsten flehn? Sie ist bereit, sich in alle seine Wünsche zu fügen, seinen Gedanken zu folgen; – er selbst ist ja gut, nur seine Ratgeber sind ihm zum Unheil; im Glauben aber erlangte sie eine Gewißheit, die auch der Meinung des Bewunderten trotzt: denn ihr Leben selbst tritt aus dem ganzen Gewicht ihres Leidens, Hoffens und Findens dafür ein.

Sie hört von einer Rede, die der König verlesen ließ in der Akademie und bittet einen Professor sofort um das Manuskript; sie erinnert sich, daß in der Umgegend Schönhausens einstmals Wald gestanden, der durch die Kriege verwüstet wurde, und ersucht den Minister, Schonungen anlegen zu lassen: bei den Artillerieübungen kommt der König dort draußen vorüber; er wird sich freuen, wenn der Wald wieder aufersteht aus dem Sand. Ob sie auch in zwölf Jahren keine Zeile des Königs erreicht und er, bei den öffentlichen Begegnungen in Berlin, ihr nur stumm die Ehre ihres Standes erweist; ob es selbst Zeiten für sie gab, da sie von einem Gewinn in der Lotterie Hilfe für ihren bedrängten Hausstand erwarten mußte: der Schimmer jener vier Rheinsberger Jahre, da sie am Leben Friedrichs beglückenden Anteil hatte, in seiner Nähe zum mindesten, wenn auch kaum an seiner Seite, läßt eine unverlöschliche Dankbarkeit in ihr zurück; und niemals vergeht die liebende Ehrfurcht vor dem Einzigen.

Beim Ausbruch des bayerischen Erbfolgekrieges sucht sie es dem Volke zu sagen, was es ihm schuldet, wie der König es liebt; und wieder kommt sie zu dem liebsten Gedanken zurück, daß die Vorsehung alle Schicksale bestimme. Da nichts Großes geschehn kann ohne den Willen Gottes: so hat Gott auch diesen König gesandt, der nicht seinesgleichen hat; und es ist, als ob in den einfachen Worten der vereinsamten Frau sich ihre heimlichste Sorge, ihr schönster Trost verraten wollten; wie es immer bestellt sein mag um den Glauben Friedrichs: gewiß ist, daß er unter der Gnade Gottes steht, auch wenn er diese Gnade nicht erkennen will. Sein Büste steht in ihrem Zimmer; sein Bild leuchtet von der Wand; es schimmert, in Brillanten gefaßt, auf ihrem Ring, auf der Nadel, der Dose: dies sind die kostbarsten Güter, die sie einst zu vergeben haben wird. Draußen vor den Fenstern fliehn die langen Alleen ihres Parks in die verschlossene Weite; sie aber hat hier schon gefunden, was Friedrich nicht erringt in Sanssouci, was Heinrich in Rheinsberg vergeblich spottend und verachtend sucht: die völlige Gewißheit des andern Lebens, den Frieden und den Trost und mit ihnen alles erwünschbare Glück.

Doch wie könnte sie glauben, daß ihr stilles Bekenntnis zu ihm dringt? Ihm bleiben Bilder und Denksteine nur: Grabmäler seiner Freunde, der Wünsche jener Zeiten, da er sich nicht darein schicken konnte, nur König zu sein, und es versuchte, auch als Mensch zu leben. Unter den Bäumen seines Parks schwingen sich die Säulen in heiterm Rund; sie tragen die Bilder derer, die groß und unsterblich wurden durch Freundschaft und spätesten Geschlechtern noch mit ihren untrennbaren Namen ein Zeichen höchsten menschlichen Glückes ließen: Orest und Pylades, Nisus und Euryalus, Theseus und Peirithous; in der Mitte des Tempels aber thront Wilhelmine, das Auge ins Weite gerichtet: sie, die der Götterlose zur helfenden Göttin sich erhob in der furchtbaren Nacht seines Daseins.

Ihres empfindsamen Herzens müde, wünschte sie sich früh schon, zu Stein zu werden und als schöne Statue zu stehen im Parke zu Rheinsberg: Stein ist alles geworden, was einstmals drängte und hoffte in ihrer beider Leben.

Hinter den Säulen und dem Gezweig leuchtet das Neue Palais: feierlich und doch leicht; königlich und doch in der warmen Farbe des Steins. Die erste Sonne des Tags fällt auf die stillen Pilaster, die geflügelten Engel, die alle Schwere zum Spiele machen, die Kuppeln zur Seite, von denen die Adler siegesgewiß steigen, die Kronenträgerinnen in der Mitte und den Götterreigen auf dem Dach: hier, in reich gegliedertem Bau, der keine Last empfinden läßt und doch majestätisch ruht auf der Erde, müßte auch ein König Heimat finden. Aber was sind diese Gemächerreihen, diese Bauten und ihr Zusammenklang? Formen für andere, die zu sehn begehren; tote Prunkstücke für die Welt. In den Zimmern wohnt das unwandelbare Schicksal des Einen, an dessen Schritt sich kein fremder Schritt gewöhnte; dessen Natur es bestimmt war, zu zerstören oder zu verbannen, was sie am innigsten wünschte. Hunde nur begleiten ihn zu dem Tempel des erhofften, des unmöglichen menschlichen Lebens; Hunde teilen mit ihm diese letzte Zeit, die nichts mehr bringen kann. Da er einzig ist in der Tat, so ist er auch einzig im Leiden; ein jedes Werk wird ehrlich mit einem Schicksal erkauft; und einzig, ohne Götter und Tröster zu sein, ohne reinen Widerklang eines reinen Worts: dies war der Preis seines Tuns und endlich auch des Namens, den die Welt für gleichgültigen Ruhm erfand und für das Leben, das er verbirgt.

VI. Untergang

Im Herbst 1785, zu Neisse, hält der König die letzte Revue. Er sitzt im strömenden Regen ohne Überrock und Mantel auf dem Pferd, ein kleiner Mann mit »mumienartigem Gesicht«; die Fremden, die, wie es Gewohnheit wurde, nach Schlesien gekommen waren, die preußischen Manöver zu sehn, lassen sich zum guten Teil abhalten vom Wetter, indessen der König in alter Meisterschaft die Linie richtet. Es ist, als bemerkte er den Regen nicht; kaum drei Gewehre eines Bataillons geben noch Feuer, aber der Mechanismus der Übung stockt nicht. Die Befehle tönen eisern fort, die Züge schwenken in die Linie, ziehen und stehn. Freilich, dem König ist es nicht mehr um ein Schauspiel zu tun; er ist schweigsam und grämlich; übermenschliche Anstrengung allein hält ihn auf dem Pferd; mit dem Regen, den er nicht zu beachten scheint, dringt die letzte tödliche Krankheit in seinen Körper.

Mancher wird es fühlen, daß dieses der letzte Tag ist, da der König seiner Armee befiehlt; und spürten es selbst alle, nur wenige würden es bedauern. Denn »nichts ist gewöhnlicher, als auf den alten König schimpfen und schmälen zu hören, Nichts macht er Recht . . .« Die Siege, die Not scheinen vergessen zu sein; in dem trüben Einerlei jährlichen Dienstes arbeitet die Kritik an dem Geschehenen und Geschaffenen; was einstmals als Heldentum glänzte, wird nun als Fügung des Zufalls, als fremdes Verdienst erkannt; für das innere Heldentum der Kriege aber treten keine Zeugen auf. Der König lebt in der Ferne; nicht nur die Einsamkeit trennt ihn ab: auch die Zeit scheint stehengeblieben zu sein in seinem Umkreis; die Form erstarrt. Die Revue, die zu bestimmten Tagen nach alten Grundsätzen vollzogen wird, erneuert nicht mehr; Zorn und Lob befeuern nicht; unter dem Mechanismus der Wiederholung erlahmt die Kraft. Was ist groß an Friedrich? Wurde er nicht ebensooft geschlagen, wie er siegte; ja wurde er nicht fast immer besiegt? Stieß er die Besten nicht aus; verdunkelte er nicht das Verdienst derer, die ihm am treuesten dienten? War der bayerische Erbfolgekrieg nicht eine militärische Niederlage? Verdrossen taten Generale und Offiziere ihren Dienst;

niemand glaubte mehr an die Tat, den Sieg; die Ordnung, die den Heeren Europas, ja selbst den päpstlichen Truppen, zum Vorbild geworden war, zerfiel unter aller Augen an ihrem Ursprung. »Alles ist mechanisch geworden«, sagt Prinz Heinrich zu den Seinen, ohne ein sonderliches Geheimnis aus seiner Meinung zu machen: »Keine Köpfe! In dieser Beziehung sind wir äußerst heruntergekommen. Das ist die Wirkung des Despotismus; das ist die Wirkung der schlechten Beispiele, die eine ganze Nation verderben.« – Und der König, der unter stechenden Schmerzen sich aufs Pferd zwingt, fühlt es in leidenschaftlich ausbrechendem Zorne selbst, daß ihm sein Heer entgleitet: »Wenn ich Schuster und Schneider zu Generalen machte, könnten die Regimenter nicht schlechter sein.«

Aber auch jetzt, da eine vierzigjährige Spannung sich löst und Gewordenes wieder zerfällt, sind sie einig, der König und sein Heer. Denn sie haben dasselbe Schicksal der Erstarrung, des Vergehens; Heere überleben ihre Führer nicht. Sie werden, sie gipfeln und sterben mit ihnen; lebendiger Ausdruck eines Einzigen, der die Form von Hunderttausenden bestimmt, sie kraft seines einmaligen Wesens eint und die Vereinten durch sein Leben belebt. Das Heer Friedrich Wilhelms spiegelte seinen Schöpfer tausendfach, so wie das Heer Friedrichs den seinen; nur Mittel und Möglichkeiten werden von dem Erben übernommen: der geschulte Wille vor allem, der ein neues Siegel tragen soll. Das Eigenste aber, das der Feldherr zu geben hat: das Feuer des Geistes, das im Angriff und Widerstand entscheidet, ist sterblich wie er; es will immer aufs neue aus seinem Leben genommen sein; und nur das Beispiel bleibt. Wie die Münze, so trägt das Heer, dasselbe und ewig umgeprägte Metall des Willens, das Bild des Königs; und es gilt, was er gilt.

Die Spötter und Tadler, die ihn vor den Reihen reiten sehn im Regen, sie haben doch alles von ihm empfangen, was sie zu Soldaten eines großen Heeres macht: von ihm kam der Mut zur Tat, den der Vater nicht finden konnte; von ihm die Verwegenheit, dem Nichts sich auszusetzen, um das Notwendige zu erkämpfen; von ihm der Entschluß, zu überraschen und anzugreifen in der ersten Frühe des Tages. Dieser Plan: immer der Erste zu sein, die Tat dem Gedanken folgen zu lassen in unwiderstehlicher Schnelle: er kam aus Friedrichs Geist; die leidenschaftliche Raschheit der Bewegung ging aus seinem Temperament in die Truppen über: das Vorbild des jede persönliche Regung überwindenden Dienstes kam von ihm. Diesen fiebernden Mut, diese kalte Bereitschaft konnte er allein ihnen geben; ob sie siegten oder geschlagen wurden: sie waren zum Heere geworden und blieben es, weil ein Einzelner, alle verbindend, in ihnen lebte. Tausendfach mit ihm verknüpft müssen sie auch fallen mit ihm; sie müssen sein Verlöschen spüren und selbst ermatten: sie fühlen es, daß nicht mehr die alte, innere Glut, nur noch die Pflicht ihn erfüllt, und erstarren nun selbst in der Pflicht, dem toten Zwang, der nie und nimmer die Form erhält; denn die Form besteht nur von ihrem inneren Leben: dem Kampf der Führer um eigenste Entscheidung, um Nichtsein und Sein, dem Entschluß des gehorsamen und zugleich verantwortlichen Soldaten; der Leidenschaft immer aufs neue umstrittener und erkämpfter Tat. – Wie eisern er sich auf seinem Pferde hält unter den wühlenden Schmerzen aufkommender Krankheit, er wird den Tod nicht niederzwingen in seinem Körper und nicht in seinem Heere, das gleichsam sein zweiter Körper ist, lebend und sterbend mit seinem Geiste.

Er, der einstmals die Zeit leidenschaftlich trieb und ihr schon in den ersten Tagen der Macht ihr mittelalterliches Geräte nahm, ist längst von ihr überholt; in Berlin fährt der alte König wie ein Fürst aus vergangenen Tagen durch die Straßen. Acht Invaliden, die schlecht und recht den Dienst der Läufer versehn, gehen ihm mit Stäben und Federmützen in ihren Läuferschürzen voraus; langsam folgt der Wagen, von acht Pferden in altmodischen Geschirren gezogen, von deren Köpfen die Federbüsche nicken. Der König besucht den Prinzen Heinrich, der ihm hastig über die Treppen des Palais entgegenkommt; oder die Prinzessin Amalie, die, eine gelähmte, gebrochene Frau, zwischen ihren Hofdamen im Portal erscheint. Um ihn bewegt sich ein Leben, das er nicht mehr versteht. Noch gilt der Hofetat des Jahres 1740, da er die Herrschaft antrat, ob auch die Preise inzwischen fast auf das Doppelte stiegen; noch ist sein Staat von den eisernen Zollschranken umschlossen, die schon Friedrich Wilhelm errichtet hat, ob auch inzwischen der mächtig flutende Handel der Welt an die Tore drängt und die Schmuggler mit immer größerer Fertigkeit die Grenzen durchstoßen. Während das Ansehn der

Macht nur zögernd verglüht, sieht Mirabeau, der kurz vor dem Tode Friedrichs nach Berlin kommt, den nahen Untergang des preußischen Staates voraus. Dieses mit gewaltiger Anstrengung geschaffene Gefüge verfällt: nur die Unterstützung des Königs, der aufs höchste gesteigerte Fleiß des Einzelnen, die Pünktlichkeit der Verwaltung schützen scheinhaftes Leben; allein mit den künstlichen Mitteln immer neuer Astrengung besteht das Gebäude, doch ohne ein festes, natürliches Fundament; ein einziger Sturm wird es »völlig umwerfen«. Nur solange die unerbittliche Initiative des Einzigen in das Volk dringt, wird sich Preußen behaupten; die Herrschaft eines schwachen, trägen oder verschwenderischen Königs muß es unfehlbar in den Abgrund stürzen. Alfieri, ein rebellischer Aristokrat, spricht, nachdem er Auge in Auge vor Friedrich gestanden, mit Abscheu von der preußischen Kaserne, den Uniformen, dem König: »Ich danke dem Himmel, daß er mich nicht als seinen Sklaven zur Welt kommen ließ.« – Da nichts als der Wille, keine Gegebenheit der Natur, diesen Staat ins Dasein rief: so muß er stehen und fallen mit dem Willen, der ihn lenkt.

Wird der König geliebt? Wird er gehaßt? Das Volk umdrängt seinen Wagen, sein Pferd, und ihm selbst sind die Straßen seiner Stadt, ob er sie auch in Jahrzehnten nicht durchritt, unverlöschlich eingeprägt wie draußen die Straßen und Gegenden seines Landes. Keiner, der sein Bild nicht kennt, die Gewalt nicht ahnt, die noch den Gealterten umgibt; wer aber kennt ihn selbst? Der Mann, dessen Lebensgang sich in zwanzig und dreißig Jahren nicht mehr wandelt, dessen Erscheinung immer denselben soldatischen und doch verwahrlosten Anblick bietet: er ist zur Gestalt einer Dichtung geworden, an der das Volk unermüdlich wirkt.

Seltsames Doppelsein des Einsamen von Sanssouci, der zum Helfer und Kameraden, zum abenteuerlichen Helden und fröhlichen Überlister seiner Feinde wird, sobald er zwischen den Häusern und auf den Exerzierplätzen erscheint! Er trat im Schloß zu Lissa grüßend unter die österreichischen Offiziere und machte sich dann durch ein Nebenzimmer und über die Hintertreppe davon; er ließ sich im Frieden in unzählige Abenteuer mit seinem Leibkutscher, der gleich ihm zur Sage wurde, mit Müllern und Predigern ein. Er ist pfiffiger als ein Bauer, gerechter als die Richter, und wird doch zuweilen von Schuljungen beschämt; und wenn auch kein Gebet über seine Lippen kommt, so stützte er doch in der Kapelle zu Charlottenburg das Haupt weinend in die Hände, als er für sich allein das Tedeum spielen ließ nach beendetem Krieg.

Aber während diese Dichtung ihn umrankt und verbirgt, schweigen auch die Feinde nicht. An der Tafel in Rheinsberg führt Prinz Heinrich eine offene Sprache, wenn von den Mißgeschicken und Versäumnissen des großen Krieges die Rede ist »Das will ich ihm sagen, mein Bruder hatte eigentlich keine Courage.« Nirgendwo kann man soviel Schlimmes über den König hören wie in Berlin. Er selbst hält auch die heftigsten Schmähschriften keines Verbotes wert; er lebt im Lobe nicht und nicht im Tadel; er hat an all den Geschichten keinen Teil, die einen zweiten seines Namens und Aussehens in den Straßen und Häusern zum Leben erwecken: ja was bindet ihn endlich an das Volk, für das er wirkt bis zum letzten Atemzug?

Da er seine Sprache nicht spricht und sich nur schwer dazu überwindet, sie zu achten, so ist er für immer vom Volke getrennt. Er müht sich ein Leben lang, seinen Versen das zu geben, was er »le coulant de Racine« nennt; aber es gelingt ihm kein echtes Gedicht. Denn sein Gefühl bequemt sich dem Worte nicht, das fremde Wort nicht dem Gefühl; die Verse fließen dahin nach den Gesetzen ihrer Sprache, an ihm und an seiner Seele vorüber. Er ist beredt geworden und blieb doch stumm. Seine Schmerzen verkleiden sich; seine Not tönt anders wider, als er sie erlebt; und nur wie Schatten gleiten die tiefsten Fragen seines Seins über das Gespinst der leichten Reime. Ach, sie fließen, wie er es wünscht; aber sie verdichten sich nicht zur Gestalt des Gefühls, das ihn ewig sprechen und verschweigen läßt. Sein Herz schlägt in anderem Takt; die Flöte vielleicht wußte davon, als sie sich den Klängen überließ, die der Augenblick brachte und verwehte: das Adagio seines Spiels, in dem seine Seele sich löste, rührte unmittelbar an die Hörer; seine Sprache bewegt sie nicht.

Und doch verstand er, der das Geheimnis der Sprache und ihrer schöpferischen Kraft nicht begreift; dessen Glaube es ist, daß sie übernommen werden könnte wie alle die großen Güter der Kultur, schon früh die Nation in ihrer Unüberwindlichkeit. Denn die Nation haftet für ihn unzerstörbar und unvertilgbar in der Erde, aus der sie hervorwächst. Ein jedes »von den unzähligen Völkern, welche die Erde bewohnen, hat seinen eigentümlichen Geist«, und es scheint, »daß gewisse bedeutsame Züge, welche sie voneinander unterscheiden, unveränderlich sind«. Darum vermögen auch die Fürsten nichts über die Denkungsart der Völker; nichts über die geheimnisvollen Kräfte der Tiefe, die zu ihrer Zeit die großen Männer des Volkes erwecken. »Die Arbeiten in den Bergwerken stehen wohl unter ihrem – der Fürsten – Befehle, aber nicht die ergiebigen Adern.« Die Herrscher vermögen »ihrem Volke einen gewissen äußeren Firnis zu verleihen, aber das Grundwesen der Dinge werden sie niemals verändern«. Es ist, als wollten sich Herders Ideen mit Friedrichs Glauben an die Ewigkeit der Materie verbinden. »Nur völlige Verheerung der Staaten und Wiederbevölkerung derselben durch fremde Colonisten ist, so glaube ich, imstande, den Geist eines Volkes vollständig umzuschaffen. Allein, wohlbemerkt, es ist dann nicht mehr dieselbe Nation, und es bliebe alsdann noch zu wissen, ob nicht Luft und Nahrung mit der Zeit die neuen Einwohner den alten gleich machen würden.«

Es wäre nur noch ein einziger Schritt zu tun: der von der Erkenntnis der Nation zur Erkenntnis der Notwendigkeit ihres eigenen, einmaligen Ausdrucks, doch der König tut ihn nicht. Er wünscht nichts sehnlicher als den Eintritt seines Landes und Volkes in seine eigene geistige Heimat; ja es ist seine liebste Hoffnung, sein fester Glaube, daß die »Kultur«, deren Licht von Land zu Land wandert, endlich mit vollem Glanze Deutschland bestrahlen wird; daß aber jede Gestaltung in einmaliger, unwiederholbarer Form sich ereignet, will er nicht erkennen. Für ihn sind die künstlerischen Formen, die er früh schon lieben lernte, unwandelbar: sie bedürfen neuer zuströmender Kräfte noch unverbrauchter Völker, um in alter Schönheit zu erblühn. Frankreich ist erschöpft, und nun wird Deutschland vollbringen, was Frankreich tat: es wird die ihm übergebenen Formen wieder erfüllen. Er, der Staat und Heer auf eigene Art geprägt, suchte niemals nach einer neuen Form für sein Gedicht; und so versteht er den gewaltigen Kampf des Geistes nicht, der längst sich in Deutschland entzündete und dessen ganze Leidenschaft nach der deutschen Form verlangt. Der König, der nie das erlösende Wort fand für das Leiden seiner Seele, er müßte die Not und Notwendigkeit dieses Kampfes ahnen; aber dieser verwegene Begründer einer neuen Macht, der mit der ersten Tat seiner Jugend die Welt herausforderte zum Kampf, schritt über den Bannkreis seiner Jugend nicht hinaus. Noch gelten die alten, heitern und anmutigen Bilder, die ihn in Rheinsberg beglückten; das ganze gewaltige Erleben der Zeit wandelte diese Ideale nicht.

Der übermächtige Schatten des Alterns fällt auf sein ganzes Werk. Ihm entzieht sich das Heer, dessen Feuer unter dem Mechanismus der Übungen erstickt, die Technik der Kriegsführung, die längst neue Wege fand; ihm entsinkt sein Land, das nach einem andern, freieren, strömenden Leben verlangt; er versteht die Nation und erkennt doch nicht die Stunde ihres Geistes. Da er diese letzte versäumt, so teilt sich wieder, auf eine furchtbare Art, das Leben der Deutschen; sie haben einen großen König, der ihre Sprache nicht spricht: sie bilden unter furchtbaren Opfern eine ordnende Macht, aber der Geist steht abseits und einsam im innerlichsten Ringen; er findet in Weimar eine kleine Stadt, die ihn beherbergt, ohne doch Heimat zu sein; denn sie vereint ihn nicht mit der Macht. Geschichte und Dichtung, König und Dichter finden nicht zusammen; in Potsdam und Weimar zerfällt die Nation, und der Vorwürfe zwischen den beiden Städten sind kein Ende: die Macht erstickt den Geist; der Geist verkennt und unterhöhlt die Macht. Der König schlägt keine Brücken hinüber, doch auch die Dichter finden nicht zu ihm; ein jeder geht seinen eigenen Weg; und während die Stimmen europäischer Völker, das ganze Leben der Nationen erfassend, aus der Mitte der Macht ertönten, ihren Aufstieg, ihren Gipfel, ihren Fall als das größte aller Gleichnisse zu verkünden, wurde die deutsche Geschichte nicht von der Dichtung geadelt, wurde der deutsche Dichter nicht in die Mitte der geschichtlichen Entscheidung gestellt. Der Geist ist frei und heimatlos; die Geschichte, deren Gewalt nicht gebrochen, sondern allein gedeutet und erhoben werden kann, herrscht als unverstandener Zwang.

Aber endlich ist für den Einen, der an die Grenze des Daseins und Wirkens rückt, das Werk das Letzte nicht, wie glühend er ihm gedient haben mag; und auch die Verhängnisse und Schicksale des Werkes treten zurück. Der Mensch ist größer als jedes Werk. Und da er ganz dem Werk gehörte, so gehörte er in viel tieferem Sinne noch sich selbst: der einen und einzigen menschlichen Form, die im Dienst vollendet wird. Endlich wird er wieder frei; das Werk sinkt ins Wesenlose: ein furchtbares Gewicht für andere, eine verzehrte Hülle für ihn; ein Vollendetes, dessen Merkmal die beginnende Zerstörung ist: über dem Werk, das niemals gerettet werden kann in seiner Wirklichkeit, sondern allein als Gleichnis, bleibt das Menschentum, das in ihm trieb. Es hat einen einzigen Augenblick seiner Freiheit auf Erden: den Tod.

Zieten ist im Winter gegangen, auch jetzt in der Vorhut zu reiten und »Quartier zu bestellen« in einem Reich, an das der König nicht glaubt; wie? kämen die Schatten doch? Er sah im Herbst, als er in Neiße erkrankte, festen Blicks noch manchem Jahre entgegen: aber der Winter machte ihn vieler Dinge müde, selbst der Bücher; er sitzt oft über seine Steine, seine Banknoten und Dosen gebeugt in dem Stadtschloß, wo der Kurfürst, der Vater starben. Aber sein Sterbeort ist nicht hier: draußen allein, wo das Grün des aufbrechenden Frühlings sein Grab überkleidet. Vergeblich hofft er, hinausreiten zu können; endlich entschließt er sich zu fahren. Aber es muß im Dunkel und auf weiten Umwegen geschehn; niemand sah ihn je in der Kutsche sitzen in Potsdam; und dieses Bild soll erhalten werden.

Einem französischen General, der sich hinter einer Buchenhecke verbirgt, gelingt es, den König sitzen zu sehn auf der Terrasse von Sanssouci. Ein gebückter Mann mit bleichem, von Schmerzen völlig entstelltem Gesicht, erfreut sich für wenige Minuten des Lichts; furchtbarer Husten, der dem Fremden »bis ins Herz dringt«, schüttelt ihn; das eine Bein, das die Gicht zerstört, ist mit Linnen umwickelt, das andre gestiefelt. Unter ihm, in der Sonne des Frühjahrs, liegt das Land, für das er lebte, die Wälder breiten sich hin, Strom und Seen blitzen auf: dort geht die Arbeit fort, die er weckte; hier oben ist es still.

Über dem Land, über der Zeit steht das kleine Schloß auf seiner Höhe; ein ungeheures Werk ist getan: von den Tagen der Ritter in Preußen bis zu diesem Tag, da das Ende unabweisbar seinen Schatten wirft. Wieder weht im Osten, woher der Name des Landes kam, auf der Marienburg, die alte Fahne: aber es waffnen sich nicht mehr Ritter in ihren Mauern, um für das Kreuz zu kämpfen; Beamte dienen dort ihrem König; nicht mehr der Glaube, sondern die Pflicht ist das höchste Gut. Vom Glauben zur Pflicht ging der Weg des Geschlechts, das einst nicht wurzeln wollte in der Mark und nach dem Süden zurückverlangte, bis es dennoch ergriff, was ihm verliehen ward, und sich Heimat erwarb auf dieser sandigen Erde; freilich nicht des Genießens oder Verweilens, sondern die Heimat der Tat. Der Wille allein brachte Dörfer und Städte, Äcker und Gärten hervor; die Mark gebot, sie schenkte nichts; und ihr ganzer Wert war ihre Armut, ihre Forderung. So verwandelte, so erzog sie das Geschlecht, dessen Letzter sie am Abend überschaut; das Gebot zerstörte die Fülle des Innern; es machte kalt und hart; unerbittliche, besessene Treiber wurden die Könige, die nicht mit ihrem Volk, sondern gegen ihr Volk ihre Macht begründeten, ihre Erde bebauten. Die Pflicht ward zum Fluche, das Leben zum Hundeleben, zur chienne de vie; die Erde, wo die verdammte Pflicht getan werden muß, zur Hölle. Endlich, über der furchtbaren Anspannung des Willens, wurde auch der Himmel nicht mehr nach seinem Troste gefragt; und wenn auch keinerlei Seligkeit war im Erdenwerk, so war in ihm doch der ganze Inhalt des Lebens. Der Letzte, der lebt auf diese Art, ist der Greis auf der Terrasse von Sanssouci; er hat keinen Sohn, keinen Erben; das Geschlecht ist verzehrt bis ins Mark: ein Jahrhundert ungeheueren Wollens und Tuns brauchte es auf. – Die Söhne August Wilhelms, der nicht zu wollen vermochte und allzu verletzlichen Herzens an einer Kränkung starb, tragen den Namen in die künftige Zeit; mit ihm die Forderung der Tradition, die richten und zerbrechen muß und vielleicht wieder erziehen kann. Werden sie bestehn? Der Wille ist alles; ist er im geringsten zu schwach, so fällt der Staat.

Um vier Uhr, statt um sechs oder um sieben Uhr wie bisher, ruft der König seine Kabinettssekretäre: ihre Mühe wird nicht mehr lange dauern. Er sichtet die in der Nacht eingelaufenen Depeschen und Briefe, behält einen Teil für sich, verteilt den andern unter die Sekretäre; während sie lesen und ihre Auszüge machen, geht er die zurückbehaltenen Papiere durch; nach zwei Stunden diktiert er den Sekretären die Resolutionen, Befehle und Briefe, oft Wort für Wort; abends werden die ausgefertigten Antworten zur Unterschrift gebracht. Er unterzeichnet sie nicht, ohne sie sorgfältig zu lesen.

Aber es kommen auch stillere Stunden, da er seine Schwäche deutlicher fühlt. Er kann seine Bücher mit den kranken Händen nicht mehr halten und läßt sie zerstückeln und in kleine Oktavbände bringen. Die Ruhe flieht ihn auch jetzt. Er erwartet Weinstöcke und Bäume aus Spanien, Ungarn und Italien für seinen Park; einen jeden Tag können die dreihundert spanischen Schafe und Böcke durch Potsdam kommen, die er für die Schäfereien bestellte. Ungeduldig wie immer verlangt er die Bevölkerungsliste aus der Mark. Ist die Zahl der Getauften größer als die der Gestorbenen, so hat er einen glücklichen Augenblick. Ist sie es nicht, so läßt er nach den Ursachen forschen. In den Zimmern liegt der duftende Reichtum seines Gartens gehäuft, südliche Fülle, die er hervorzauberte aus dem Sand: Melonen, Kirschen und Pfirsiche aus den Treibhäusern auf den Terrassen; die ersten Trauben, obgleich es noch Sommer ist.

Er lobt die Ärzte und kehrt sich unvermittelt von ihnen ab, sich selbst zu kurieren; plötzlich faßt ihn die Welle des Lebens, und er hofft wieder auf Jahre. Liegt die Sonne auf den Fenstern, so läßt er sich hinaustragen auf die Stufen; das Tröstlichste auf Erden ist das Licht; sein ganzes Leben bewegte sich darauf zu: »Ich habe immer das Licht geliebt.«

Keines der Geschwister betritt sein Gemach, auch der Thronfolger nicht, der in Potsdam von Tag zu Tag Nachrichten aus Sanssouci empfängt. Nur Hertzberg ist um ihn. Der Minister hat die närrische Meinung, daß die deutsche Literatur der französischen gleichkomme, ja sie übertreffe; es läßt sich so gut über ihn spotten. – Ob den König die Frage noch bewegt hinter den Dingen, das heraufdämmernde Rätsel? Die Frage ist alles; es gibt keine Gewißheit. Unde? Ubi? Quo? Aber in der Hingabe an die Frage ist endlich eine erste Schickung in das Unfaßbare. Denn wie auch der Zweifel durch alle Jahre an vererbten Lehren, am eigenen Herzen fraß: so kann doch die »blinde Kraft des Stoffs« nicht Ursprung sein; dies ist Widersinn; das Gegenteil unerklärlich; da aber das Sinnlose nicht sein kann: so bleibt nur das Dunkel; und ihm, dem Unbegreiflichen, in das sich der Mensch nur fügen kann, ohne Wunsch, ohne Widerstand, dem Ursprung ohne Namen, ergibt er sich zuletzt.

Dunkel kommt über das Werk. Der Minister bemerkt, daß

der König die Briefe, die er sich reichen läßt, nicht mehr liest, nicht mehr lesen kann; mechanisch nur, mit eisern zusammengeraffter Kraft, formt die gichtige Hand den Namenszug. Die Dinge schwinden. Was berichteten die Gesandten; was ward gestern verhandelt? Der König erkennt den General nicht mehr, der am Abend ins Zimmer tritt, die Parole zu holen; seine Lippen bewegen sich nicht; zum erstenmal kommt ein Tag herauf, für den er keine Losung gab. Aber warum ist das Windspiel nicht auf seinem Platze; man soll es wieder auf den Stuhl setzen und mit Kissen bedecken. Der Morgen graut; es wird besser; zu überwinden war der ganze Auftrag dieses Lebens; und es ist alles überwunden.

Der Leib sinkt zurück, wie das Werk, ein verzehrtes Kleid; auf dem Antlitz des Toten aber erscheint für flüchtige Stunden alle menschliche Größe. Die Form wird sichtbar, die sich geprägt in vierzig Jahren des Dienstes, des Verzichts: Wille und Leiden, unlösbar geeint; eine Überwindung, die nichts mehr trübt. Ruhelos, zwischen Form und Zerlösung, treibt der Stoff der Welt, sich verdichtend und wieder zerstreuend; aus der Geschichte aber, einem unbesiegbaren Zwang, tritt in der letzten Stunde der Mensch, der in ihr sich selbst erfüllt, um alles Gewordene und wieder Zerfallende zu überragen. Er hat den furchtbaren Zwiespalt seines Innern zwischen Amt und Menschentum, Vernunft und Seele versöhnt durch das Opfer seines Lebens; er war hart, nicht aus der Armut der Nüchternen, sondern aus ewigbewegtem Herzen heraus, und stark genug, sich für das Jenseits den Trost nicht zu erträumen, den ihm seine Erkenntnis verbot; und so hat er sich endlich, als einziger auf einzige Weise, den Adel des echten Königs erworben, dessen Beruf es ist, das Schwerste zu tun.

Wenige Stunden, nachdem »das große Feuer erloschen« war, stand der Thronfolger vor dem Toten. Er ließ sich über die letzten Augenblicke des Königs berichten, befahl, ihm die Ringe abzuziehn und ihn mit einer reichbestickten Uniform zu bekleiden, dann ließ er sich von einem Kammerhusaren des Verstorbenen ein Band des Schwarzen Adlerordens reichen und legte es dem Minister Hertzberg um: Der erste Akt seiner Regierung galt der Auszeichnung eines Vertrauten, von dem er Hilfe erhoffte. Einer der Kammerdiener gab ein Hemd für den

Toten; denn es fand sich keines, das ihn würdig bekleidet hätte; das Grab, das Friedrich sich zum Trost seines Lebens erbaute, gewährte man ihm nicht. Denn auch über die letzten irdischen Reste der Könige beansprucht die Geschichte das Recht ihrer Gewalt; wie der Jüngling an die Seite eines Vaters gezwungen war, der ihn nicht verstand; so ruht er nun, als Vollendeter, an der Seite des Vaters, in der Kirche, die er kaum betrat: umfangen von der steinernen Macht der Tradition.

Friedrich Wilhelm II. besann sich auf den ersten Träger seines Namens und suchte zurückzukehren zu dem Gewesenen und Vergangenen; es fehlte nicht an Schmeichlern, die sich über den Tod Cäsars trösteten, weil Augustus kam. Der furchtbare Zwang eines niemals ermüdenden Willens, eines Treibens ohne Ruhe; die Unerbittlichkeit ewig forschender Augen fielen von dem Lande ab: es glaubte wieder ein Recht zu haben, sich erleichtert zu fühlen und aus dem Dienste zu treten, von dem es keine Befreiung auf Erden gibt: dem Dienst der Geschichte, in deren Bereich das ganze Leben fällt. Indessen stürmte die Welt, ungestümer als je, dem Neuen zu, das Friedrich geahnt hatte. Denn er glaubte nicht an den Fortbestand, die Unabdingbarkeit des Königtums, das Geheimnis der Krone. Die Erde wankte und die einen Augenblick ruhten und nach Glück und Freiheit blickten, mußten schon im nächsten Augenblick unterliegen.

Friedrich Wilhelm II. war es bestimmt, über einem Ende zu beginnen, wie seinen Vorgängern auch: dies war nur Königslos. Er konnte nicht erhalten, was die Zeit gerichtet hatte; nicht fortsetzen, was an seine Grenzen gelangt war; erhalten konnte er nur den Willen; fortsetzen nur die Initiative; die Formen mußte er erschaffen. Aber er war weder frei, noch allein. Als hätte das Geschlecht allen Verzichtes, aller Entbehrungen müde einen Hunger in sich gesammelt, der sich nicht mehr sättigen konnte, so ergriff Friedrich Wilhelm II. das Leben, wie er es verstand: den Genuß, Frauen, denen er als leichter Sieger mit Sicherheit unterlag. Die Begierde nur trieb, das Amt besaß ihn nicht. Seit einem halben Jahrhundert war keiner Frau ein Schritt vergönnt in das Gemach, wo das Geschick des Staates sich entschied; Friedrich Wilhelm II. ließ sie ein; doch nicht, um sie zu erhöhen, sondern um sie und sich zu erniedern.

Aber nicht nur an die Frau hatte der neue König seine Freiheit verloren, lange ehe das Zepter in seine Hände kam: er vermochte nie allein zu sein und der Welt oder Gott als Einzelner sich zu stellen, der seinen Auftrag sucht. So versuchte er als Gehorchender zu leben, ob er sich auch den Anschein geben mochte, Herr zu sein, und sich vielleicht Herr glaubte; er überließ sich der Zuflucht der Schwachen und Träumer: dem blinden Werkzeug unbekannter Strebender und Mächtiger, dem geheimen Bund. Wie sollte es an Schultern fehlen, die sich der Last der Krone bieten? Frauen sind da, die selbst wieder Mittel sein mögen in den Händen Verborgener; geheime Brüder, Zauberer und Betrüger; Sterndeuter und Priester verhüllter Wahrheiten, die die verlorene ersetzen sollen; Orakel warten und die erdichteten Weisheiten der Ägypter: Krücken dessen, der zerbrochen ist unter der einen furchtbaren Angst vor seinem Erbe, vor seinem Amt. Starb in Friedrich der Glaube, so in ihm das Gesetz. Die Zerknirschung wohnt Tür an Tür mit der Lust; und so wird er doppelt zum Knecht: er unterliegt denen, die seine Leidenschaft entzünden; und denen, die ihn erlösen sollen. In dunkeln Zimmern erblickt er in dampfumwölkten Spiegeln die großen Toten seines Geschlechts: sie, die getan, was er nicht zu tun vermag, und ihn doch nicht retten können; er glaubt Grad um Grad aufsteigen zu können zum Lichte geheimer Offenbarung: ein Betrogener, in dem vielleicht doch die erste Sehnsucht einer schwachen und mißhandelten Seele ist; er hofft schon auf den Zauberspruch, der das verlorene und verschwendete Gold zurückbringt; und er sieht wieder die Entfernten und Vergangenen im Spiegel und wird durchschüttert von der Stimme, die einer der Hexenmeister auf das billigste hinzutut. Es ist, als hätte das Geschlecht alles vergessen und verlernt, was es sich seit jenem hellen Tage erwarb, da Friedrich Wilhelm I. den Goldmacher seines Vaters entlarvte; die Tat des Einzelnen, der allmächtig schien durch seinen Willen, wird wieder zum Nichts, und das Wunder, die unbestimmbaren Mächte, vermögen alles. Die ihr Selbst und ihre Seele hingaben, um frei und mächtig zu sein und auf eigener Erde zu stehn, büßen die tragischen Hoheitszeichen wieder ein; sie beten und beugen sich wieder, ohne sich noch auf das Gebet zu verstehn; das Geheimnis, das sie verneinten, lockt, es erhebt sie nicht; nun erst ist die Nacht des Alters gekommen. Da der Glaube nicht mehr möglich ist, schlägt der Aberglaube in Bann.

Nicht, als ob dem König die Krone nichts gälte: sie wiegt ihm vielmehr zu schwer. Vergebens stellt er sich pünktlich zu den Revuen und Manövern ein: er hat dem Heer nichts zu geben; bei Valmy versagt das eigentlich Preußische: die Angriffskraft zum erstenmal. Nach der Rückkehr von dem verfehlten polnischen Feldzug wirft sich Friedrich Wilhelm dem Prinzen Heinrich in die Arme: »Mon cher oncle, sauvez-Moi.« In Basel wird die kaum errichtete Großmacht zerschlagen. Wie sollte Heinrich retten? Sein Los ist es auch jetzt, beiseite zu stehn und zu verbittern. In den ersten Tagen des jungen Königs verriet er seinen Glauben, daß nun sein Tag gekommen sei, allzudeutlich. Die Günstlinge waren klüger; wieder kehrt der berühmte Feldherr nach Rheinsberg zurück, in das leere Spiel seiner langen Tage.

Rasch ist der König verbraucht. Die Feste, die Frauen, die Schlösser und selbst die Geheimnisse der Zauberer füllen nicht einmal ein Jahrzehnt. Friedrich Wilhelm überwindet den Basler Frieden nicht. Er arbeitet von früher Morgenstunde an. In einfacher Kleidung, ohne Schmuck und Orden, geht er, allein von seinem mächtigen Hund begleitet, durch den stillen Garten am Heiligen See. Das heitere Schloß am Ufer prangt im Glanze des Marmors, den dienstfertige Baumeister aus Sanssouci geraubt; dort zerschlug man die Kolonnaden Knobelsdorffs, um den Palast des neuen Königs zu schmücken: erborgte Pracht ziert das Haus; Trümmer zerstörter Formen erhöhen den Staat. – Friedrich Wilhelm hoffte, die Throne zu verteidigen gegen den Ansturm einer furchtbar aufbegehrenden Zeit: aber die Zeit wird Herr. Der Ruhm ist im Augenblick verflogen, wenn er nicht ein Geschlecht von Streitern erweckt; Throne stehn nur solange, wie Könige sind. Sie werden allein verteidigt von den Seltensten unter den Menschen, die kämpfend, leidend und verzichtend im Innern die Höhe ersteigen, für die sie geboren sind, und dem Namen wie dem Wesen nach gleich einsam bleiben.

Wie der Staat, so zerbricht das Leben: die Frauen, die Friedrich Wilhelm liebte und betrog, betrügen auch ihn; die Schmach ist doppelt. Die Magier und Zauberer versuchen zum letztenmal ihre armselige Kunst an seinem Krankenbett. Der König segnet seinen Sohn; dann widerruft er sein Leben: er bittet seine Gattin, ihm zu verzeihn.

Nachwort

Die Absicht war, das Phänomen in sich selbst zu ergreifen und nicht eine Kritik in die Darstellung zu tragen, die einem dem Preußentum fremden und vor ihm nicht geltenden Standpunkt entspringt; denn auch seine Grenzen treten in dem Phänomen selbst zutage. Die Arbeit macht durchaus nicht den Anspruch, die Totalität dreier Lebenswerke darzustellen, deren jedes Einzelne schon ein Leben für Erforschung und Wiedergabe fordern würde; es kam ihr allein darauf an, unter dem Gesichtspunkt einer bestimmten Geschichtsbetrachtung die ethischen, nicht die politischen Vermächtnisse dreier Fürsten zu ergreifen und wirken zu lassen. Endlich ist doch nicht der Staat, den er schafft, nicht die Schlacht, die er gewinnt, auch nicht das Heer, das er formt: sondern das Ethos seines Lebens das höchste Vermächtnis eines Königs; ohne daß wir die gefundenen Machtformen unterschätzen, müssen wir doch der Lebensform des Führers und Gründers einen höheren Wert beimessen als ihnen. Wie der Einzelne unter dem Gesetz der Tradition seinem Werke dient und sich ihm opfert: dies ist das bedeutsamste Schauspiel, das uns die Geschichtsbetrachtung gewähren kann. Denn von ihm aus gehen wir unmittelbar in das Leben, das in jedem Falle ein Leben in der Geschichte ist; wir werden mehr als durch Wissen durch einen neuen Willen, eine neue Entschiedenheit beschenkt, die nicht nach dem Lohn verlangen, sondern nach der Notwendigkeit. Dieser ihr Wille ist das Unvergängliche der Könige; während das Geschaffene fort und fort sich wandelt, bleibt dieser Wille doch spürbar als das Innerste ihres Staates; als eine im Symbol verdichtete Kraft, die auch den Staat überdauert. Unüberwindlich ist der allein, der den Untergang zu einem Teil seines Lebens gemacht hat und, wie Friedrich der Große, die Möglichkeit des Todes mit sich trug auch im Sieg.

Es ist ein unabänderliches Verhältnis zum Leben, das die Könige zu geben haben: das Verhältnis des tragischen Menschen, der über der Notwendigkeit, auf eine bestimmte Art zu sein und zu wirken, dem Sein selbst keine Bedeutung mehr beimißt. Wirken kann dieser Wille freilich nur, wo er, statt in der Erörterung umschrieben zu werden, in der Gestalt erscheint: darum bemühte sich diese Arbeit um die Gestalt; und um die Tatsachen nur als um die Mittel ihres Ausdrucks. Nur wenn uns die Geschichte mindestens ebenso Gehalt wie Vorgang ist, kann sie uns geben, was sie uns geben soll. Wir können daher neben der Erforschung und Darstellung der Tatsachen die Wertsetzung nicht entbehren; ja diese ist um so dringender geboten, je größer die zutage geförderte Masse der Tatsachen wird. Vielleicht erscheint die Vereinigung beider Bestrebungen: der Suche nach der »Wahrheit« und der Errichtung ethischer Werte, als Ideal; aber sie sind unvereinbar; der Forscher muß zerlegen; die Wahrheit wandelt sich ohne Stillstand; dem Darsteller menschlicher Vermächtnisse kommt es auf die Gestalt und das Bleibende an.

Vielleicht ist in keinem Falle die Kritik so weit getrieben worden wie in der Betrachtung des Preußentums; man kann ihr – um der Erforschung willen – folgen, solange sie die Gestalt bestehn läßt. Wo sie auch diese zersetzt, führt sie notwendig zur Verkennung der ersten historischen Wahrheit; denn endlich ist es doch gewiß, daß eine Kraft hinter den historischen Ereignissen wirkte, wie immer diese Kraft auch beschrieben und beurteilt werden mag. Wenden wir uns der Geschichte zu, so müssen wir bereit sein, Werte in ihr zu finden; über das Wissen hinaus den Antrieb zu suchen, ebenso wie wir der Welt »Wert verleihen« müssen, wenn wir in ihr leben wollen; dann vielleicht werden wir uns auch jenen Enthusiasmus zurückgewinnen, den Goethe nannte, als er das kostbarste Vermächtnis der Geschichte bezeichnen wollte; freilich nicht den Enthusiasmus der Worte, sondern des wissenden Mutes zur Notwendigkeit.

Die letzte Forderung zielt auf die Einswerdung mit dem tragischen Gesetz der Geschichte: auf den Entschluß, das ewige Nichts hereinzunehmen in unsere Tat. –

Damit endet das Nachwort vom Jahre 33. Alles, was über die Tragödie der zwölf Jahre und das ihr folgende zu sagen ist, steht in den wenigen Zeilen, die der am 5. September 1939 im Alter von vierundzwanzig Jahren in Polen gefallene Prinz Oskar von Preußen, ein Enkel Wilhelms II., in der Erleuchtung frühen Todes, mit der Genialität des Abberufenen geschrieben hat: ». . . Jetzt sind wir am Ende. Vor uns dehnt sich die Steppe ohne Maß, ohne Halt und scheint im Osten drohend zu glühen. Rauch steht am Himmel. Es gibt nur noch ein Vorwärts, zu den fernen Linien, hinter denen sich unser Schicksal schwer und dumpf fertig schiebt. Wir werden ihm nicht entgehen. Mit uns tragen wir das Blut von zwei Jahrtausenden glanzvoll ragender Geschichte, und nur ein stilles Leuchten blieb von den Kränzen und den Bändern, die sie gewunden.« Und weiter: »Wir haben nur Helm und Waffe mitgenommen und anstatt der Fragen ein paar Antworten geborgen, deren Wert wir indes schon zweifelnd betrachten. Wir stehen vor den brennenden Toren Europas und ziehen hinein in unser Ragnarök, und nur ein Schauer des Glaubens verklärt unsere Züge, von dem, der da sagt, daß er bei uns sein wolle bis an der Welt Ende.«* Ragnarök und ein Schauer des Glaubens: das ist der Widerspruch, der sich nicht fassen läßt, der nur gelebt werden kann und vielleicht erlebt werden muß; er ist das Unmögliche, das Preußentum selbst.

So war das Ende vorweggenommen, das sich am 14. September des Jahres 1952 auf der Burg Hohenzollern in einer Sichtbarkeit darstellte, die dem Ende einer Machtform nur selten gewährt wird. In der oberen Kapelle erklang bei geöffneten Fenstern die Flötenmelodie Friedrichs noch einmal, das Solo von Sanssouci, Gegenwart einer königlichen Seele. Sie schwang sich in den grenzenlosen Herbsthimmel über dem schwäbischen Land, dem, wie der Hohenzollern, der Hohenstaufen entsteigt; sehr fern waren auch die Habsburg nicht, und die Herzogsburg Urach, und es war das Fest der Kreuzerhöhung, der Tag, der als einzig mögliche Verheißung dem schweren Sterben Philipps II. folgte, der Agonie der spanischen Macht. In der untern Kapelle, die noch den Namen des alten Glaubens der Erbauer führt, standen unter Blumen die Särge Friedrich Wilhelms und seines Sohnes, an den Ursprung zurückgeschleudertes Strandgut. Vom Königreich war nicht so viel Erde geblieben, wie die Särge beanspruchten: eben die Särge, über denen im März des Jahres 33 Ragnarök aufgegangen war.

Die stärkste Form, die sich in die östliche Flut gestellt hatte, war geborsten, der letzte Pfeiler weggerissen. Alle Macht endet

* Kriegsbriefe gefallener Studenten 1939/45, herausgegeben von Walter Bähr und Hans W. Bähr (Tübingen 1952)

so. Aber das Ende wird nicht verstanden. Es ist alles vergeblich und nichts. Der Wert liegt im Gebot und dem ihm antwortenden Gehorsam, nicht in der Wirkung; er liegt endlich nur noch im Opfer. War der Inhalt der hier erzählten Geschichte das Verschwinden des Kreuzes, so ist das, was ihr hätte folgen müssen, das Suchen nach dem Kreuz und endlich dessen befremdende Heraufkunft. Die Schmach der Särge auf der Flucht – einer Flucht, die nicht enden wird, denn keine Burg ist mehr fest, kein Haus, keine Herrschaft – ist königliches Los; in der Schmach der Gefängnisse starben die Hohenstaufen und Romanows, die Stuarts und Bourbonen auf dem Schafott, die Schmach der Krankheit war das Ende Philipps II. Denn es ist nur *ein* König: Christus; die Könige, ob sie nun glaubten oder zweifelten und verneinten; ob sie sich verzehrten an dem Zwiespalt zwischen dem Gebot ihres Königs und der weltlichen Macht, dem Gesetz ihrer Stunde, nähern sich unabwendbar der Schmach Jesu Christi, der König war des Weltalls mit gebundenen Händen, König unter der Spottkrone und am Kreuz. Königtum, Wahrheit und Kreuz hat Christus unlösbar vereint; das Kreuz ist das Siegel der Wahrheit wie des Königtums; es ist keine Wahrheit, wo das Kreuz nicht ist, kein Vollzug der Wahrheit in der Geschichte, in der Christus ein einziges Mal die Wahrheit bis zur letzten tödlichen Folge vollzog; es ist auch keine Herrschaft, die nicht geprägt ist vom Kreuz und sich umwandelt in dessen Gestalt. Denn nur der Geopferte herrscht.

»Jetzt schreiten wir langsam aus den Toren wieder hinaus.« So wurde der vielleicht letzte, vom Sturm der Geschichte übermächtige Hohenzoller zum unheimlichen Sprecher. Aus den »Toren der Menschheit« – oder Europas – und wohin? Wenn die Form zerbrochen ist, herrschen die Gewalten; ein Meer von Vernichtung schäumt an und findet keinen Widerstand. Was bleibt? Die Form im Menschen. Nach allem Ermessen wird Geschichte in Europa nie mehr sein, was sie war: es trat in das Stadium der reinen Passion und wird Geschichte nicht mehr bestimmen, sondern erdulden; es spielt nicht mehr im eigenen Stück, aber doch im fremden als Person. Was bedeutet nun geschichtliche Existenz? Das Zeugnis des Lebens für die unzerbrechliche, aber einer jeden Gewalt ausgelieferte Freiheit des Geistes und Willens, die in der Seele, als deren Gestalt, behauptete Überlieferung, verhülltes Rittertum, das sein Kreuz nicht mehr auf dem Mantel, sondern am Fleisch und am Geiste trägt, verborgen-unverlierbarer Anteil am Königtum Jesu Christi, das diese Welt des versagenden Glaubens und siegenden Unglaubens hält als vereinende Macht. Die großen Zeichen löschen aus. Die Namen Moltke und York zogen, noch einmal glorreich, durch den Feuerschein Ragnaröks ins Dunkel hinab, künftigem Rittertum die Bahn weisend. Das war noch einmal Preußen, aber nun Dienst der Entwaffneten, Glaube, Bekenntnis, Gewissen, stummes Opfer: Preußen jenseits des Ruhms. Adel ist nur noch Sein, nicht mehr Eigenschaft; er ist innerer Stand, nicht mehr Recht. Die letzte Form der Sichtbarkeit ist das umschleierte Leiden des königlichen Menschen.

Freiburg im Br., 7. März 1953

Namenverzeichnis

[Das vorstehende Register ist – mit neuen Seitenzahlen – das Register der Originalausgabe.]

Anhang

Vorwort [der Erstausgabe 1933]

In Heilsbronn ruhen die ersten zollernschen Herren der Mark, ihres Dienstes entledigt, in heimatlicher Erde, umschlossen von dem alten Gewölbe ihres Glaubens und Trosts; auf der Höhe von Sanssouci, abseits von aller Tradition, wartet noch immer die Gruft auf den Einen, dem, wie das Leben, das er sich erträumte, auch das erwünschte Grab verweigert wurde. Dazwischen verläuft die Straße des Geschlechts, an das ein tragischer Auftrag kam. Es sollte gründen auf Sand; nicht nur herrschen, sondern das zu Beherrschende erst erschaffen; formen, wo keine Wirklichkeit, nur eine Möglichkeit war; und es brachte einen einzigen Reichtum mit: den Willen und den Stolz derer, die niemanden dienen können, um ganz sich selbst und ihrem Gesetz zu dienen.

Da ein unmöglich Scheinendes gefordert wurde, so konnten echte Könige und Führer erstehen. Das Leben des echten Königs ist ganz und gar ein Opfer: mag er selbst es nicht wollen, so will es das Amt; und die Frage, an der er sich bewährt, ist: ob er sein Amt bis in die letzten Folgerungen versteht. Der echte König ist ebenso selten, vielleicht noch seltener, als der Gesetzgeber oder der reine Held; als irgendein anderer höchster menschlicher Typ. Seit Karl v. gab es in Deutschland nur zwei Könige unter unzähligen Kronenträgern: Friedrich Wilhelm I. und seinen Sohn. Ihnen ging der Kurfürst voraus, der als Bahnbrecher und Gründer gleichfalls nicht seinesgleichen hat. Das Signum ihrer Größe ist, daß sie sich opfern mußten.

Nicht um eine Stellungnahme geht es hier, sondern um eine Tatsache, die wir als ein großes Gleichnis nicht entbehren können: einzig und allein in Herrscherfamilien sind die seltensten und höchsten Eigenschaften in diesem Maße erblich; die Sachsen, die Salier, die Hohenstaufen, Habsburger und Hohenzollern lassen an höchsten geistigen und menschlichen Eigenschaften jedes bürgerliche Geschlecht hinter sich zurück. Nicht im Blut liegt das Geheimnis dieser Erscheinung: es liegt vielmehr in der Forderung, die auf die Geschlechter fiel. Sie ist der eigentliche Adel der Könige. Wo am meisten gefordert wird: dort wird auch am meisten entstehen; und es besteht nur eine Voraussetzung: daß diese Forderung ganz und gar begriffen und, als ein neues Leben, ergriffen werde. Daran hängt die Entscheidung: daß der Gedanke nicht übernommen und getragen, sondern daß er aufs neue geboren wird in dem Einzelnen und in ihm zu wachsen beginnt und eine jede Kraft des Menschen, in dem er lebt, sich unterwirft. Er wird zerstören: er wird zur Vollendung treiben, indem er zerstört. Im Ring des Todes allein gelingt die Erfüllung, so wie im Ring der Erde allein der Mensch, ein Gefangener seiner Tat, einer Wirklichkeit genügt, die nicht von der Erde ist. Das Geschlecht ist unsterblich, solang es der Forderung dient: so wie der Einzelne nicht vergehen kann, solang ein Werk in ihm drängt, und Völker beharren, solange die Idee in ihnen glüht.

Aus der höchsten Forderung ergeben sich die Gesetze der Lebensform von selbst. Ein König ist niemals bürgerlich, auch Friedrich Wilhelm war es nicht: ob man ihn auch noch immer als Bürger sieht. Die brennende Unrast seines Daseins, die ohne Pause die Wagen der Bauleute vor seinen Fenstern vorübertrieb und die Stadt, die er am meisten liebte, niemals fertig werden ließ, weil er sie immer größer wollte, erlaubte ihm kein Glück außer in dem sich fortgebärenden Werk. Der Bürger hat seinen Adel; der König den seinen. Es ist nicht die Aufgabe des Führers, den Seinen ein bürgerliches Dasein vorzuleben: sondern das Seltenste und Ungewöhnlichste: den verzehrenden Dienst an der Idee.

Zum mindesten gibt es einen Augenblick im Leben eines Königs, in dem kein Rat und keine Stimme und Rücksicht der Welt zu ihm Zutritt haben dürfen: es ist der Augenblick, wo es sich darum handelt, ob das ihm von Gott übertragene Amt mehr gelten soll als das Dasein der Nächsten und Getreuen, oder gar als das eigene. Wie könnte sich der echte König in diesem Augenblick raten lassen? Die Entscheidung fällt zwischen ihm und seinem Gott (sofern er den Gott noch hat, von dem er spricht); doch sie ist schon gefallen, als er den Thron bestieg: er, ein bestellter Verwalter, der das Geschehen auf Erden mit dem Unveränderlichen verbindet. Das Amt, das er sich nicht erworben und verdient hat und dessen Besitz er erst rechtfertigen wird in seinem letzten Augenblick, kann er auch nicht von sich tun, mag kommen, was da wolle. Da kein Leben möglich ist ohne Ordnung, so ist die Ordnung endlich mehr als das Leben.

Der Dienst am Leben, am Dasein genügt nicht, um Ordnung in das Dasein zu bringen. Ordnen kann nur, wer über den Gütern, über dem Glücke, selbst über den schönsten menschlichen Beziehungen steht. Ordnen kann nur, wer verzehrt wird vom Gesetz. Aus dem tragischen Bewußtsein allein und aus der tragischen Erfahrung geht der echte Führer hervor, der das Dasein selbst derer erst möglich macht, die in umfriedeten Häusern wohnen. Einer wenigstens muß stark genug sein, auch das Vergebliche zu wollen; er muß den noch nicht geschehenen Zusammenbruch in sich überwunden haben, wenn die stillere Welt der andern nicht zusammenbrechen soll.

Allein als ein Gleichnis, das wieder zu entzünden vermag, wird die Geschichte des Geschlechtes und die Geschichte der preußischen Form, die es geschaffen, betrachtet; denn noch immer sind es gelebte Schicksale, durchgebildete Gestalten, die zuerst überzeugen; und noch immer ist es das höchste Amt der Geschichte, nicht das Wissen zu mehren, sondern den Willen; nicht Vergangenes zu entschleiern, sondern Ziele und zugleich die Kraft zu erwecken, die zu diesen Zielen treibt. Die einzelnen Ereignisse und Schlachten, Verträge und Befehle: sie sind nur Sprache eines Willens und einer Haltung, die unvergänglich sind. Über dem Menschen ist ewig das unfaßbar Größere geöffnet, in dem alle Geschichte lautlos versinkt; aber er kommt dem Unendlichen nur nah durch den historischen Auftrag, im historischen Augenblick. Als eine Wertsetzung auf tragischem Grunde will dieses Buch angesehen werden. Nicht Macht und Glanz werden vererbt: nur der Wille und die Form.

[Erster Teil des »Nachwortes« zur Ausgabe 1933. Der Text des Nachwortes 1953 (bis »das ewige Nichts hereinzunehmen in unsere Tat«, oben S. 239) schließt 1933 nach Absatz an diesen ersten Teil an. Schneider hat 1953 den Schluß des Nachwortes 1933 wörtlich übernommen, mit einer Ausnahme: In der letzten Zeile des 2. Absatzes auf S. 239 heißt es 1933 »des Mutes zur Notwendigkeit«, statt 1953: »des wissenden Mutes zur Notwendigkeit«.]

Nachwort [1933]

Da schöpferische Kraft allein und der immerwährende innere Kampf, den sie führen muß, das Geschaffene erhalten: so mußte auch der Staat Friedrichs zerfallen, als ein schwächerer kam; das Große, das verging, wurde zum Gleichnis; und es hätte nun auf das dringendste eines Ver-Ewigers, eines Dichters, bedurft, der es der Nation ein zweites Mal zum Geschenk machte. Er kam nicht. Mag der Gedanke, daß Schiller seine »Fridericiade« gedichtet hätte, auch nur zu den Träumen gehören, derengleichen die deutsche Entwicklung uns nicht wenige träumen läßt: so sagen der Plan und sein Schicksal doch immer eine Wahrheit aus.

Der König hatte sich vor den Augen vieler gerichtet durch seine Verkennung der deutschen Sprache und der Stunde des Schöpfertums, die in seiner Gegenwart angebrochen war; tiefer hat niemand als Klopstock das Verhängnis Friedrichs erkannt, der in fremder Sprache zu sagen suchte, was er erlebt:

Wie der Geist dich auch hebt, er fliegt vergebens,
Wenn das Wort ihm nicht folgt. Der Ungeweihte
In der Sprache Geheimnis
Tötet das lebendste Bild.

Es ist das mächtige Gedicht von der »Rache«, die nicht der Deutsche oder das Volk, sondern die Sprache selbst an dem vollzieht, der sie mißachtet; aber es sollte auch hier nicht um Rache, um Recht und Unrecht gehen, sondern um die Nation, die, was dem immer entgegenstehen mag, das Anrecht hat auf die Einheit der Geschichte und des Gedichts. Wie der König und ein jeder seiner Untertanen, und auch der Freieste noch unter den Einzelnen, sich allein in der Geschichte vollenden;

und es außerhalb der Geschichte keinen Dienst und kein Leben gibt (denn auch das religiöse Gefühl wandelt sich mit der Geschichte): so muß sie auch der Dichter mit ganzer Seele ergreifen. Und da der König nicht zu ihm kam, so hätte er noch immer zum König gehen: er hätte den König, den er als die entscheidende Erscheinung, den »größten deutschen Sohn« erkannte: einbeziehen müssen in das deutsche Gedicht.

Körner fand den Stoff für seinen Freund; der Gedanke zündete; nach einiger Zeit erhebt jedoch Körner selbst einen Einwand, der aus dem Herzen der Ideale des 18. Jahrhunderts kommt: »Ich wünschte einen Stoff von allgemeinem (nicht bloß nationalem) Interesse für das bessere Publikum ... Denke Dir einmal die Erziehung des Menschengeschlechts.« Schiller widerspricht dem Vorschlag; er tut es zum mindesten als Künstler, der die Unentbehrlichkeit des Nationalen als einer Form erkannt hat und sich nicht um das farblose Abstraktum bemühen will: »Kein Schriftsteller, so sehr er auch an Gesinnung Weltbürger sein mag, wird in der Darstellungsart seinem Vaterlande entfliehen.« Das Hindernis liegt nicht in dem nationalen Charakter des Stoffes, auf den Schiller durchaus nicht verzichten will, sondern im Charakter des Helden selbst, den er »nicht lieb gewinnen« kann; der ihn »nicht genug begeistert«. Mag es der schwere und entsagungsvolle Weg des Süddeutschen in die Mark sein, der den Dichter schreckt; oder auch die tragische Kälte des Königs allein: die größte Möglichkeit, Potsdam mit Weimar zu verbinden und den Deutschen die Mitte des Lebens zu geben, die ihnen not tut, geht ein zweites Mal verloren. Der Plan, die ganze friderizianische Zeit zu umfassen, war groß; mehr noch: er kam aus unmittelbarer Nähe des Königs, der statt im Siege, in der ganzen Größe des Unglücks dargestellt werden sollte; und so hätte die Dichtung, indem sie die Entscheidung des nationalen Lebens selbst ergriff und mit dem Ethos des edelsten Dichters adelte, den Deutschen freilich mehr gegeben, als das Schicksal Wallensteins oder Tells ihnen je bedeuten mag: der größte König wäre Symbol geworden und hätte schon in seinem Jahrhundert nicht allein dem Norden oder der Mark, sondern dem ganzen deutschen Volke gehört. Geschichte wäre Dichtung geworden; und aus der Dichtung hätte sich die Geschichte, aufs neue befeuert, reiner und größer erhoben. Und mehr als dies alles:

der deutsche Geist wäre der größten formgebenden Kraft der Nation, dem Preußentum, nicht mehr fremd oder feindlich gegenübergestanden; er hätte mit seiner ganzen einzigartigen, schillerschen Weite das nationale Geschehen in den Kreis der Welt gestellt; nicht ausschließend, sondern einbeziehend, wie es allein dem Deutschen gemäß ist, dessen höchster Beruf es bleibt, zu umfassen und sich selbst im Ganzen zu erkennen. Es war zuletzt das große Vorbild der nationalen und zugleich universalen Dichtung, das uns Schiller schuldig blieb.

Dies ist Traum und Wahrheit zugleich. Der Zwiespalt zwischen den beiden Städten blieb unversöhnt. Und so kam im Leben der zerteilten Nation einmal der Tag herauf, wo die Städte ihr Amt tauschten und Potsdam, das eine gewaltige Macht vertrat ohne den ihr ebenbürtigen Geist, die Geschichte Weimar überließ; es war der trübste Tag der Nation; und wie immer man das Geschehen jener Zeit beurteilen mag: gewiß ist, daß eine Form, auf die alles ankam, nicht von ihm ausging. Mochte es zum guten Teil Verkennung des Geistes von Weimar sein: es war zum guten Teil auch Gericht; was im Dasein keiner andern Nation möglich war: daß der Geist ausgespielt wurde gegen die Geschichte, das ereignete sich hier. So viel auch Weimar zu geben hatte: die Kraft zur Bejahung des geschichtlichen Auftrags und zur Bildung des Staates in seinem Dienst, dieses Notwendigste, vermochte es nicht zu geben. Wenn ein Schatten auf den reinen Glanz seines Namens fiel, so war dies kein Unglück, sondern eine furchtbare Konsequenz.

Dann wurde es still über beiden Städten: man hatte an die Unvergänglichkeit der Macht geglaubt, statt an die Unvergänglichkeit des Symbols, aus dem die Macht ewig hervorgeht, um zu blühen und zu verwelken: und fand nun sich nicht mehr zurecht in Potsdam; man hatte eine Hoffnung auf Weimar gesetzt, die sich nicht erfüllen konnte. Der größte Wert der deutschen Geschichte: die unverlöschliche Forderung, blieb. Sie ist das Erbteil aus allen gescheiterten Plänen und Projekten, die zu ersinnen die Deutschen nicht müde wurden; sie ist das Unvergängliche der Zusammenbrüche selbst, die nicht von dem überwunden werden, der ihre Ursachen erforscht und sie künftig zu meiden sucht; sondern von dem allein, der auch in ihnen das Gesetz erkennt und bejaht. Immer noch bestand die Aufgabe, diese Geschichte, die sich bisher vollzogen hat und künftig vollziehen wird, zu adeln und, nach den Worten Hebbels, »den Staub über den Staub zu erhöhen« (gesetzt, daß es sich nur um Staub handelte); es bleibt das Gebot, ein Weltbild zu finden, das dieser tragischen Geschichte gemäß ist und statt vor Katastrophen, die überwunden werden, vor dem einzig Tödlichen: vor der Abkehr vom Wesen, zu retten vermag. Denn Tod ist allein der Verlust des Selbst. Diese Einheit von Geschichte und Dichtung, erkanntem Wesen und seinem Ausdruck, Schicksal und ordnendem Willen, Machtform und dem sie erfüllenden Geist ist ein unverrückbares Ziel; es gilt freilich nicht mehr dem »besseren Publikum«: sondern dem ganzen Volke.

Wenn damit notwendig die Betrachtung einer jeden Epoche nationaler Geschichte zum Ausdruck des Wesens wird, das in ihr erscheint, so ist das besondere Vermächtnis des Preußentums das Beispiel des aufs höchste angespannten Willens zur Form: der Initiative und der tragischen Konsequenz des Führers; das Weltbild, unter dem sich diese Formgebung vollzog, die Verbindung der Pflicht an sich, die den Einzelnen trifft, mit dem imaginären Glück der Gesamtheit, ist längst gerichtet und kann nicht erneuert werden, denn auch die Pflicht verlangt nach einem tieferen Fundament, und der Traum von dem möglichen Erdenglück ist für alle Zeit zerstoben. Die Grenzen des Preußentums, eines reinen Willensphänomens, sind offenbar: es hat in seiner höchsten Ausbildung wesentlichen Bedürfnissen der Seele nicht genügt und wird daher von der ganzen Tiefe des religiösen Erlebnisses und von der religiösen Wirklichkeit her immer angreifbar bleiben. Auch hier wirkt sich auf eine furchtbare Weise das Verhängnis moderner Staaten aus: ihr Mangel an absolutem Gehalt. Dem preußischen Staat das alte Reich entgegenzusetzen, wäre ungerecht: jene erhabene Form, die von den großen deutschen Kaisern vertreten wurde, erhebt sich über eine jede abendländische Schöpfung: freilich stand auch dieses Reich auf rein tragischem Fundament: dem Zwiespalt der beiden höchsten Gewalten, die einander nicht entbehren und sich nicht versöhnen konnten. Das Reich ist und bleibt der höchste deutsche Wert: ebenso gewiß aber ist, daß es der stärksten formgebenden Kraft gehört, die in ihm noch vorhanden ist. Die Frage nach dieser formgebenden

Kraft konnte nur mit der Bejahung des preußischen Beispiels beantwortet werden: des Beispiels und der menschlichen Werte; nicht des zeitbedingten Gedankens. Das Leben aber in seiner ganzen Schwere ist nur möglich als Auftrag Gottes.

J. W. v. Archenholtz: Geschichte des siebenjährigen Krieges. – *Alfred Ritter von Arneth:* Maria Theresia. 10 Bde. Wien 1863 ff. – *Max Beheim-Schwarzbach:* Hohenzollernsche Colonisation. Leipzig 1874. – *von Benckendorff:* Karakterzüge aus dem Leben Friedrich Wilhelms I. Berlin 1787/89. 2 Bde. – *Frhr. v. Bielfeld:* Friedrich der Große und sein Hof. Breslau 1838. – *E. Bleich:* Der Hof des Königs Friedrich Wilhelm II. und Friedrich Wilhelm III. Berlin 1914. – *F. Marquis de Bouillé:* Vie privée politique et militaire du Prince Henri de Prusse. Paris 1809. – *Louise Johanna Leopoldine v. Blumenthal:* Lebensgeschichte Hans Joachims von Zieten. Berlin 1805. – *Erich Brandenburg:* König Sigmund und Kurfürst Friedrich I. von Brandenburg. Berlin 1891. – *Albert de Broglie:* Friedrich II. und Maria Theresia. Minden; Voltaire avant et pendant la guerre de sept ans. Paris 1898. – *Dietrich Sigismund v. Buch:* Tagebuch 1674-83. Leipzig 1904/05. 2 Bde. – *Büchner und Dittrich:* Friedrich der Große in seiner Zeit. Leipzig. 5 Bde. – *Heinrich v. Bülow:* Prinz Heinrich von Preußen. Berlin 1805. – *Büsching:* Charakter Friedrichs des zweyten. Halle 1789. – *Herm. v. Caemmerer:* Testamente der Kurfürsten von Brandenburg und der beiden ersten Könige von Preußen. München/Leipzig 1915. – *Erich Caspar:* Hermann von Salza. Tübingen 1924. – *Henri de Catt:* Mémoires. Leipzig 1884. – *C. A. Collini:* Mon séjour auprès de Voltaire. 1807. – *Joh. Jac. Dominicus:* Aus dem 7jährigen Kriege. München 1891. – *G. Droysen:* Geschichte der preußischen Politik. – *David Faßmann:* Leben und Taten Friderici Wilhelmi. Breslau 1741. 2 Bde. – *F. Fehling:* Frankreich und Brandenburg 1679-84. Leipzig 1906. – *Flögel:* Geschichte der Hofnarren. 1789. – *Fr. Förster:* König Friedrich Wilhelm I. Potsdam 1834/35. 3 Bde.; Höfe und Cabinette Europas. 2 Bde. – *Friedrich der Große:* Werke. Berlin 1912/14. 10 Bde.; Oeuvres. Berlin 1846 ff.; Briefe an seinen vormaligen Kammerdiener Fredersdorff; herausgegeben von Joh. Richter. Berlin; Anekdoten und Charakterzüge aus dem Leben Friedrichs II. Berlin 1787 ff. – *Friedrich der Große und Wilhelmine von Bayreuth:* Briefe; herausgegeben von B. G. Volz. Berlin 1926. 2 Bde. – *G. G. G. Göcking:* Vollkommene Emigrationsgeschichte. 1732/34. 2 Bde. – *E. Guglia:* Maria Theresia. München-Berlin 1917. 2 Bde. – *(Anonym:)* Leben und Taten des Freiherrn Paul v. Gundling. Berlin 1795. – *Kornelius Gurlitt:* August der Starke. Dresden 1924. 2 Bde. – *Julius Haeckel:* Geschichte der Stadt Potsdam. Potsdam 1912. – *F. W. M. Hahnke:* Elisabeth Christine Königin von Preußen. Berlin 1848. – *Otto Hintze:* Die Hohenzollern und ihr Werk. Berlin 1915. – *Albert v. Hofmann:* Das deutsche Land und die deutsche Geschichte. Stuttgart-Berlin. – *Franz Horn:* Das Leben Friedrich Wilhelms des Großen Kurfürsten. Berlin 1814. – *Siegfried Isaacsohn:* Der deutsch-französische Krieg 1674. Berlin 1871. – *M. Jähns:* Der Große Kurfürst bei Fehrbellin, Wolgast und Stettin. Hohenzollernjahrbuch 1897; Der Große Kurfürst auf Rügen und vor Stralsund. Hohenzollernjahrbuch 1899. – *Hans Kania:* Potsdamer Baukunst. Potsdam 1916; Der Große Kurfürst. Leipzig 1930. – *K. F. v. Klöden:* Andreas Schlüter. Berlin 1861. – *Wilhelm v. Knobelsdorff:* Georg Wenceslaus v. Knobelsdorff. Berlin 1861. – *A. Kopisch:* Die königlichen Schlösser und Gärten zu Potsdam. Berlin 1854. – *Reinhold Koser:* Geschichte Friedrichs des Großen. Stuttgart 1912/14. 4 Bde.; Die Politik der Kurfürsten Friedrich II. und Albrecht Achilles v. Brandenburg. Hohenzollernjahrbuch 1909. – *O. Krauske:* Briefe Königs Friedrich Wilhelm I. an den Fürsten Leopold von Anhalt-Dessau. Berlin 1905. – *Th. Krüger:* Die Salzburger Einwanderung in Preußen. Gumbinnen 1867. – *C. D. Küster:* Bruchstück eines Campagnelebens im 7jährigen Krieg. Berlin 1791. – *Franz Kugler:* Friedrich der Große. – *Ernst Lavisse:* La jeunesse du grand Frédéric. Paris 1891; Le grand Frédéric avant l'avènement. Paris 1893. – *E. A. H. v. Lehndorff:* Dreißig Jahre am Hofe Friedrichs des Großen. Gotha 1907. – *Karl Linnebach:* König Friedrich Wilhelm I. und Fürst Leopold v. Anhalt-Dessau. Berlin 1907. – *E. de Mauvillon:* Histoire de Frédéric Guillaume I. 1741. 2 Bde. – *Leopold v. Orlich:* Friedrich Wilhelm der Große Kurfürst. Berlin 1836. – *Moritz Pantenius:* Erlasse und Briefe Friedrich Wilhelms I. Leipzig 1913. – *Friedrich Paulig:* Friedrich Wilhelm I. v. Preußen. Frankfurt/Oder 1889. – *Heinrich Peter:* Der Krieg des Großen Kurfürsten gegen Frankreich. Halle 1870. – *Martin Philippson:* Der Große Kurfürst. Berlin 1902. 3 Bde.; Geschichte des preuß. Staatswesens vom Tode Friedrichs d. Großen bis zu den Freiheitskriegen. Leipzig 1880/82. 2 Bde. – *William Pierson:* Preußische Geschichte. Berlin 1898. 2 Bde. – *v. Pöllnitz:* Das galante Sachsen. – *Hans Prutz:* Preußische Geschichte. Stuttgart 1900/02. 4 Bde. – *L. v. Ranke:* Zwölf Bücher preußischer Geschichte. – *F. A. v. Retzow:* Charakteristik der wichtigsten Ereignisse des 7jährigen Krieges. Berlin 1802. 2 Bde. – *K. H. S. Roedenboeck:* Beiträge zur Bereicherung und Erläuterung der Lebensbeschreibungen Friedrich Wilhelms I. und Friedrichs des Großen. Berlin 1836. 2 Bde. – *Schöning:* Friedrich der Zweite. Berlin 1808. – *G. Schmoller:* Die Verwaltung Ostpreußens unter Friedrich Wilhelm I. Hist. Zeitschrift XXX. – *E. Schreck:* Friedrich Wilhelm I. von Preußen. Minden 1888. – *Rudolf Stadelmann:* Preußens Könige in ihrer Tätigkeit für die Landwirtschaft. I. Friedrich Wilhelm I. II. Friedrich der Große. 1878f. – *Steinbrecht:* Die Ordensburgen der Hochmeisterzeit in Preußen. 1920. – *David Friedr. Strauß:* Voltaire. – *G. F. v. Tempelhof:* Geschichte des siebenjährigen Krieges. Berlin 1801f. 6 Bde. – *G. Thouret:* Friedrich der Große als Musiker. Leipzig 1898. – *Wolfg. v. Unger:* Feldmarschall Derfflinger. Berlin 1896. – *Varnhagen v. Ense:* Leben des Feldmarschalls Jakob Keith. Berlin 1844. – *Joh. Voigt:* Geschichte Marienburgs. 1824; Handbuch der Geschichte Preußens. Königsberg 1860. 3 Bde. – *G. B. Volz:* Friedrich der Große im Spiegel seiner Zeit. Berlin. 3 Bde.; Friedrich der Große. Berlin 1928. – *F. M. A. de Voltaire:* Correspondence avec le roi de Prusse. Paris 1899; Siècle de Louis XIV.; Mein Aufenthalt in Berlin. München 1921. – *Adam Wolf:* Aus dem Hofleben Maria Theresias. Wien 1888. – *Engelbert Wusterwitz:* Märkische Chronik. Berlin 1878. – *Joh. Georg Zimmermann:* Friedrichs des Großen letzte Tage. Basel 1920. – *H. v. Zwiedineck-Südenhorst:* Maria Theresia. Bielefeld und Leipzig 1905.

Friedrich Wilhelm, Kurfürst von Brandenburg
Schabkunstblatt von Gole

König Friedrich Wilhelm I. Vater Friedrichs des Grossen
Gemälde von Pesne im Besitz Sr. Majestät des Kaisers

Sophie Dorothea Königin von Preussen
Bleistiftzeichnung von Menzel in der Nationalgalerie zu Berlin
nach einem Gemälde von Pesne

Friedrich der Grosse
Gemälde von Graff im Besitz Sr. Majestät des Kaisers

Königin Elisabeth Christine, Gemahlin Friedrichs des Grossen
Gemälde von Pesne im Besitz Sr. Majestät des Kaisers

Wilhelmine Markgräfin von Bayreuth
Schwester Friedrichs des Grossen. Gemälde von Pesne
im Besitz Sr. Majestät des Kaisers

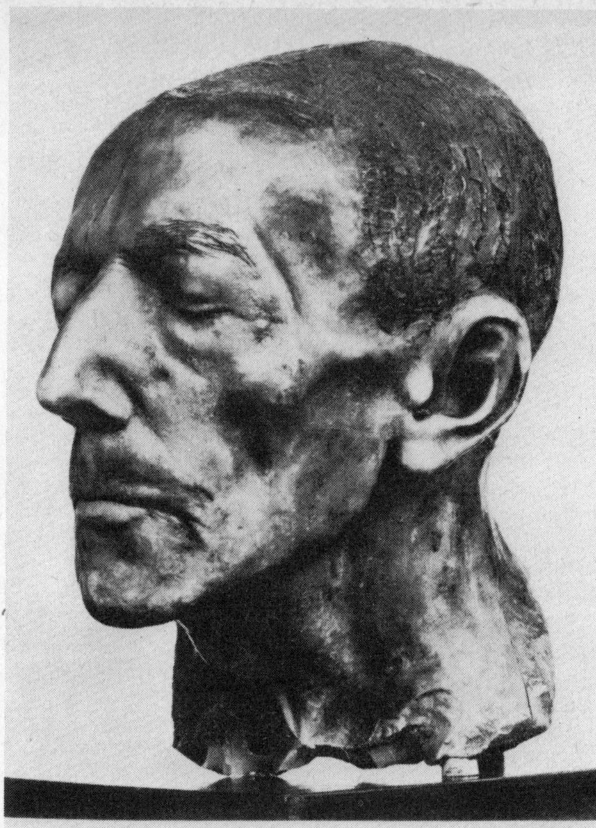

Totenmaske Friedrichs des Grossen

Abbildungshinweise

Im Verzeichnis der »benutzten Werke«, das Reinhold Schneider der Ausgabe von 1933 anfügte, werden die Quellen-Titel nur ungenau und oft fragmentarisch angegeben. So ist z. B. der erste Titel der Quellenliste aufzulösen mit

J. W. von Archenholtz, Geschichte des siebenjährigen Krieges in Deutschland von 1756 bis 1763. 2 Teile. Berlin o. J.

Weitere Titel sind etwa wie folgt zu präzisieren:

Albert Herzog von Broglie, Friedrich II. und Maria Theresia nach neuen archivalischen Quellen 1740–42, 2 Bände. Minden 1884.
Die Briefe Friedrichs des Großen an seinen vormaligen Kammerdiener Fredersdorf, herausgegeben von Johannes Richter. Berlin 1926.
Friedrich Paulig, Friedrich Wilhelm I., König von Preußen. 2. Auflage. Frankfurt/Oder 1889.

Viele der von Schneider benutzten Werke enthalten Abbildungen, und es scheint, daß sich der Autor nicht nur vom Text seiner Quellenwerke, sondern auch von diesen Abbildungen hat anregen lassen. Die hier wiedergegebenen Abbildungen entstammen der Werkausgabe Friedrichs des Großen:

Die Werke Friedrichs des Großen, herausgegeben von Gustav Berthold Volz. 10 Bände. Berlin 1912–1914.

1) Friedrich Wilhelm, Kurfürst von Brandenburg, genannt der Große Kurfürst, 1620–1688. (Band I, nach Seite 56).
2) Friedrich Wilhelm I., König von Preußen, Vater Friedrichs II., 1688–1740. (Band I, nach Seite 160).
3) Sophie Dorothea, Königin von Preußen, Gemahlin Friedrich Wilhelms I. von Preußen, Mutter Friedrichs II., 1687–1757. (Band III, nach Seite 120).
4) Friedrich II., König von Preußen, genannt Friedrich der Große, 1712–1786. (Band VII, nach Seite 288).
5) Elisabeth Christine, Königin von Preußen, Gemahlin Friedrichs II. von Preußen, 1715–1797. (Band VII, nach Seite 288).

6) Wilhelmine, Markgräfin von Bayreuth, Schwester Friedrichs II. von Preußen, 1709–1758. (Band IX, nach Seite 96).
7) Die Totenmaske Friedrichs II. von Preußen. (Bd. VII, nach Seite 292) Schneider hat deutlich nach dieser Maske seine Darstellung des Königs auf dem Totenbett gestaltet.

Fotos: Bayerische Staatsbibliothek, München.

Andenken *(an Wilhelm II.)*

> Was sterblich war, ich hab es ausgezogen
> Und bin der Kaiser nur, der niemals stirbt.
> *Grillparzer*

In den letzten Jahren konnte man dann und wann Menschen begegnen, die versicherten, der Kaiser sei in Deutschland, in einem der Potsdamer Gärten oder in einem Schlosse am Harz gesehen worden. Solche Gerüchte wirkten wie ein Zeichen, als ob das Bild Wilhelms II. noch einmal wiederkehren und ihm Gerechtigkeit widerfahren sollte. Sie schienen dem Aufleuchten des wahren Bildes vorauszugehen, das bisher kaum sichtbar geworden ist. Was der Kaiser in der ganzen Fülle seines Wesens war, was er in seiner Zeit bewirkte, läßt sich in diesem Augenblick nicht einmal andeuten; von einer »Würdigung« kann gar keine Rede sein, wo es sich einfach um Liebe und Verehrung handelt. Wer die Geschichte Wilhelms II. einmal schreiben wollte – die Geschichte des Souveräns, der bei scheinbarer Übereinstimmung mit seiner Epoche eben als Souverän von ihr geschieden war –, der müßte die von heißem Streben erfüllte lange Regierungszeit im Zusammenhange mit dem 19. Jahrhundert sehen, dessen Bewertung noch immer nicht möglich ist; und er müßte jene Jahrzehnte in Beziehung setzen zu der fast ebenso langen Zeit des Exils; ja, er müßte vielleicht vom Exil ausgehen, wenn er den Menschen, der doch das »Beste im König« ist, erfassen wollte. In Doorn hat der Kaiser noch einmal mit seinem ganzen Herzen gerungen um die Krone und ihren Sinn; dort hat er unter der Last seines Schicksals, mit unverbittertem Herzen seinen Glauben bezeugt und vielleicht noch vertieft. Wir können aber einen Menschen nicht verstehen, ohne zu wissen, was er geglaubt hat. Die Krone, die das Kreuz trägt, war für ihn zur festen Mitte seines unermüdlichen, leidenschaftlichen Denkens und Forschens geworden.

Wer die hohe Ehre hatte, dem Kaiser in diesen Jahren auch nur ein einziges Mal gegenüberzustehen, der mußte einen erschütternden Gegensatz fühlen zwischen dem Schicksal und der Art, wie es getragen wurde. Das Schicksal war mit der Überstürzung und Wucht über ihn gekommen, die so oft schon in der Geschichte die Mächtigen trafen und recht eigentlich deren Schicksal zu sein scheinen; getragen wurde es von dem Betroffenen fast mit Heiterkeit, deren Grund tiefe Ergebung, Einsicht in das eigene Handeln, festes Vertrauen auf Gottes Lenkung war. So konnte man meinen, er, dessen Leben auf tragische Weise in der Mitte zerbrochen war, habe keine Anlage zu einer tragischen Erfahrung gehabt; er war ein Mensch ohne Arg; so gerne er Anregungen aufnahm, so versetzte er sie doch sofort in eine große, ihm allein eigene Perspektive: mit Bezug auf die Krone und deren Bestimmung in der Geschichte sah er alle Erscheinungen an; sein Leben war zerbrochen, sein Denken, sein Glaube nicht. Das enge Haus, das ein dunkler Graben umzog, die eintönige Landschaft, auf der so oft der Nebel und die Feuchtigkeit lasteten, konnten bedrückend sein; aber der Kaiser hatte die ihm angeborene Freude an den Dingen nicht verloren; vor seinen Augen standen die Erinnerungen, nicht von Wehmut verhüllt, sondern mit der Leuchtkraft eines frischen Herbsttages; die ganze Weite der Welt, die ganze Tiefe der Geschichte waren ihm gegenwärtig; er stand in der heftigsten Wechselwirkung mit Ländern, Völkern und Zeiten und ihren geistigen Werten. Tiefer Gram hatte den Glanz seiner Augen getrübt, aber er konnte noch lachen wie ein Jüngling; eine Geste verriet die alte Gewohnheit des Befehls; in seinen Worten, in seinen Handlungen konnten sich eine Zartheit der Rücksicht, der Fürsorge und Einfühlung andeuten, die erschütterten. Er schenkte, wie nur Könige schenken können, indem er sich der äußeren Hoheit völlig begab und den andern auf die schönste menschliche Art beglückte; so dachte er sich Freuden aus, ohne die Mühe zu scheuen, die sie ihm machten, besuchte er gleichsam den andern in dessen eigenstem Dasein. Da er ohne Arg war, so war er im Grunde auch ohne Waffen; vielleicht ist es leicht gewesen, ihn zu täuschen. Aber wie sehr müßten diejenigen, die es taten, sich gerade durch seinen Glauben und seine Arglosigkeit beschämt fühlen!

Während er so den Jahren des Exils einen hohen sittlichen und geistigen Wert errang, verband sich mit der Unverlierbaren Hoheit, die einer gekrönten Stirne eigen ist, eine Hoheit anderer Art: es war die Majestät des Unglücks. An sie rührende Worte hätten sie nur entweiht; sie war sichtbar und fühlbar; die Krone und das Geschick ihres Trägers waren doch wieder eins geworden; das Unglück hatte ihn gekrönt. Es gehört zum Mysterium der Geschichte, daß auch der Mächtige und der am stärksten Verpflichtete wenigstens für einen Augenblick frei ist und eine Entscheidung treffen kann; und doch reicht das Unglück Wilhelms II. weit zurück in die Tiefe der deutschen Geschichte; es war zu einem großen Teil die Tragik der Krone des Jahres 1871, die er auszutragen hatte: die Spaltung der einen, unteilbaren, geheiligten Krone des Reiches. Aber auch auf die abgespaltene Krone war ein Schimmer der Weihe und des Geheimnisses gefallen; dieses Geheimnis hat der Kaiser sehr tief empfunden. Seine Liebe zum Mittelalter kam aus dem Gefühl für die ferne Heimat seiner Krone.

Unglück gebietet Ehrfurcht; und Ehrfurcht gebieten auch die großen Zusammenhänge der Geschichte; diese Ehrfurcht ist dem Kaiser zu oft verweigert worden, als daß sie nicht einmal gefordert werden müßte. Nur selten stand das Wesen eines Mannes in einem so furchtbaren Widerspruch zu dem Bilde, das sich die Welt von ihm gemacht hatte und das die Welt nicht hergeben wollte. Langsam wird dieses falsche Bild zerfallen. Und vielleicht wird dann auch deutlich werden, mit welcher Kraft sich das Amt des Gestürzten bemächtigt und ihn noch einmal erhoben hat. Das Amt ist stärker als Menschenwille, aber es macht den Menschen stark, der es annimmt. Und doch war es nicht dies allein, was einige Menschen dem Kaiser in unbedingter Treue verbunden hat, so daß er, der so viel Untreue erfahren, vielleicht nie ohne Trost gewesen ist. Treue ruht im Herzen; Ereignisse vermögen über sie nichts. Die Geschichte hat nicht die Aufgabe, Treue zu belohnen; aber sie fordert Treue; wer diese Forderung spürt und sie nicht erfüllt, ist schon gerichtet vor sich selbst. Der scheinbaren Allmacht der Geschichte gegenüber behauptet sich Goethes Wort: »Unmöglich ist, was Edle nicht vermögen.« Hier allein ist die Grenze aller Forderungen und Möglichkeiten: im Herzen des Edlen, des echten Menschen. So hat die Liebe den Kaiser durch dunkle Jahre begleitet; Liebe erfüllte ihn selbst; eben weil er ein Vater seines Volkes war, sind ihm, wie einst Friedrich Wilhelm IV., vielleicht gebotene Entschlüsse so furchtbar schwer gefallen. Wohl scheint es, daß er ohne Waffe gewesen sei; aber eine Waffe hatte er doch: es war seine Güte, und es war sein unverrückbar großer Sinn. Die Macht, die ihm einst die Krone verliehen hatte, war ihm entrissen worden; aber unerhörtes Leid, das vielleicht auch ein Vorrecht der Könige ist, hat er getragen ohne zu wanken, in Demut und Zuversicht. Unter diesem Leid hat sich sein Menschentum vollendet, ist die Krone und ihr Geheimnis zu seinem unverlierbaren Eigentum geworden.

Nachwort des Herausgebers

»An einem Wintermorgen im Steglitzer Stadtgarten«, so erinnert sich Reinhold Schneider im ›Verhüllten Tag‹, »überfiel mich das Brandenburgische Konzert: die preußische Idee, es war wie eine unüberwindliche bacchantisch-disziplinierte Musik. ... das Militärische war für mich nur Gewand, Erscheinungsform: mir ging es um das Innerste: die Tragik des Preußentums wie der Krone.«

Seit April 1932 wohnte Schneider in Potsdam, seit Juni 1932 studierte er intensiv die Geschichte Preußens und der Hohenzollern und faßte Ende November zunächst den »Plan eines historischen Romans über die 20 000 vertriebenen Salzburger, die Friedrich Wilhelm in Ostpreußen ansiedeln will«. Im Winter dieser nicht nur politisch, sondern auch literarisch denkwürdigen Jahre 1932/33 schrieb er dann unter dem Lärm der in seine Dachstube dringenden Radio-Übertragungen der politischen Massenversammlungen sein Buch ›Die Hohenzollern‹, hin- und hergerissen zwischen der Begeisterung der dem Nationalsozialismus zuströmenden Massen und der klaren Erkenntnis von der falschen und lügenhaften Messianität Hitlers. So gestand er wenige Tage nach den Reichstagswahlen im März 1933 sein »Gefühl, daß das Volk endlich wieder auf dem Wege seiner Geschichte sei, der begangen werden muß, wie furchtbar er auch sein mag ...«, obwohl er schon im Januar 1932 in Hitler die bürgerliche Kultur »zu Grunde gehen« sah und den von den Nationalsozialisten entfesselten Weltkrieg vorausahnte. »Peitschende Stimmen, unter denen das Ungestüm aufjauchzte«, hatte er während der Arbeit an seinem Preußenbuch immerfort im Ohr, »dann die eine, mit keiner andern zu vergleichende Stimme, die unablässig lügend niemals log; denn in ihr sagte sich die heraufgärende Macht unverhüllt aus.«

Am 24. Februar 1933, wenige Tage vor dem Brand des Reichstagsgebäudes in Berlin, noch vor dem Beginn der großen Vertreibungswellen gegen oppositionelle Künstler, Gelehrte und Politiker, inmitten des sich ungehemmt austobenden Propagandaterrors für die auf den 5. März 1933 angesetzten Wahlen, schrieb Schneider die letzten Kapitel des Buches, am 5. März, »dem Propagandafest der erwachenden Nation«, hat er es, nach eigenem Bekunden, vollendet.

›Die Hohenzollern. Tragik und Königtum‹, das Buch einer verspäteten Hoffnung auf die Wiedergewinnung monarchischen Denkens, ist in Zustimmung und Kritik, in Erinnerung und Utopie ganz ein Werk seiner Entstehungszeit. Als es geschrieben wurde, war Schneider für einen kurzen Augenblick der konservativen Hoffnung einer »nationalen Erhebung« verfallen, welche die meisterliche Propagandaregie des Nationalsozialismus durch jenen heuchlerischen Staatsakt von Potsdam am 21. März 1933 noch verstärkte, bei dem sich Hitler »vor dem in seiner Generalfeldmarschallsuniform prangenden Hindenburg« tief verneigte. Der Reichspräsident Paul von Hindenburg, »Ersatzkaiser« des bürgerlichen Nationalismus und der Monarchisten, nicht der scheinbar von seiner Gnade abhängende Reichskanzler Hitler, war die beherrschende Symbolfigur des Tages. Dem konservativen, nicht dem revolutionären Nationalismus schien die Zukunft zu gehören; die historische Sprengkraft des Nationalsozialismus wurde auch von Reinhold Schneider zunächst weit unterschätzt, Hitler von ihm noch am 25. Januar 1933 als Österreichs »Rache für Königsgrätz« belächelt.

Als das Werk im August 1933 erschien, wirkte es schon als ein Buch des Widerstandes gegen den sich konsolidierenden Nationalsozialismus, da es das ethische, nicht das von den neuen Machthabern reklamierte, politische und militärische Vermächtnis der Hohenzollern-Fürsten darzustellen suchte, das tragische und nicht das heroische Lebensgefühl pries. Von November 1933 bereits datiert Schneiders Erzählung über den Hexenbeichtvater Friedrich von Spee, ›Der Tröster‹, welche die Reihe dezidierter Widerstandsschriften, in der von den Zeitgenossen sehr wohl verstandenen Chiffren-Sprache des inneren Exils, eröffnete.

Das Jahr 1932, in welchem das Hohenzollern-Buch begonnen wurde, hat tiefe Spuren in ihm hinterlassen. Es war dies das Jahr, in dem die Welt Goethes 100. Todestag festlich beging, in dem Thomas Mann nochmals verzweifelt Goethe, den »kerndeutschen Unpatrioten«, als Führer des europäischen Bürgertums in eine neue, »soziale Welt«, propagierte. Es war dies zugleich das Jahr, in welchem die Arbeitslosigkeit in Deutschland in der abklingenden Weltwirtschaftskrise noch einmal einen Höchststand erreichte, in dem die Nationalsozialisten bei den Reichstagswahlen im Juli die Zahl ihrer Mandate verdoppeln konnten. In diesem Jahr erlebte die avantgardistische, oppositionelle und republikfreundliche Kunst und Literatur, und besonders das Theater, das nicht der bloßen Unterhaltung diente, eine gespenstische Echolosigkeit; im Rückblick sprachen die deutschen Autoren später von einem Jahr der »Windstille«. Die »Tragödie der Deutschen«, wie Reinhold Schneider die nunmehr jedermann offenkundige Divergenz von Geist und Macht in Deutschland nannte, wurde im Jahre 1932 zu einem heiß umkämpften Zentralthema der Literatur.

Die Tragödie, »daß Macht und Geist, Nation und Kultur, Geschichte und gestaltetes Ethos«, oder formelhaft ausgedrückt: daß Potsdam und Weimar nicht zusammenfinden konnten, führte Schneider in den ›Hohenzollern‹ in die Zeit Friedrichs II. von Preußen zurück, und er schrieb ein Buch der Anfänge jener Divergenz, die im Goethejahr 1932 – es war gleichzeitig ein Jahr Hitlers – einen nie gesehenen Höhepunkt erreichte. Dabei war die Divergenzdebatte, die in der Literatur der dreißiger Jahre in Deutschland geführt wurde, keine konservative Erfindung, sondern eine verbreitete kulturelle und politische Grundstimmung, die sozialistische und konservative Autoren gleichermaßen erfaßt hatte. Die nationalsozialistische Kulturpropaganda, Goebbels' Bewegung zur Formierung des Optimismus, profitierte von ihr besonders im Entscheidungsjahr 1933. Kurt Tucholsky hat 1932 diese Grundstimmung satirisch in der Parodie des Aufsatzes eines Berliner Hitlerjungen gegeißelt, dem er im Jahr der »Goethe- und ...« -Literatur den Titel ›Hitler und Goethe. Ein Schulaufsatz‹ gab. Darin hieß es (am 17. Mai 1932 in der ›Weltbühne‹), nicht mehr prophetisch, sondern schon satirisch konstatierend: »Zwischen Hitler und von Goethe bestehen aber auch ausgleichende Berührungspunkte. Beide haben in Weimar gewohnt, beide sind Schriftsteller und beide sind sehr um das deutsche Volk besorgt, um welches uns die anderen Völker so beneiden. Auch hatten beide einen gewissen Erfolg, wenn auch der Erfolg Hitlers viel größer ist. Wenn wir zur Macht gelangen, schaffen wir Goethe ab.«

Reinhold Schneider hat in den ›Hohenzollern‹, auch darin seiner Zeit verpflichtet, die so definierte deutsche Tragödie am Beispiel Preußens beschrieben, er hat das Werden eines Volkes und – in einem weiteren geplanten Band – das tragische Scheitern jener idealistisch-romantischen Sehnsucht dargestellt, welche dieses Volk durch die ihm künstlerisch vermittelte Begegnung mit der eigenen Geschichte zum Bewußtsein seiner selbst zu bringen suchte.

So ist es nur konsequent, wenn das Buch 1953, im Jahr des Bauarbeiteraufstandes in Ostberlin, in einer zweiten Fassung neu aufgelegt wurde. Günter Grass hat ja 1966 in seinem von der Kritik so mißfällig aufgenommenen Stück ›Die Plebejer proben den Aufstand‹ die Ereignisse des Juniaufstandes 1953, am Beispiel des unpolitischen Intellektuellen Bertolt Brecht, als ein tragisches Modell deutscher Divergenz von Geist und Macht, und schließlich, wie der Untertitel ausweist, die Divergenz von Volk und Dichter als »ein deutsches Trauerspiel« gedeutet. Die Fassung des ›Hohenzollern‹-Buches von 1953, deren Vorwort Reinhold Schneider auf den 6. März datierte, ist nicht allein wegen des neuen Vorwortes, des erweiterten Nachwortes und des gestrichenen Quellenverzeichnisses, sondern auch durch inhaltliche und stilistische Korrekturen im Text eine durchgehende Neubearbeitung des zwanzig Jahre alten Werkes, zu dessen Grundlinien sich der Autor aber in der Neuauflage bekannte. Schneider, der sich nun auf das »christliche Paradox« berief, wie er sich 1933 noch zum »tragischen Paradox« bekannt hatte, versuchte das Buch christlichem Verständnis anzunähern; er hat den Konflikt Friedrichs II. vor Beginn der Schlesischen Kriege, die Wahl »zwischen der Schuld vor dem geschriebenen Gesetz und der Schuld der Geschichte«, nun durch einen gewichtigen Textzusatz als einen rein immanenten Konflikt erklärt: »Zwischen ihnen beiden allein, im außerchristlichen Bereich, und also auch nicht bedroht von der furchtbarsten Frage, spielt das Drama des Königs.« Er hat ein Wort wie »Schöpfer« konsequent durch »Gründer«, »Erzwinger«, »Gestalter«, »Bauherr« und ähnliche Termini ersetzt, da ihm der erschaffende und erhaltende Gott allein »Schöpfer« war; was noch 1933 unter dem Gesetz der Geschichte als »ewig« erschien, reduzierte sich bei der Konfrontation mit dem Transzendenten auf seine wahre

Dimension, so wird »ewig« nun oft ersetzt, durch »unaufhaltsam«, »rastlos«, »immer«, »ständig«, »geschichtlich« etc. Schneiders neue Empfindlichkeit gegenüber sprachlichen Säkularisationen ist im Werk nach 1945 wohl auch durch den Mißbrauch sakralen Sprechens im nationalsozialistischen Propagandajargon bedingt. Die Denunzierung 1932/33 noch relativ unbefangen zu verwendender Begriffe ist allerorten an der zweiten Fassung des ›Hohenzollern‹-Buches abzulesen. So wird, zwar nicht konsequent, aber doch häufig genug, um die Sensibilität des Autors zu belegen und die seiner Leser zu wecken, »Führer« ersetzt durch »Herrscher«, »Fürst«, »Feldherr«, »Gebieter« und »Sieger«, aus »Rasse« wird »Herkunft«, aus »Instinkt« »Gefühl«, kaum erscheint eine Tat noch »heroisch«. Reinhold Schneider hat aber 1953 nicht nur das nationalkonservative Vokabular der Fassung von 1933 korrigiert, sondern auch energisch in die Problemgestalt seines Buches eingegriffen und es der radikal-pazifistischen Haltung seiner letzten Lebensjahre angeglichen. Er hat in diesen Jahren, in denen er dem Unverständnis einstiger Freunde, gehässigen Angriffen und einem Zeitschriftenboykott ausgesetzt war, versucht, in der freien Entscheidung des souveränen christlichen Gewissens gegen die Realpolitik das Leid als Kriterium der Wahrheit, den Protest des Opfers als einzig bleibenden Wert im individuellen Leben, wie im Leben der Völker, zu erhalten. 1933 hat er (im Kapitel über das Heer Friedrich Wilhelms I.) dort einen Adel der Waffen gesehen, wo das Volk vom Heer repräsentiert wurde: ». . . von nun an wird es möglich, die Nation als Gesetz zu empfinden, dem der Einzelne nicht nur dem innern Wesen nach, wie es sich von selbst versteht, sondern auch nach dem äußern Gange seines Schicksals, von Geburt an verfallen ist.« Im Jahre 1953, in dem Bundestag und Bundesrat, gegen die Stimmen der SPD, den EVG-Vertrag ratifizierten, blieb vom Enthusiasmus des Waffendienstes nur die rhetorische Frage: »Der Waffendienst soll geadelt werden. Aber wie sollte Adel sein, wo keine Freiheit ist; wo die Waffe schon in der Wiege liegt?« 1953 wird das Motto zum Abschnitt über Friedrich den Großen durch den »Spruch östlicher Mönche« ergänzt, wird in Abschnitt III, zu Beginn des Kapitels über »Das Gesetz«, Goethes skeptisches Zitat eingefügt, »daß man aus dem moralischen Standpunkt keine Weltgeschichte schreiben kann«, wird am Ende dieses Kapitels der Abschnitt über das Reich, als »die tragische Einheit aller deutschen Gegensätze« und die Einigung des Reiches durch den »Gedanken der Wehr«, ersatzlos gestrichen, ist Friedrich nicht mehr der »tragische Führer«, sondern der »tragische Sieger«, entfallen Passagen, wie die von Friedrichs Bekenntnis »zum Glauben an das unzerstörbare, erdverbundene Wachstum der Nation«. Das Buch ›Die Hohenzollern‹ wird also dem historischen, zum Teil auch dem gedanklichen Zusammenhang seiner Entstehungszeit entzogen und – oft gewaltsam – in die Friedensschriften der fünfziger Jahre eingeordnet. Damit wird die Problemkonstellation des Buches erneut aktualisiert, sie behält jenen Charakter politischer Unmittelbarkeit, der schon die erste Fassung auszeichnete.

Die unmittelbaren Zeitbezüge der Erstausgabe werden nämlich dann besonders kenntlich, wenn man die nationalsozialistischen Propagandareden zum »Tag der deutschen Kunst« in München, am 15. Oktober 1933, und zur Eröffnung der Reichskulturkammer, am 15. November 1933, mit einbezieht. Von der »Volkwerdung der deutschen Nation« sprach Joseph Goebbels, welche »zweitausend Jahre lang die Sehnsucht aller guten Deutschen« gewesen sei, davon, daß die »Kultur ... höchster Ausdruck der schöpferischen Kräfte eines Volkes« sei; und schließlich sprach er mit Bezug auf die in der deutschen Geschichte beispiellose Vertreibung von Intellektuellen und Künstlern aus ihrer Heimat davon, daß »eine Kunst, die sich vom Volke trennt«, kein Recht habe, »sich darüber zu wundern, daß das Volk sich von ihr trennt«. Daß sich die neuen Machthaber damit 1933 schamlos an die Stelle des Volkes setzten, mochte in der Zustimmung breiter Volksschichten zu Hitlers Aufstieg übersehen worden sein, daß aber der Nationalsozialismus seinen Volksbegriff mythisch und rassistisch, damit unhistorisch definierte, war lange vor der Machtergreifung erkennbar. Ganz in diesem Sinne sah z. B. Friedrich Hussong 1932 in der ›Literarischen Welt‹ den »nationalen Mythos ... nicht aus den Nerven geschwitzt, sondern aus dem Blute blühend«, er sah »Feindschaft gesetzt ... zwischen Volkheit und Intellektualismus«. Gegenüber solch völkisch-mythologischem Kitsch, der unheildrohend Besitz von der Literatur ergriff, bedeutete 1933 schon Schneiders Berufung auf die Geschichte und den in ihr herrschenden »Mechanismus des Tragischen, der das geschichtliche Leben zerreibt«, eine deutliche Distanzierung; unüberhörbar aber ist vollends seine energische Stellungnahme gegen den Kult des Blutes und der Rasse: »Nicht das Blut, nicht die Rasse entscheiden hier . . . Der gemeinsame Dienst erschafft ein Volk; es wird gleichgültig, woher es gekommen, wie es entstanden . . .« Ebenso unüberhörbar freilich ist auch die nie verborgene Kritik an der Weimarer Republik, deren kurzes vierzehnjähriges Leben in den Wahlkämpfen der Jahre 1932/33 eine so scharf akzentuierte Rolle spielte. Von den vierzehn Jahren der ersten Regierungsphase Friedrich Wilhelms aber heißt es in den ›Hohenzollern‹: ». . . vierzehn Jahre sind hin, und es ist nichts erreicht; auf unwiederbringliche Zeit fällt der Vorwurf der Vergeblichkeit; und doch hat er selbst getan, was er immer vermochte: aber Gott weigerte ihm seinen Segen.« Auch die Beschreibung des preußischen Heeres, das »seinen Ausgang vom Bauerntum nahm: der Rock des Grenadiers war ein Bauernkittel; seine hohe Mütze ist die gesteifte Zipfelmütze des Bauern«, kontrastiert mit dem Offiziersheer von Schneiders Gegenwart, das sich nie mit der Republik zu identifizieren vermochte und damit ein neues Spaltungssymptom verkörperte.

Mit diesen unschwer zu vermehrenden Anspielungen auf die Zeitsituation der dreißiger Jahre stand Reinhold Schneider in einer literarischen Strömung, die zwar im Breitenerfolg der psychologisch-historischen Biographie der zwanziger Jahre wurzelte, die aber erst in den dreißiger Jahren – gleichzeitig in innerdeutscher Literatur und in der Literatur des deutschen Exils – die Wende zum politisch-historischen Roman, mit all den tradierten Möglichkeiten zur Camouflage, zur Diskussion des Aktuellen im Spiegel der Geschichte, nahm. Reinhold Schneider schien in richtiger Einschätzung der kulturellen Strömungen der dreißiger Jahre das Geschichtliche *das* Medium des Tages, schien der Kampf um Deutung und Erneuerung deutscher Geschichte im Zentrum der Auseinandersetzungen der Zeit zu stehen. »Ich bin kein Historiker«, vertraute er am 9. April 1934 in Potsdam seinem Tagebuch an, »aber in einer Zeit, wo die Allmacht des Geschichtlichen erlebt und wieder entdeckt wurde, wird dieses notwendig Medium, und zwar auf eine entschiedenere Art als jemals.« In der großen Reihe seiner historischen Romane im Jahrzehnt von 1928 bis 1938 suchte er daher nicht nur die Spuren europäischer Gemeinsamkeit, die Spuren von der Idee des Reiches, um die sein Werk immer wieder kreist, sondern auch die Lösung der eigenen, auf das Christentum zuführenden Existenzfrage, die er – nach Karl-Wilhelm Reddemann – »in die Tiefe historischen Geschehens« projizierte. Schneiders Preußenbuch ist in der Erstfassung eine markante Station auf dem Wege der Entwicklung seines der Heilsgeschichte zustrebenden Geschichtsbildes, Station aber auch auf dem Wege seiner sich anbahnenden Reversion zum Christentum und damit der sich herausbildenden Widerstandshaltung gegen den Nationalsozialismus. Freilich konvergieren diese Parallelen, die existentielle, die literarische und die politische Entwicklungslinie, erst in ›Las Casas vor Karl v. – Szenen aus der Konquistadorenzeit‹ (1938) so deutlich, daß dieses Buch schließlich, wie es das Calderon-Motto ausweist, der Zeuge genannt werden kann, »der vor künftigen Geschlechtern« die Rechtlichkeit auch seines Autors bezeugt. Da diese Entwicklung seines Werkes der Neuauflage des ›Hohenzollern‹-Buches vorausging, konnte es Schneider wagen, die zweite Fassung 1953 zur prophetischen Retrospektive vom Untergang eines auf den Erfolg der Waffen gegründeten Staates umzustilisieren.

Ohne Zweifel gehört 1933 Schneiders Haltung im Buch über ›Die Hohenzollern‹ zur Literatur der »konservativen Revolution« in Deutschland. Da es aber dem breiten Spektrum dieser die dreißiger Jahre dominierenden Strömung durchaus an begrifflicher Trennschärfe mangelt, auch Schneiders politische Option für »die Papen-Partei« (1933), wie sein Traum von der Wiedererrichtung der Monarchie in Deutschland, nicht einfachhin auf sein literarisches Werk übertragen werden können, scheint mir die Einordnung in den übergreifenden Zusammenhang einer Geschichte des konservativen Denkens, deren Anfänge von Karl Mannheim und Klaus Epstein beschrieben wurden, richtiger und aussagekräftiger. Am Vergleich beider Fassungen der ›Hohenzollern‹ kann paradigmatisch die von der Erfahrung nationalsozialistischer Barbarei erzwungene Wandlung jener Strömung dieses Denkens abgelesen werden, die auch nach 1945 an der Idee einer »deutschen

Mitte« gegen die Blockintegration der Teile Deutschlands festgehalten hat.

In Schneiders literarischem Werk ist manches von dem antizipiert, was existentiell und theoretisch bewußt erst in späteren Jahren wirksam wurde. Wenn der Autor in den ›Hohenzollern‹ das tragische Gesetz der Geschichte über »die weltverändernde Vernunft der Aufklärung siegen« läßt (Hermann Kurzke), so ist dies nicht allein Ausdruck seiner Zugehörigkeit zur »konservativen Revolution«, sondern vor allem schon der Versuch, die deutsche Divergenz »im Verhängnis der rein preußischen, das heißt der rein irdisch begrenzten Haltung« zu deuten. An Anna Maria Baumgarten schrieb er am 19. Oktober 1932: »Gegenwärtig mache ich die Erfahrung, daß mich auch von den meisten Nationalisten sehr viel trennt: so viele politisieren die höchsten Dinge, wofür ich nicht zu haben bin; oder sie wollen Preußen erneuern, wie es war: das heißt als stärkste Form des Willens zur Erde; während ich der Meinung bin, daß keine Lebensform möglich ist, die sich nicht unter das Jenseits stellt; und daß Preußen eben an diesem totalen Mangel den stärksten Bedürfnissen des Lebens gegenüber zerbrach; und deshalb sich nicht mehr erneuern läßt, sondern nur als Symbol zur Wirkung kommen kann.« Gegen die Restauration eines militärisch orientierten Preußentums also, welches vom traditionalistischen und vom revolutionären Nationalismus »als ein Weg zum Erfolg und zur Vergeltung« gepriesen wurde, hat Schneider sein Preußenbuch geschrieben; der von ihm bei den Vorstudien erlebte Mangel an »echter Religion« in Preußen drohte, ihn »zu erdrücken und zu ersticken«, das wesenhaft Profane von Friedrichs II. Preußentum, die »schauerliche Heiterkeit« von Sanssouci, haben ihn tief berührt. Zu diesem Quellenerlebnis konnte er sich auch 1953 noch bekennen. Karl Wilhelm Reddemann hat nachgewiesen, wie sich innerhalb von zehn Jahren (1928–1938), von Werk zu Werk, Schneiders »zunächst auch im Widerspruch zum Glauben vorhandene latente Christusfrömmigkeit« vollendete. Es ist Schneiders persönliche Tragik, daß er sich, beginnend mit der den großen Bekenntnisschriften vorausgehenden Neufassung der ›Hohenzollern‹, am Ende eines weiten Bogens erneut der »Landschaft seiner Jugend« näherte, die von den Schatten der Gottferne verdunkelt wurde.

Literarisch meinte Reinhold Schneider mit seinem historiographischen Werk in Konkurrenz mit Schiller zu liegen, auf dessen Trennung von Freiheit und Schönheit, von Leben und Gesang er sich berief. Anders als der revolutionäre Anarchismus im Jahre 1918, der die Problemformel der deutschen Klassik, wonach »Freiheit nur im Reiche des Schönen gedeihen könne«, in die Maxime umzukehren trachtete, daß das Leben selbst das höchste Kunstwerk zu sein habe, anders als der Nationalsozialismus, der die anarchische Tatideologie adaptierte und einen patriotisch verfälschten Schiller 1934 zum »Kampfgenossen Hitlers« deklarierte, wollte Reinhold Schneider in seiner Symbol-Biographie des Preußentums auch eine Erklärung dafür geben, weshalb Schiller die von ihm geplante »Fridericiade« nie geschrieben hat. Was Schiller der deutschen Geschichte schuldig bleiben mußte, was Thomas Mann nur durch die fiktive Gestalt seines Gustav von Aschenbach hatte vollenden lassen, die »klare und mächtige Prosa-Epopöe vom Leben Friedrichs von Preußen«, suchte Schneider in seinem Preußenbuch zu leisten. In der Gestalt der geschichtsprägenden Hohenzollern-Fürsten, in der Darstellung ihres tragischen Kampfes mit der geschichtlichen Entwicklung, sollte ein Symbol des Preußentums geschaffen werden, Geschichte sollte zu Dichtung werden, damit sich »aus der Dichtung . . . die Geschichte, aufs neue befeuert, reiner und größer« erheben könne. Dieser alte, in der décadence-Dichtung der Jahrhundertwende aktualisierte Gedanke, daß Schönheit nur aus dem Untergang gewonnen werden könne, daß das Symbol, wie sich Schneider ausdrückte, nur aus dem Opfer wachsen könne, prägte Schneiders Historiographien seit dem Buch über ›Das Leiden des Camões oder Untergang und Vollendung der portugiesischen Macht‹ (1930) und seit der in Widerspruch zu Schillers ›Don Carlos‹ erfolgten Umwertung des Bildes Philipps II. von Spanien (1931). Dieser Gedanke hat eine mehrfache Gestalt: in der Zeit der Entstehung des Preußenbuches stand Schneider noch seiner ästhetizistischen Auslegung durch Thomas Mann nahe, dessen ›Tod in Venedig‹ zu den prägenden Vorbildern seines Werkes gehörte; wenig später hat er den Begriff des Opfers christlich und heilsgeschichtlich interpretiert, nicht mehr die durch das Opfer der künstlerischen Existenz erkaufte reine Form als Ziel des Werkes gesehen, sondern sein Werk und seine Person zum Vorbild der geschichtlichen Existenz seines Volkes gemacht, deren Sinn er in der »Zeugnis gebenden Passion«, im »Dasein des sterbenden Kornes«, im »Los der Griechen unter der harten Gnade der Konsuln und Prätoren« sah; die faschistische Umdeutung dieses Gedankens in einen tatbereiten Sozialdarwinismus aber hat Schneider verabscheut, auch wenn er 1932/33 den Unterschied zwischen dieser Position und der eigenen – politisch, nicht literarisch – noch nicht eindeutig fixieren konnte.

Sein Preußenbuch hat Reinhold Schneider den Weg zu den lebenden Nachkommen der Hohenzollern geebnet. Über den Kronprinzen und die Gattin Wilhelms II., Prinzessin Hermine von Schönaich-Carolath, erhielt er Zutritt zum ehemaligen Kaiser des Deutschen Reiches, der ihn am 4. April 1935 in Haus Doorn empfing. Am 3. April schrieb Schneider an Anna Maria Baumgarten: »Der Besuch, den ich morgen vorhabe, erscheint mir als das melancholischste Ereignis eines melancholischen Lebens. Überall zu spät. Überall auf Gräbern und Trümmern und eingesargten Herzen.« Es war eine in jeder Hinsicht enttäuschende Begegnung, die sich trotz erneuter Einladungen nicht mehr wiederholte. Das schauspielerhafte Talent Wilhelms II., das schon die satirische Literatur zur Zeit des Wilhelminismus gegeißelt hatte, fiel Schneider vor allem auf: »Aus der echten Repräsentanz, der Würde, der Darstellung überantworteter Werte, der Bildlichkeit des Menschseins, die keinem Fürsten erlassen werden können, war Wilhelm II. im Suchen nach dem Effekt in das Leere geglitten.« So blieb Schneiders »Brandenburgisches Konzert« im Grunde unvollendet, das Buch geriet ihm, wie die Mehrzahl seiner Werke, zum »Epitaph«. Einen geplanten zweiten Band hat er im Vorwort zur Neufassung 1953 im Umriß beschrieben und für Wilhelm II., den letzten regierenden Hohenzollernfürsten, schrieb er, bei dessen Tod 1941, nur die wenigen, ›Andenken‹ genannten und dann hektographierten Seiten eines Gedenkblattes. Dem Konflikt zwischen »Ehrfurcht und Wahrhaftigkeit«, in den ihn eine Darstellung des letzten deutschen Kaisers gebracht hätte, ist Schneider ausgewichen. Auch die persönliche Begegnung mit dem »gelähmten Mächtigen« konnte ihn nur in seiner Ansicht bestätigen, daß einer geschichtlichen Idee allein im poetischen Werk Dauer verliehen werden könne.

Die seit 1933 in Deutschland regierenden Nationalsozialisten haben auf Schneiders Buch ›Die Hohenzollern‹ sehr ungnädig reagiert. Am 3. Januar 1935 schrieb der Verleger Hegner an den Autor: »Ich wage es nur gelegentlich mit unter anderen anzuzeigen. Die ›Hohenzollern‹ sind im Augenblick höheren Orts sehr unbeliebt.« Es bedeutete schon 1933 für die nach Dignität und Ansehen gierende, plebejische Bewegung des Nationalsozialismus eine schwere Provokation, daß dieser kaum dreißigjährige Autor ihren Anspruch auf die geschichtserneuernde Tat der Reichsgründung leugnete und den Zwiespalt zwischen Potsdam und Weimar, den sie mit der Machtergreifung als geschlossen behauptete, kalt als unversöhnt bezeichnete. Im Jahr der Nürnberger »Blutschutzgesetze« (1935) mußte zudem ein Buch gegen die Vergötzung des Blutes besonders auffällig wirken. Schon in der ersten Fassung des Buches über die ›Hohenzollern‹ steht der Satz, daß das »Leben in seiner ganzen Schwere ... nur möglich [ist] als Auftrag Gottes«. Als ihn Schneider 1937 in ›Kaiser Lothars Krone‹ wiederholte, gab ihm der ›Völkische Beobachter‹ (am 5. März 1938) den Rat: »Möge Schneider lieber in Demut ›der *stille* Diener‹ seines Gottes bleiben.« Daß er sich an diesen »Rat« nicht gehalten hat, ist eines der wenigen Ruhmesblätter innerdeutscher Literatur in den Jahren zwischen 1933 und 1945. Daraus aber, so scheint mir, rechtfertigt sich heute – zumal in einer von Schneider noch 1953 autorisierten Fassung – im Rahmen einer Ergänzungsreihe zu den ›Gesammelten Werken‹ auch ein Neudruck des Buches über ›Die Hohenzollern‹.

Wolfgang Frühwald

Anmerkung: Die erste Auflage des vorliegenden Buches erschien unter dem Titel: »Die Hohenzollern. Tragik und Königtum« 1933 im Verlag Jakob Hegner in Leipzig. Das Nachwort ist unterzeichnet »Potsdam, im Winter 1932/33«. Der hier vorgelegte Text folgt der zweiten, stark überarbeiteten Auflage: »Die Hohenzollern. Bei Jakob Hegner in Köln und Olten 1953«. Angefügt wurden das in der zweiten Auflage durch einen neuen Text ersetzte Vorwort der Erstausgabe, der 1953 gestrichene erste Teil des »Nachwortes« dieser Ausgabe, das 1953 ebenfalls entfallene Quellenverzeichnis und das – vermutlich 1941 geschriebene – »Andenken« an Wilhelm II. Der letzte regierende Hohenzoller war am 4. Juni 1941 in Haus Doorn in der niederländischen Provinz Utrecht gestorben. Er wurde auf Befehl Hitlers, dessen Truppen am 10. Mai 1940 die Niederlande besetzt hatten, mit militärischen Ehren beigesetzt. Die Druckvorlage für diesen zusätzlichen Text (ein vergilbtes Hektogramm von 4½ Schreibmaschinenseiten) befindet sich im Besitz des Instituts für Deutsche Philologie der Universität München.

Reinhold Schneider
Lieferbare Werke im Insel Verlag

Gesammelte Werke in zehn Bänden. Herausgegeben im Auftrag der Reinhold-Schneider-Gesellschaft von Edwin Maria Landau

Band 1 *Camões. Philipp II.* Redaktion und Nachwort von Pirmin A. Meier

Band 2 *Das Inselreich.* Gesetz und Größe der britischen Macht. Nachwort von Peter Berglar

Band 3 *Der große Verzicht.* Erzählungen. Drama. Auswahl und Nachwort von Edwin Maria Landau

Band 4 *Zeugen im Feuer.* Erzählungen. Auswahl und Nachwort von Renate Vonessen

Band 6 *Dem lebendigen Geist.* Auswahl und Nachwort von Carsten Peter Thiede

Band 8 *Schwert und Friede.* Essays. Auswahl und Nachwort von Rita Meile

Band 9 *Das Unzerstörbare.* Religiöse Schriften. Nachwort von Peter Meinhold

Band 10 *Die Zeit in uns.* Zwei autobiographische Werke. Verhüllter Tag. Winter in Wien. Redaktion und Nachwort von Josef Rast

Weitere Bände in Vorbereitung:

Band 5 Lyrik

Band 7 Geschichte und Landschaft

Reinhold Schneider. Leben und Werk im Bild. Von Edwin Maria Landau, Maria van Look und Bruno Stephan Scherer. *insel taschenbuch* Band 318.

im Suhrkamp Verlag

Macht und Gnade. Gestalten, Bilder und Werte in der Weltgeschichte. Mit einem Nachwort von Pirmin A. Meier. *suhrkamp taschenbuch* Band 423.

Der Balkon. Aufzeichnungen eines Müßiggängers in Baden-Baden. Mit einem Nachwort von Pirmin A. Meier. *suhrkamp taschenbuch* Band 455.

Las Casas vor Karl v. Szenen aus der Konquistadorenzeit. Mit einem Nachwort von Edwin M. Landau. *Bibliothek Suhrkamp* Band 622.

Über Reinhold Schneider.
Herausgegeben von Carsten Peter Thiede.
suhrkamp taschenbuch Band 504.

st 530 Wolfgang Koeppen
Reisen nach Frankreich
176 Seiten
Die *Reisen nach Frankreich* führen vom äußersten Norden bis nach Marseille und Nizza. Aber bei allen Städten Frankreichs in der Provinz, die Koeppen besucht, spürt er die große Sehnsucht, die nach Paris gerichtet ist. So schließt auch wie selbstverständlich ein großes Paris-Kapitel dieses Buch, das 1961 erstmals erschien, ab.

st 531 Hermann Lenz
Der russische Regenbogen
Roman
176 Seiten
Die junge Russin Tamara wird 1944 als Kriegsgefangene nach Ostpreußen geschafft, von dort flieht sie, gelangt aber nur in das Fremdarbeiterinnenlager einer süddeutschen Stadt. Ihr moralischer Halt sind ihr Haß und das Gift, das sie in der Jacke versteckt hat. Von den Amerikanern befreit, gibt sie ein Fest, das Opfer und ehemalige Feinde vereint.

st 532 Christiane Rochefort
Frühling für Anfänger
Roman
Aus dem Französischen von Eugen Helmlé
240 Seiten
Christoph Ronin, sechzehn Jahre, dreht eines Abends durch. Aus der Beschirmtheit durch den häuslichen Fernsehapparat geht er weg und seiner eigenen Wege. Seine Stationen sind Pommes-frites-Buden, Flipperlokale, eine Bibliothek, drei Betten und ein Parkplatz. Der März im Paris des Jahres 1967 wird zum Vorboten des Pariser Mai 1968.

st 534 Staniław Lem
Der futurologische Kongreß
Aus Ijon Tichys Erinnerungen
Aus dem Polnischen von I. Zimmermann-Göllheim
Phantastische Bibliothek Band 29
144 Seiten

Im Zeitalter der Psychemie werden alle Sinneswahrnehmungen durch chemische Mittel beeinflußt, die die ganze menschliche Existenz durchdringen, so daß es keine Wirklichkeit mehr gibt, die nicht chemisch manipuliert wäre. Lem betreibt ein Spiel mit der Sprache und imaginiert beiläufig eine Futurologie, die die Zukunft anhand der Umformungsmöglichkeiten der Sprache erforscht.

st 535 Herbert W. Franke
Sirius Transit
Phantastische Bibliothek Band 30
176 Seiten
Ein neuentdeckter, erdähnlicher Planet und eine Firma, die die Besiedlung organisiert: die SIRIUS TRANSIT. Für Barry Griffin bedeutet der neue Planet die Erfüllung alter Träume und Sehnsüchte, und er hofft, daß der ältere Bruder, der Leiter der SIRIUS TRANSIT, ihm einen Job bei den Erschließungsarbeiten verschaffen kann. Schließlich gelingt es Barry, das Geheimnis der SIRIUS TRANSIT aufzuklären, aber er verirrt sich in diesem System perfekter technischer Illusion, in dem die Unterschiede zwischen Wirklichkeit und Täuschung verfließen.

st 536 Samuel Beckett
Der Namenlose
Roman
Übertragen von Elmar Tophoven, Erika Tophoven und Erich Franzen
180 Seiten
»Es ist die Kunst des dichterischen Buchstabierens, die hier durch den Mund eines Quasi-Toten geübt wird: höchste Raffinesse verbindet sich mit der Magie des Simplen: Versuche, die verlorengegangene Wirklichkeit durch rücksichtslose Reduktion einzubringen.«

Horst Krüger

st 539 Darko Suvin
Poetik der Science Fiction
Zur Theorie und Geschichte einer literarischen Gattung
Aus dem Amerikanischen übersetzt von Franz Rottensteiner
Phantastische Bibliothek Band 31
368 Seiten
Der Literaturwissenschaftler und SF-Theoretiker Suvin beginnt mit der Absteckung der Grenzen der SF gegen-

über benachbarten Gattungen wie Märchen, Mythos, Schäferdichtung und Phantastik. Sodann wird die Utopie als in erster Linie literarisches Kunstwerk neu definiert. Im historischen Teil des Buches werden die theoretischen Postulate und Erkenntnisse konsequent zur Untersuchung der Geschichte der Gattung herangezogen, von der ältesten griechischen Vorstellung über die Utopien und Staatsromane der Renaissance, den Planetenroman, die Erneuerungsbestrebungen der Romantik, bis hin zu so hervorragenden Ahnherren der modernen SF wie Verne, Wells und Čapek.

st 540 M. R. James
Der Schatz des Abtes Thomas
Phantastische Geschichten
Deutsch von Friedrich Polakovics
Phantastische Bibliothek Band 32
208 Seiten
M. R. James hat unter den Liebhabern der Geistesgeschichte den gleichen Ruf wie A. Conan Doyle unter den Anhängern der Detektivgeschichte. Die Geschichten dieses Bandes sind getränkt von Hexerei, Dämonologie, Geheimwissenschaft und Folklore. Die Geister sind weder freundlich noch amüsant, sondern gefährlich und rachsüchtig. »... eine genüßliche Lektüre für lange Abende.«
Neue Westfälische

st 541 Thomas Brasch
Kargo. 32. Versuch auf einem untergehenden Schiff aus der eigenen Haut zu kommen
198 Seiten
»So könnte kein anderer schreiben, er fände nicht einmal die Sprache. ... Es wachsen unserer Literatur Autoren zu, die dazu beitragen, daß uns Hören und Sehen vergeht – oder endlich wiederkommt.« *Martin Gregor-Dellin*

st 542 Franz Innerhofer
Schattseite. Roman
272 Seiten
Nach seinem ersten Roman *Schöne Tage* (st 349) erzählt Innerhofer in seinem neuen Buch von den weiteren Stationen seines alter ego Holl.
»Wo Literatur sich gegen jene Verhältnisse wendet, wo die Hauptfigur des Romans kein stärkeres Bedürfnis

kennt, als die herrschenden Lebens- und Arbeitsbedingungen loszuwerden, da stellt sich Literatur, ob sie es will oder nicht, mitten hinein in die aktuellen gesellschaftlichen Auseinandersetzungen.« *Michael Scharang*

st 544 Helmuth Plessner
Zwischen Philosophie und Gesellschaft
Ausgewählte Abhandlungen und Vorträge
382 Seiten
Die Abhandlungen und Vorträge Plessners beschäftigen sich mit der Situation der Philosophie zwischen den beiden Weltkriegen, mit dem Werk Husserls, mit Nicolai Hartmann und mit der gewiß nicht veralteten Frage, ob es einen Fortschritt in der Philosophie gebe. Einen weiteren Schwerpunkt bilden die Arbeiten zur philosophischen Anthropologie: Zur Deutung des mimischen Ausdrucks, zur Anthropologie des Schauspielers, über das Lächeln und über das Problem des Verhältnisses der menschlichen Natur zur Macht.

st 545 Stimmen und Visionen
Gespräche von Sam Keen mit Norman O. Brown, Herbert Marcuse, Joseph Campbell, John Lilly, Carlos Castaneda, Oscar Ichazo, Stanley Keleman, Ernest Becker, Robert Assagioli
Aus dem Amerikanischen von Dora Fischer-Barnicol
240 Seiten
Der Harvard-Professor Sam Keen führte in den ersten siebziger Jahren im Auftrag der Zeitschrift *Psychology Today* Gespräche mit berühmten Zeitgenossen. Ziel und Ergebnis waren eine Übersicht der spirituellen, psychologischen und politischen Bewegungen, der ›geistigen‹ Vorgänge auf der amerikanischen Szene.

st 546 Volker Braun
Das ungezwungne Leben Kasts
208 Seiten
Vier Liebesgeschichten sind es, die erste von einem Zwanzigjährigen geschrieben, die letzte im Alter von fünfunddreißig. Hier wird den gesellschaftlichen Widersprüchen des realen Sozialismus auf den Grund gegangen bei dem Versuch, die verschiedenen Lebensbereiche – Arbeit, Wissenschaft, das Künstlerische, das Körperliche – für sich, für Kasts Leben, zu vereinen. Kast erfährt »die neuen

Abhängigkeiten«, die im Sozialismus »um so härter empfunden, fürchterlicher werden«.

st 547 Max Brod
Der Prager Kreis
Mit einem Nachwort von Peter Demetz
264 Seiten
Die Darstellung geht von dem »engeren Prager Kreis« aus, der Kafka, Brod, Felix Weltsch, Oskar Baum, Ludwig Winder umfaßte. Brod schildert dann die Kontakte mit dem »weiteren Prager Kreis« (Franz Werfel, Willy Haas, Johannes Urzidil u. a.) und mit den tschechischen Künstlern. Auch zeigt er viele andere »Ausstrahlungen«. So ruft er zum Beispiel den genialen Erzähler Hermann Grab in Erinnerung.

st 548 Friederike Mayröcker. Ein Lesebuch
Herausgegeben und eingeleitet von Gisela Lindemann
352 Seiten
Die Auswahl aus dem bisherigen Werk von Friederike Mayröcker ist eine näherungsweise thematisch orientierte Komposition. Es sollen darin alle literarischen Formen vorgeführt werden, die die Autorin im Laufe der Jahre durchgespielt hat: unterschiedliche Formen von Lyrik, szenischer Prosa, Hörspiel, erzählender Prosa.

st 549 E. M. Cioran
Vom Nachteil, geboren zu sein
Übersetzt von François Bondy
176 Seiten
Jenseits aller intellektuellen und weltanschaulichen Lager hat Cioran in seinen Aphorismen eine Position bezogen, die er selbst als die des Zweiflers, des radikalen Skeptikers bezeichnet.

st 550 E. M. Cioran
Die verfehlte Schöpfung
Übersetzt von François Bondy. Das Kapitel »Die neuen Götter« wurde von Elmar Tophoven übersetzt
136 Seiten
Die verfehlte Schöpfung ist eine rasant vorgetragene Attacke auf alle theologisch oder geschichtsphilosophisch verbürgten Sicherheiten, auf die Existenz eines übergreifenden »Sinns«, auf die Idee der Erlösung.

»Eine neue Art des Philosophierens: persönlich (sogar autobiographisch), aphoristisch, lyrisch, anti-systematisch. Die bedeutendsten Beispiele: Kierkegaard, Nietzsche und Wittgenstein – Cioran ist heute die hervorragendste Figur dieser Tradition des Schreibens.« *Susan Sontag*

st 551 Yasushi Inoue
Die Eiswand
Roman
Aus dem Japanischen von Oskar Benl
416 Seiten
Die Gebirgspartie, nach der der Roman seinen Namen hat, ist die steil aufragende Ostwand des Hodaka-Gebirges. Sie wird zum Schicksal zweier Freunde, die beide an dieselbe, verheiratete Frau gebunden sind. Was in einer emanzipierten Umwelt weder Verlegenheit noch Unruhe hervorrufen könnte, bekommt innerhalb der starren, konventionellen Gesetze Japans anderes Gewicht.

st 552 Alejo Carpentier
Krieg der Zeit
Sieben Erzählungen und ein Roman
Aus dem Spanischen von Anneliese Botond
208 Seiten
Die vorliegende Ausgabe faßt alle Prosawerke zusammen, die Carpentier je unter diesem Titel vereinigt wissen wollte: *Der Pilgerweg nach Santiago, Reise zum Ursprung, Der Nacht gleich, Finstermette, Die Berufenen, Die Flüchtlinge, Die Verfolgung, Asylrecht.*
»Eine wahrhaftigere – manchmal leiderfüllte, manchmal amüsante, immer aber ästhetische vollkommene – Annäherung an Lateinamerika gibt es nicht.«
Karsten Garscha

st 553 Basis. Jahrbuch für deutsche Gegenwartsliteratur
Band 9
Herausgegeben von Reinhold Grimm und Jost Hermand
272 Seiten
Mit Beiträgen von Norbert Mecklenburg, Manfred Durzak, Jost Hermand, Adolf Muschg, Bernd Neumann, Mazzino Montinari u. a. Ohne methodisch festgelegt zu sein, sucht *Basis* eine Literaturbetrachtung zu fördern, die an der materialistischen Grundlage orientiert ist.

st 554 Werner Hofmann
Gegenstimmen
Aufsätze zur Kunst des 20. Jahrhunderts
Mit zahlreichen Abbildungen
344 Seiten
Hofmann befragt seine Themen nach Gegenstimmen: die Wiener Jahrhundertwende und der Jugendstil verlieren so ihre einstimmige Fassung; die Surrealisten bekommen Stammbäume, die sie als Fortsetzer der Tradition ausweisen; Trotzkis Kunsttheorie zeigt sich als Summe einer langen Überlieferung; unter dem Gesichtspunkt der »Verwandlung« treten Schönberg, Kandinsky und Mondrian auf eine gemeinsame strukturelle Plattform.

st 555 Pierre Bertaux
Mutation der Menschheit
Zukunft und Lebenssinn
Mit einem Nachwort zur Taschenbuchausgabe 1979
Aus dem Französischen übertragen vom Verfasser und von Heinz Wissmann
Nachwort aus dem Französischen von Eva Moldenhauer
248 Seiten
Die Zeitwende, in der wir heute stehen, ist nicht nur eine unter den vielen Zeitwenden, die es in der Menschheitsgeschichte gegeben hat. Das ungeheure Ereignis, an dem wir – bewußt oder unbewußt – alle beteiligt sind, ist eigentlich eine biologische Mutation. Die vorige Mutation, in paläontologischen Urzeiten, brachte das Erscheinen des *Homo sapiens*. Wir, und vor allem die junge Generation, stehen auf der Schwelle zu einer anderen, neuen Menschenart: der Menschheit der neotechnischen Ära.

st 556 Über Robert Walser
Dritter Band
Herausgegeben von Katharina Kerr
248 Seiten
Im vorliegenden Band werden jene Aufsätze in deutscher Übersetzung vorgestellt, die vom außerdeutschen Sprachraum her Einfluß auf die frühe Walser-Rezeption genommen haben, wie auch neuere Arbeiten, die das heute sehr hochstehende Niveau der fremdsprachigen Diskussion über Walser dokumentieren. Mit Beiträgen von J. Chr. Middleton, M. Robert, G. C. Avery, R. Calasso, W. Weideli, C. Magris u. a.

st 557 Walter Schäfer
Erziehung im Ernstfall
Die Odenwaldschule 1946–1972
Mit einem Nachwort von Hellmut Becker
264 Seiten
Am Beispiel der privaten Heimschule *Odenwaldschule* soll gezeigt werden, wo in unserer Gesellschaft während der ersten Nachkriegsjahrzehnte Behinderungen beim Heranwachsen junger Menschen sichtbar wurden und wie man versucht hat, diese Behinderungen nachhaltig abzubauen.

st 558 Erica Pedretti
Harmloses, bitte
80 Seiten
An den Bildern, die Erica Pedretti in anschaulicher Deutlichkeit entwirft, läßt sich der Übergang von der Deskription einer idyllischen Landschaft, des heilen Lebens zur angedeuteten Tragödie erkennen. Dieses Modell ist in einer gegenständlichen Sprache erzählt, die modernste Erzähltechniken ebenso wie den einfachen Satz aufnimmt. So erweist sich der Text als spiegelndes Glatteis, auf dem der, der Harmloses erwartet, zu Fall kommt.

st 559 Ralf Dahrendorf
Lebenschancen
Anläufe zur sozialen und politischen Theorie
238 Seiten
Dieser Band ist ein Versuch, den Begriff der Lebenschancen als Schlüsselbegriff zum Verständnis sozialer Prozesse zu etablieren und in den Zusammenhang geschichtsphilosophischer Erwägungen zur Frage des Fortschritts, sozialwissenschaftlicher Analysen des Endes der Modernität und politisch-theoretischer Überlegungen zum Liberalismus zu stellen.

st 563 Franz Innerhofer
Die großen Wörter
Roman
192 Seiten
Belastet mit den Erfahrungen einer vergewaltigten Kindheit (*Schöne Tage*, st 349) und mühsamen Anstrengungen, als Lehrling und Fabrikarbeiter Selbständigkeit zu behaupten (*Schattseite,* st 542), unternimmt Holl nunmehr den Versuch, als Abendschüler und schließlich Student sich Eintritt in die »Welt des Redens« zu verschaffen.

»Innerhofer verweist auch auf die Fragwürdigkeit einer Sprache, die nicht allen zur Verfügung steht und so zu einem Herrschaftsinstrument werden kann.«

Der Tagesspiegel

st 564 Jorge Semprun
Der zweite Tod des Ramón Mercader
Roman
Aus dem Französischen von Gundl Steinmetz
392 Seiten
Diese Spionagegeschichte dient dazu, die politische Gegenwart aus der inneren Perspektive von Menschen vorzuführen, für die Existieren und politisches Engagement gleichbedeutend sind.
»Man kommt von der Lektüre nicht los. Denn Sempruns Erzählweise, die Leuchtkraft und Treffsicherheit seiner bildstarken Sprache überzeugen und reißen jeden Leser bis zum dramatischen Ende der Geschichte mit.«

Peter Jokostra

st 565 Dorothea Zeemann
Einübung in Katastrophen
Leben von 1913–1945
168 Seiten
»Vom Widerstand als Begriff oder Kategorie, von Schuld und Gewissen mag ich nicht reden. Es ging bei uns um die Praxis des Überlebens ... Das Problem war: Überleben – und neugierig war ich auch. Neugierig bin ich noch immer auf das, was ich erlebt habe, denn ich weiß noch immer nicht, wie es zuging: Das ist es, was mich zum Schreiben zwingt.«

st 566 Wolfgang Utschick
Die Veränderung der Sehnsucht
Erzählung
168 Seiten
Die Geschichte eines in der Nachkriegszeit Aufgewachsenen wird zur Biographie einer Generation, die seit den studentischen Unruhen dem patriarchalischen Alptraum zu entkommen versucht. Utschick ist in dem Kampf um die Wahrnehmung anderer Welten und um die Rettung der eigenen die Phantasie nicht ausgegangen. Diesen Kampf, von dem *Die Veränderung der Sehnsucht* in einer schönen Verbindung von Eigensinn und Einsicht erzählt, lesend zu verfolgen, macht Spaß – und Mut.

st 568 Bernard von Brentano
Berliner Novellen
Mit Illustrationen nach Linolschnitten von
Clément Moreau
96 Seiten
In dieser 1934 erstmals erschienenen Sammlung erzählt der Autor die Geschichte des sechsjährigen Rudi, eines angeblichen Attentäters, er erzählt die Geschichte eines außerordentlichen Mädchens (»Von der Armut der reichen Leute«), eines Straßenmusikanten (»Der Mann ohne Ausweis«). Er sieht Zusammenhänge dort, wo Zeitungen Berichte bieten. Arbeiter, Arbeiterinnen, Bettler treten auf, aber auch das Berlin der Bankhäuser und des Geldes. Klaus Michael Grüber entdeckte die Novelle »Rudi« für eine Inszenierung durch die *Schaubühne am Halleschen Ufer* im Berliner *Hotel Esplanade.*

st 593 Zehn Gebote für Erwachsene
Texte für den Umgang mit Kindern
Zusammengestellt und mit einem Nachwort versehen von
Leonhard Froese
224 Seiten
Diese Sammlung geht von zehn Postulaten aus, die der Herausgeber zum *Internationalen Jahr des Kindes* der Öffentlichkeit übergeben hat. Sie ordnet diesen Postulaten bedeutende Aussagen namhafter Autoren und Schriften der Antike, des Mittelalters und der Neuzeit zu. Dabei fällt auf, daß Äußerungen weit auseinanderliegender Zeiten und Räume häufig nicht nur dem Wortsinn, sondern gelegentlich auch der Aussageform nach übereinstimmen.

st 594 Jan Józef Szczepański
Vor dem unbekannten Tribunal
Fünf Essays
Aus dem Polnischen übersetzt und erläutert
von Klaus Staemmler
160 Seiten
»... was ich jetzt schreibe, ist ein weiterer Versuch, das Schweigen zu durchbrechen, in das uns unsere kleingläubige Schwäche versetzt hat.« Dieses Zitat aus Szczepańskis »Brief an Julian Stryjkowski« könnte als Motto über den fünf Essays stehen, die dieser Band versammelt.

Das Schweigen (aus Feigheit oder Dummheit) läßt Unrecht und Unmenschlichkeit zu. Jede Stimme, die es zu durchbrechen sucht, ist ein nicht zu überhörender Appell und ein Nachweis der Humanität.

st 595 Ödön von Horváth
Geschichten aus dem Wiener Wald
Ein Film von Maximilian Schell
Mit zahlreichen Abbildungen
160 Seiten
Zur Uraufführung des Maximilian-Schell-Films »Geschichten aus dem Wiener Wald« nach dem Volksstück von Ödön von Horváth liegt dieser Band mit dem Drehbuch von Christopher Hampton und Maximilian Schell und zahlreichen Fotos des 1978 in Wien und Umgebung entstandenen Films vor, der den Entstehungsprozeß des Films dokumentiert.

st 598 Hans-Georg Gadamer, Jürgen Habermas
Das Erbe Hegels
Zwei Reden aus Anlaß des Hegel-Preises
104 Seiten
»Niemand sollte für sich in Anspruch nehmen, ausmessen zu wollen, was alles in der großen Erbschaft des Hegelschen Denkens auf uns gekommen ist. Es muß einem jeden genügen, selber Erbe zu sein und sich Rechenschaft zu geben, was er aus dieser Erbschaft angenommen hat.«
Hans-Georg Gadamer

st 628 Georg W. Alsheimer
Eine Reise nach Vietnam
224 Seiten
Alsheimer kehrt in seine »Wahlheimat« zurück. Die Narben des amerikanischen Alptraums sind noch allgegenwärtig. So gerät die Konfrontation des Damals mit dem Heute zunächst zu einem Verfolgungswahn. Erst als er durch das Vertrauen seiner Freunde das Damals mit dem Heute verknüpfen kann, verwandeln sich in dieser Krise seines politischen Credos die gläubigen Visionen in einen gemäßigten, kritischen Optimismus. Den Prozeß, der zu dieser Einsicht führte, protokolliert Alsheimer in diesem Reisetagebuch. Alsheimers *Vietnamesische Lehrjahre* liegen als st 73 vor.

Alphabetisches Gesamtverzeichnis der suhrkamp taschenbücher